KB041199

쉽게 쓴 서양 고대철학사

탈레스에서 아우구스티누스까지

Introduction to Ancient Philosophy

by

Don E. Marietta Jr.

Copyright © 1998 by Don E. Marietta Jr.

Korean Language Translation Copyright © 2015 by Seokwangsa Publishing Company
All Rights Reserved.

"Authorised translation from English edition published
by **Routledge, a member of the Taylor & Francis Group**."

쉽게 쓴 서양 고대철학사

탈레스에서 아우구스티누스까지

돈 마리에타(Don E. Marietta Jr.) 지음
유원기 옮김

서광사

이 책은 Don E. Marietta Jr.의 *Introduction to Ancient Philosophy*
(Routledge, a member of the Taylor & Francis Group, 1998)를 완역한 것이다.

쉽게 쓴 서양 고대철학사

탈레스에서 아우구스티누스까지

돈 마리에타(Don E. Marietta Jr.) 지음
유원기 옮김

펴낸이 | 김신혁, 이숙
펴낸곳 | 도서출판 서광사
출판등록일 | 1977. 6. 30.
출판등록번호 | 제 406-2006-000010호

(10881) 경기도 파주시 회동길 77-12 (문발동)
대표전화 (031) 955-4331   팩시밀리 (031) 955-4336
E-mail: phil6161@chol.com
http://www.seokwangsa.co.kr | http://www.seokwangsa.kr

이 책의 한국어판 저작권은 **Routledge, a member of the Taylor & Francis Group**과의
독점저작권 계약에 의해 도서출판 서광사에 있습니다.
한국 내에서 보호를 받는 저작물이므로 무단 전재 또는 무단 복제를 금합니다.

ⓒ 도서출판 서광사, 2015

제1판 제1쇄 펴낸날 — 2015년 6월 10일
제1판 제2쇄 펴낸날 — 2019년 3월 30일

ISBN 978-89-306-0636-3   93160

수천 년이 지난 서양의 고대철학사를 연구하는 주된 목적은 서양의 과거에 대한 단순한 흥미와 호기심보다는 그것이 어떤 경로를 거쳐 서양의 현대에 이르렀고 또한 어떤 영향을 미쳤는가를 파악함으로써, 궁극적으로 서양을 제대로 이해하기 위한 것이다. 서양철학에 관한 지난 30여 년간 국내에서 집필되거나 번역된 서양고대철학사에 관한 책들은 그리 많지 않은데다, 시간이 흐르면서 도서관에서조차 그 책들을 모두 찾아보기 어려울 정도이다. 주로 한 권의 책이 절판될 즈음 새로운 책이 출판되는 식이긴 하지만, 그나마 그런 성향이 지속되고 있다는 점은 다행스러운 일이다.

　이 책은 서양고대철학에 관한 마리에타의 저서 *Introduction to Ancient Philosophy*를 번역한 것이다. 어떤 고대철학사 책이든 모든 학생들이 이해할만한 쉬운 책을 쓴다는 것은 거의 불가능한 일이거나 또는 그렇지 않다 하더라도 결코 쉬운 일은 아니다. 하지만 마리에타는 밴더빌트 대학교에서 오랫동안 고대철학을 가르쳤던 경험을 토대로 문화적·역사적 맥락에서 자신이 이해한 철학적 논의를 가능한 쉽게 설명하려 노력하고 있으며, 복잡하고도 난해한 고대철학의 이론을 쉽게 설명하려는 그의 노력은 어느 정도 성공을 거둔 것으로 보인다.

마리에타는 이 책에서 형이상학, 지식이론(인식론), 윤리학 등의 몇 가지 주제들에 대한 고대철학자들의 견해를 간략하고 비교적 쉽게 설명하고 있다. 이 과정에서 그는 기존에 알려진 고대철학자들의 견해들을 단순히 정리하는 데서 그치지 않고, 당시의 시대적인 맥락이나 문화적인 맥락 속에서 이해하려고 시도함으로써 기존 학자들의 견해를 보완하면서도 그 내용을 확장하려는 노력을 기울이고 있다. 이 책에서 마리에타는 고대철학의 선구자로 일컬어지는 탈레스로부터 중세의 아우구스티누스에 이르기까지 주요 철학자들과 철학파들의 핵심 이론을 제시한다. 사실 아우구스티누스를 포함하는 이런 구성방식은 다소 특이하다. 일반적으로 많은 학자들은 에피쿠로스학파와 스토아주의에 대한 논의로 자신들의 고대철학사를 끝맺기 때문이다. 하지만 이 책은 고대철학을 종합하고 흡수하여 중세철학을 시작하는 아우구스티누스의 역할, 즉 고대와 중세를 연결하는 그의 가교 역할을 강조하기 위해 그에 대한 논의를 포함하고 있다. 이를 통해, 우리는 고대가 고대로 끝나는 것이 아니라 중세라는 새로운 시대로 이어지는 연결과정을 보게 된다.

서양고대철학을 접하면서 아마도 가장 흥미로운 점은 서양고대철학을 일반적으로 그리스철학이라고 부르지만, 사실상 많은 고대철학자들 가운데 정작 그리스에서 태어나고 활동했던 철학자들은 소크라테스와 플라톤 밖에 없다는 것이다. 본문에서 마리에타도 지적하듯이, 서양철학의 선구자로 일컬어지는 탈레스를 비롯한 밀레토스학파 철학자들이나 그 이후의 많은 철학자들은 그리스 출신이 아니라 오히려 터키 해안 지역 출신이었다. 즉, 엄밀하게 보자면 우리가 서양고대의 그리스철학이라 부르는 것은 서양철학도 아니고 그리스철학도 아니다. 그런데도 고대철학을 서양철학이자 그리스철학이라고 부르는 이유는 단지 그 철학자들이 당시 1,000개가 넘었던 것으로 알려진 그리스의 식민지 출신이기 때문이다. 즉, 터키 연안의 많은 섬들이 그리스의 식민지였고, 따라서 그 섬들을 근거지로 삼은 많은 철학자들의 철학을 그리스철학이라 부르게 되었고, 그리스가 서양으로 분류되므로 그것을 서양철학이라 부르게 되었다는 것이다.

또 다른 흥미로운 점은 전통적으로 우리는 고대철학자들을 소크라테스 이전 철학자들, 소크라테스·플라톤·아리스토텔레스, 에피쿠로스주의자와 스토아주의자 등으로 구분하면서 그들의 철학에 대해 이야기하지만, 사실상 소크라테스 이전 철학자들은 물론이고 소크라테스의 글은 전혀 남아있지 않다는 것이다. 그럼에도 우리가 그들의 이론과 사상에 대해 논의하는 것이 가능한 이유는 후대의 학자들이 자신들의 저서에서 그들에 관한 단편적인 이야기들을 전해주기 때문이다. 이러한 이야기들을 우리는 '단편'이라고 부르는데, 예를 들어 아리스토텔레스나 심플리키오스 또는 섹스투스 엠피리쿠스 등을 비롯한 많은 후대의 학자들이 전하는 단편적인 글들을 종합함으로써 소크라테스 이전에 생존했던 많은 철학자들의 이론과 사상을 구성하게 된다. 그리고 소크라테스에 대한 정보는 주로 대화 형식으로 이루어진 플라톤의 저서(대화록)들에 의존하여 구성하게 된다. 우리가 알고 있는 그들의 사상은 주어져 있는 잡다한 많은 자료들을 후대의 학자들이 종합하고 해석한 결과라고 할 수 있다.

서양고대철학을 공부하는 여러 가지 방법 가운데 아마도 가장 흔한 방법은 시대별로 또는 인물별로 연구하는 방법이겠지만, 생소한 고대철학자들의 이름과 이론을 연결시키고 기억하는 것이 그리 쉬운 일은 아니다. 이런 경우에는 논의 주제를 중심으로 철학자들을 분류하여 연구하는 것도 한 가지 방법이다. 철학자들을 분류하는 방법에 대해 말하기 전에 고대철학의 발생 배경을 살펴보자.

　우리가 잘 알듯이 이른바 신화의 시대가 지난 뒤에야 철학의 시대가 시작되었다. 고대에 사람들이 관심을 가졌던 우선적인 문제는 사물들의 존재방식과 운동방식에 관한 것이었다. 어떤 사물들이 왜 그런 방식으로 존재하는가 또는 어떤 사물들이 왜 그런 방식으로 운동하는가 하는 문제는 결국 "그런 일이 왜 발생하는가?"라는 하나의 공통된 물음으로 이해될 수 있다. 사람들은 지진, 해일, 홍수, 폭풍우 등을 목격하고 그런 일이 왜 발생하는가에 대해 관심을 갖기 시작했다. 신화의 시대는 인간의 힘으로 통제할 수 없는 그러한 천재지변을 설명하기 위해 초자연적 존재인 신을 상정했던 시대이다. 인간이 통제할 수 없는 초자연적 현상들이 발생하는 원인을 설명하기 위해 초자연적 존재를 상정하는 것, 즉 초자연적 현상들은 초자연적 힘을 지닌 존재에 의해 유발된다고 설명하는 것은 사실상 이성이 발달하지 않았던 시기에 생각해낼 수 있던 가장 쉽고도 상식적인 설명 방식이다.

　하지만 사람들의 이성이 조금 더 발달하면서, 그들은 검증되지 않는 신적 존재를 상정하는 데 대한 부담감을 느꼈던 것 같다. 이제 그들은 천재지변이 결국 자연 내부의 사건들이므로 자연 내부에서 설명되어야 한다는 점을 자각한다. 그들은 그 사건들이 결코 자연을 벗어난 '초자연적인' 것이 아니라는 깨달음을 갖게 된 것이다. 이제 사람들은 어떤 사물들이 왜 그러한가를 설명하기 위해서 그것들이 무엇으로 구성되었는가를 밝혀야 한다고 생각하기 시작한다. 이러한 사고가 결국 서양철학의 출발점이 되었다. 즉, 그들이 초자연적인 존재자들에 의존한 설명 방식을 버리고 자연적인 구성요소들에 의존한 설명방식을 받아들이면서 바야흐로 철학의 시대가 시작되었다는 것이다.

　따라서 소크라테스 이전 철학자들의 관심은 우주 또는 세계를 구성하는 구성요소가 무엇인가에 대한 것이었다. 서양철학의 선구자인 탈레스를 비롯한 일련의 철학자들은 구성요소가 무엇인가에 대해서는 의견을 달리 했지만, 구성요소의 수가 하나라는 점에는 동의했다. 하지만 나중에 엠페도클레스를 비롯한 다른 몇몇 철학자들은 구성요소의 수가 여럿이라고 주장했다. 이처럼 우주를 구성하는 원소의 수가 하나라는 단원론자와 여럿이라는 다원론자를 구분할 수 있다. 그런데 단원론자와 다원론자는 모두 물질적인 구성요소를 염두에 두고 있는 반면에, 피타고라스는 우주를 구성하는 요소가 물질(질료)이 아니라 형상이라고 주장한다. 한편, 파르메니데스와 헤라클레이토스는 우주의 구성요소에 대한 관심보다 변화 자체에 대한 관심을 가졌다. 즉, 파르메니데스는 변화란 있을 수 없다고 주장하는 반면에, 헤라클레이토스는 변화하지 않는 것은 있을 수 없다고 주장한다. 그리고 플라톤과 아리스토텔레스는 서로 다른 방식으로 파르메니데스와 헤라클레이토스의 견해를 모두 받아들이지만, 플라톤은 형상적인 측면을 강조하는 반면에, 아리스토텔레스는 질료적인 측면과 형상적인 측면을 모두 강조한다. 한편, 에피쿠로스주의와 스토아주의의 윤리학적 견해를 비교해보는 것도 흥미로울 것이다. 이런 방식으로 주제별 구분을 해보면 대략 다음과 같다.

　* 우주의 구성요소
　- 질료적 측면:
　　단원론자: 탈레스, 아낙시만드로스, 아낙시메네스
　　다원론자: 엠페도클레스, 데모크리토스, 아낙사고라스
　- 형상적 측면: 피타고라스

　* 변화의 존재 유무에 대한 견해 비교 - 파르메니데스와 헤라클레이토스

* 플라톤 – 파르메니데스와 헤라클레이토스의 견해를 모두 수용, 형상 강조

* 아리스토텔레스 – 파르메니데스와 헤라클레이토스의 견해를 모두 수용, 질료와 형상 모두 강조

* 에피쿠로스주의와 스토아주의 견해 비교

이 책에서 마리에타는 에피쿠로스주의와 스토아주의 이후의 회의주의에 대한 논의, 신피타고라스주의와 신플라톤주의에 대한 논의, 그리고 흔히 중세의 출발점으로 간주되는 아우구스티누스에 대한 논의도 덧붙인다. 물론 이런 분류방식은 결코 절대적인 것이 아니며, 다소 복잡해 보이는 고대철학의 내용을 조금이나마 쉽게 정리해볼 수 있는 한 가지 제안에 불과하다. 현대철학이 플라톤의 각주에 불과하다는 영국 철학자 화이트헤드의 말은 현대철학의 문제들과 논의들이 복잡하고 정교해졌지만, 그것들은 근본적으로 플라톤에게서 비롯되었다는 것이다. 실제로 모든 철학적 논의들은 아니라 할지라도 그 가운데 거의 모든 논의들이 플라톤과 아리스토텔레스에게서 비롯되었다고 말한다면 그것은 분명한 사실이다. 한 권의 책에 그 모든 논의들을 포함하는 것은 가능하지 않겠지만, 이 한 권의 책이 그 모든 논의들로 나아가는 출발점이 될 수는 있을 것이다.

이 번역서가 마리에타의 의도를 제대로 전달하고, 또한 일반 독자들은 물론이고 고대철학 연구자들에게도 조금이나마 도움이 되길 기대한다. 그리고 길버트 머레이의 용어 "failure of nerve"를 "신념의 상실"로 번역하는 데 도움을 준 계명대학교 영어영문학과의 데이비드 라이

온스 교수에게 감사한다. 끝으로 이 책의 출간을 도와주신 서광사의 모든 분께 감사드린다.

계명대학교 성서캠퍼스에서

유원기

이 책의 목적은 철학이 다루었던 질문들, 창의적 답변들, 그리고 방법들을 보여줌으로써, 학생들에게 철학을 소개하는 것이다. 물론 철학을 소개하는 다른 방법들도 있다. 일반적인 방법은 자유나 지식의 본질 또는 정신과 신체의 관계와 같은 철학적 문제들을 다루는 것이다. 이 방법은 대부분의 학생들이 금방 철학적이라고 인지할만한 문제들을 다룬다는 장점을 갖는다. 수업에서 현대의 사회윤리학적 문제들을 다룰 때, 학생들은 그 철학적 문제들과 개인의 삶이나 사회와의 관련성을 금방 깨닫는다. 수업시간에 왜 그 특정한 주제를 공부하는가를 굳이 물어볼 필요가 없다는 것이다.

이러한 문제들을 통해 철학에 접근하는 것이 분명한 장점들을 갖고 있음에도, 굳이 그리스와 로마 철학을 이용하는 길을 선택한 이유는 무엇인가? 다른 어떤 장점들이 있는가? 한 가지 장점은 플라톤이나 아리스토텔레스, 또는 아우구스티누스처럼 널리 알려진 철학자들의 사상을 체계적으로 접할 수 있다는 점이다. 철학을 지속적으로 공부하는 학생은 서양철학의 선구자들인 위대한 사상가들과 계속 부딪히는데, 그 사상가들이 중요한 인물들로 간주된다는 점을 인지하는 데서 그치지 말고 그들이 무엇을 했는가에 대해서도 알아야 한다.

그리스와 로마 철학자들을 공부하는 과정에서 학생들은 철학의 주요 문제들에 접하게 된다. 오늘날까지 검토되지 않은 철학적 문제들이란 거의 없다. 대부분의 철학적 문제들이 대체로 창조적인 방식으로 검토되었고, 후대에 가면서 점차 더 정밀하게 논의되었다. 일부 철학자들은 중요한 모든 문제들이 그리스와 로마 철학의 선구자들에 의해 이미 오래 전에 탐구되었다고 생각한다. 예를 들어, 화이트헤드는 모든 철학적 문제들이 플라톤 철학에 대한 각주에 불과하다고 말했다. 이것은 과장일 수도 있지만, 그래도 중요한 진실을 담고 있다. 학생들은 그리스와 로마 철학자들을 공부하면서 철학의 주요 문제들을 만나기 때문이다.

초기 철학자들에 대한 공부에서 가장 많은 것을 얻기 위해서는 그들의 문화적 배경과 역사적 배경에 주목하는 것이 중요하다. 문화적 배경과 단절시키고, 또한 선배 철학자들과의 관련성을 보여주지 않으면서 개별적인 철학자들만을 공부한다면, 그들에 대한 적절한 지식을 얻지 못할 것이다. 골동품 가게에서 서로 관련 없는 낡은 가구들을 조사하는 방식으로 그들을 개별적으로 연구해서는 안 된다. 위대한 사상가들이 어느 날 갑자기 지구에 떨어진 우주의 혜성들처럼 우리의 지성세계에 들어온 것이 아니기 때문이다. 그들은 방문자들이 아니다. 그들은 문화의 구성원들, 즉 자신들의 가치와 믿음과 신화의 영향을 받은 구성원들이다. 고대철학을 가르치는 사람은 "와, 대단해!"와 같은 반응을 추구해서는 안 된다. 그 목적은 단순히 그들이 가졌던 '위대한 정신'을 보이기 위함이 아니다. 학생들이 감탄하더라도, 이탈리아의 예술이나 문화에 대해 거의 알지 못하는 여행객이 플로렌스의 조각상을 보고 감탄하는 그런 방식이어서는 안 된다.

우리는 철학자들의 정신을 그들의 문화적 맥락 속에서 이해해야 한다. 왜냐하면 대부분의 사상가들은 초기 철학자들의 견해에 대응했을 뿐만 아니라 우리가 철학적으로 보지 않을 문화적 측면들에서도 영향을 받았기 때문이다. 신화와 민속은 자신들의 이러한 문화적 측면들을 각자의 방식으로 사용했던 철학자들의 표현방식은 물론이고, 많은 경우 사고 내용에도 영향을 미쳤다. 예를 들어, 호메로스와 헤시오도스에서 볼 수 있듯이, 처음에 신화나 민속으로 표현되었던 세계의 본질과 과정에 대한 초기 사상들이 철학에서는 철학 개념들이나 초기-과학 개념들로 다시 나타났다. 초기 철학자들의 문화적 배경을 알면 그들의 창조성을 알 수 있고, 또한 그들이 말한 것을 훨씬 잘 이해하게 된다. 그들이 특별하고도 인상적인 사람들이었음은 분명하지만, 그들을 지나치게 개별적으로 연구함으로써 그들의 사상을 사회적, 정치적, 그리고 지성적인 맥락 속에서 보지 못하게 만들어서는 안 된다.

만약 우리가 그리스와 로마 철학자들의 질문들에 담긴 주장들만 보고 창의성과 통찰력은 보지 못한다면, 그들에 대한 연구 가치의 대부분이 상실될 것이다. 어떤 경우는 질문들이 천재성을 보여주기도 한다. 답변들은 그다지 흥미롭지 않지만 질문들이 철학에 지속적인 기여를 하는 경우가 있다는 것이다. 예를 들어, 탈레스의 천재성은 모든 물질이 물이라는 생각에 있는 것이 아니라 물질에 대한 하나의 근원적인 설명을 탐구했다는 데 있다. 종종 질문들이 철학적 담론을 몇 세대에 걸쳐 지속되게 만들었다.

그리스와 로마 철학을 오랫동안 가르치면서, 나는 학생들을 좌절하게 만들지 않는 쉬운 책을 쓰고 싶었다. 그와 동시에 그것은 이론적으로나 역사적으로도 신뢰할 수 있는 것이어야 한다. 철학자들의 사상을 전하고 설명하는 것이 너무 간략해서는 안 되며, 또한 그것은 최근의 이론적 연구와 역사적 연구 이전에 전개되었던 상식적인 이론을 넘어서는 것이어야 한다. 오늘날 우리는 그 사상가들에 대한 일부 이야기들이 역사적으로 신뢰하기 어렵다는 사실을 알고 있다. 나는 역사 연구가 발전하면서 사람들이 선호했던 일부 이야기들을 믿을 수 없게 되더라도, 역사 연구가 실제로 발전하고 있다는 사실을 학생들이 깨달아야 한다고 믿는다.

나는 철학수업이 단지 지성사의 옛 견해들이 틀렸음을 밝혀내는 내용으로 이루어져야 한다고 주장하는 것이 아니다. 하지만 우리는 역사적 근거가 없는 이야기나 설명이라 할지라도 그런 것을 아는 것이 중요하다는 사실을 기억해야 한다. 통념들이 후대의 철학 발전에 큰 영향을 준 경우도 종종 있었다. 위대한 아리스토텔레스 해석가인 아베로에스의 가르침에 대한 유럽 학자들의 그릇된 견해들이 중세시대에 가장 중요한 어떤 철학을 산출하기도 했다. 그리스와 로마인들에게는 그처럼 놀라운 경우가 없을지 모르나, 타당한 역사적 근거가 없는 소크라테스에 관한 통념들이 이천년 동안이나 사람들의 사고에 영향을 주었다. 나는 학생들이 플라톤의 초기 대화록들에서 발견되는 소크라테스에 대한 통속적 이야기가 단지 역사적으로만 옳다고 가정되었다는 사실을 알아야 한다고 믿는다. 크세노폰은 소크라테스의 철학적 견해에 관한 색다른 이야기를 전해준다. 아리스토텔레스는 플라톤의 이야기를 대체로 지지했지만, 그는 전적으로 신뢰할만한 소식통이 아니다. 왜냐하면 그는 소크라테스를 알지 못했고, 단지 플라톤의 권위에 의존했던 통속적인 이야기를 받아들였던 것이 분명하기 때문이다. 그러나 수 세기 동안 사상가들에게 영향을 줬던 소크라테스에 대한 이야기를 학생들이 부정적으로만 생각하는 것은 무의미할 것이다. 현실보다 느낌이 더 중요한 경우도 있으며, 실제로 소크라테스에 대한 통속적인 이야기는 오랫동안 철학자들에게 영감을 줬다.

철학 교재가 그리스어 단어들로 가득해서 학생들을 좌절하게 만들어서는 안 되겠지만, 그럼에도 그것이 그리스의 것이었음을 아는 것이 그리스 철학 공부에서 중요한 일이다. 적합한 번역어가 없는 신화와 철학 용어들이 있는 경우에, 나는 학생들에게 그런 용어들을 배우라고 권한다. 어떤 학생들은 그 용어들을 그리스어 알파벳으로 배우려는 열정을 갖는 경우도 있는데, 나는 그걸 굳이 말리지 않는다. 실제로 일부 학생들은 이것을 계기로 그리스어 공부를 시작하기도 한다. 하지만 대부분의 학생들은 번역된 용어들을 아는 정도의 모험만을 원한다. 아타락시아(*ataraxía*), 아페이론(*ápeiron*), 디아노이아(*diánoia*)와 같은 몇몇 용어들을 배우는 것은 크게 어렵지 않으며, 그리스 사상가들의 사상에 포함되지 않은 개념들을 끌어들여 그리스 철학을 이해하는 것보다는 차라리 그 용어들을 배우는 것이 더 낫다. 그리스어를 조금이나마 배우고 싶어 하는 학생들을 위해, 이 책에서는 그리스어 단어를 번역어와 함께 제시했다.[1] 이것이 이 책을 읽는 데 방해되지는 않을 것이다. 그리고 아마도 어떤 학생들은 그것을 더 좋아할 것이다.

그리스 철학에 대한 연구는 소크라테스 이전 시대의 사람들과 더불어 시작하는데, 그들은 철학자들로 간주해도 좋을만한 초기 그리스 사상가들이다. 그들의 관심사와 견해는 플라톤이나 아리스토텔레스의 것들과 아주 달랐지만, 그것은 여전히 현대철학자들에게도 상당한 관심거리이고, 또한 발견적 질문들을 제기한다고 볼 수 있다. 즉, 그들의 탐구는 후대의 중요한 연구와 이론으로 이어졌다.

소크라테스와 소피스트들은 철학의 새로운 강조점을 제시했다. 이 강조점은 기원전 5세기에 아테네에서 발전되었고, 자연에 대한 소크라

---

1   옮긴이주: 이 책에서 글쓴이는 그리스어 알파벳을 사용하지 않고 영어 알파벳을 사용한다.

테스 이전 철학자들의 관심을 대부분 문화적이고 사회적인 문제들로 대체했다. 플라톤과 아리스토텔레스는 형이상학에서 윤리학과 미학에 이르기까지 모든 영역을 다룬 체계적인 철학에 대한 문헌 기록을 남겼다. 플라톤은 자연과학에 거의 관심을 보이지 않았으나, 아리스토텔레스는 그의 시대에 알려진 모든 학문 영역에 대해 연구하고 글을 썼다.

알렉산드로스 대왕이 사망하고 뒤이어 아리스토텔레스의 시대가 끝나면서 철학의 형식과 관심에 또 다른 변화가 감지되었다. 이것은 자신들의 안전을 크게 위협받게 되면서 개인적인 불안감에 대한 해결책과 이 세상이나 다음 삶에서 삶을 영위할 수 있는 도움을 갈망했던 사람들의 요구에 따라 발생한 것이었다. 에피쿠로스주의자들은 데모크리토스의 형이상학에 근거하여 아타락시아 또는 평정심의 획득을 목표로 하는 삶의 방식을 가르쳤다. 스토아주의자들은 개인의 통제를 넘어선 것들에 관한 불안감으로부터 현명한 사람을 자유롭게 했던 삶의 방식을 정당화하기 위해 헤라클레이토스의 형이상학을 이용했다. 회의주의자들은 어떤 것에 대해서는 지식을 가질 수 없다는 사실을 인정하고 개연성(확률)에 따라 삶으로써 철학적 불안감에서 벗어났다.

그리스와 로마 철학의 대부분은 종교와 분리할 수 없다. 영원한 윤회의 부담에서 벗어나려는 목표와 마찬가지로, 근본적인 전제들은 종교적이었다. 철학의 역할은 영혼과 그것이 떠나왔던 신적인 영역을 마침내 재결합시키는 지침을 제공하는 것이라고 이해되었다. 로마시대의 두 가지 철학적 발전은 중세와 그 이후의 철학에 상당한 영향을 미쳤다. 즉, 신플라톤주의와 아우구스티누스의 기독교 철학은 고대의 막을 내리고, 수천 년에 걸친 서양사상의 토대를 구축했다.

학생들이 철학자들에 대한 해설은 물론이고 그들의 글도 직접 읽을 기회를 갖게 하기 위해, 원전의 번역서들을 참고문헌에 언급하고 또한 적절한 곳에 인용하였다. 소크라테스 이전 철학자들의 단편들에 대한 출처는 2장에서 논의된다. 플라톤과 아리스토텔레스의 저술들에 대한 영어 번역서들은 대학 도서관에서 구할 수 있고, 그 저술들의 단편 모음집들은 비싸지 않은 문고판으로 구할 수 있다. 대체로 학자들은 자신들이 선호하는 번역서들을 갖고 있지만, 번역서의 선택이 대학생들에게는 크게 중요하지 않다. 아우구스티누스의 저술들도 쉽게 구할 수 있으며, 『고백록』의 문고판들은 비싸지 않다. 다른 고대철학자들의 저술들을 대학 도서관이 아닌 곳에서 찾기는 어렵겠지만, 대부분의 대학 도서관에는 알렌의 『고대철학: 탈레스에서 아리스토텔레스까지』와 맥클린과 애스펠이 편집한 『서양고대철학 강독』이 있을 것이다. 아리스토텔레스 이후의 시기에 대한 책들은 소피스트들에 대한 스프래그의 책, 스토아와 에피쿠로스 철학자들에 대한 오츠의 책, 손더스의 『아리스토텔레스 이후의 그리스와 로마 철학』, 그리고 롱과 세들리가 편집한 『헬레니즘 철학자들』이 있다. 학생들은 담당 교수의 도움을 받아 유용한 읽을거리를 선택할 수 있을 것이다.

| 차례 |

1

그리스의 문화적 배경

그리스 철학은 그리스 초기의 문화 속에 담겨 있던 사상의 영향을 보여준다. 하지만 그리스 세계의 모든 지역에서 신화나 종교적 신념 또는 자연세계에 관한 신념이 동일하지는 않았다. 철학의 발전에 가장 큰 영향을 줬던 사상들은 그리스 본토와 관련되거나 또는 이오니아와 관련되는데, 이 두 지역은 몇 가지 큰 차이점들을 갖고 있다. 그리스 정착민들은 서로 다른 시기에 서로 다른 장소로부터 그곳에 왔던 사람들이며, 그처럼 서로 다른 배경들은 그리스 언어의 다양한 어휘들이나 다른 문화적 차이점들에 반영되어 있다. 많은 요소들 가운데 하나인 그리스의 지형적 특색은 각각 독특한 법률과 관습을 지닌 독립적인 도시국가들의 발전으로 이어졌다.

기원전 8세기부터 그리스인들은 이탈리아와 북아프리카 일부를 포함하는 지중해 영역에 식민지들을 구축하기 시작했다. 식민지의 문화들은 그것을 세웠던 도시국가들의 신념과 관습을 반영하고 있으며 우리가 살펴볼 철학자들 가운데 많은 사람들이 그런 식민지 출신이다.

에게 해의 섬들과 오늘날엔 터키에 속하지만 당시에는 이오니아로 알려져 있던 지역의 연안에 살던 사람들은 그리스 본토 사람들이 하지 못했던 방식으로 철학의 발전에 기여했지만, 그리스 본토에서 전해진 사상들도 그 나름대로의 방식으로 철학적 사고에 기여했다. 우리는 이오니아와 그리스 본토라는 그리스 문화의 두 가지 영역이 각각 어떤 방식으로 철학의 발전에 영향을 미쳤는가를 살필 것이다.

이오니아

이오니아 문화의 기원은 우리가 여기에서 자세히 다룰 수 없는 흥미로운 주제이다. 이오니아 문화는 크레타 섬의 미노스(또는 크레타) 문화, 그리고 우리가 인도 · 유럽 어족이라 부르는 사상과 언어를 가져왔던 초기 도리스 침략자들의 문화에 뿌리를 두었던 것으로 보인다. 우리는 호메로스와 헤시오도스의 저술들을 통해 이 문화를 알고 있다. 그러나 신들과 여신들을 비롯한 우리에게 친숙한 많은 신들이 호메로스적 전통의 일부이지만, 이오니아의 세계관은 오늘날 서구사회에서 익숙한 몇 가지 종교적 특징들을 포함하지 않는다. 먼저 그것은 종교단체나 성직자를 포함하지 않았다. 또한 그것은 교리집을 갖지 않았고, '이단'이라는 개념도 갖지 않았다. 굳이 원한다면 이오니아의 세계관을 종교라고 부를 수도 있겠지만, 그것은 개인적 신앙, 자기 성찰, 종교적 감정, 또는 연대감에 대한 문제가 아니라 대체로 도시국가의 제사의식에 대한 문제에 관심을 가졌다. 버넷은 그 문화를 '세속적'이라고 표현했다.[1] 거드리는 이오니아 철학자들의 '관심들이 이 세계'에 있었고, 세

---

1   J. Burnet, *Early Greek Philosophy*, 80.

계의 기원과 본성을 신들의 활동으로 설명하는 것은 더 이상 용납될 수 없었다고 말한다.[2] 이것은 많은 종교적 사고의 자유를 허용했고, 또한 세계의 본성에 관한 사색의 자유도 허용했다. 이오니아의 지적 개방성은 '잘못된' 종교적 신념들을 가졌다는 이유로 (몇몇 철학자들에게 행해졌던 것처럼) 사람들을 추방했던 다소 억압적인 아테네인들의 접근 방법과 대비된다.

호메로스의 종교적 태도는 낙관적이며, 공포감이나 죄책감을 지향하지 않는다. 그것은 '현세적'이라고 표현될 수 있을 것이다. 그것은 사후세계에 대해 거의 관심을 갖지 않았다. 호메로스는 하데스(지옥-옮긴이)를 언급하지만, 이것은 불멸성이 올바른 삶을 사는 데 대한 보상이라고 믿었다는 것을 의미하지는 않는다. 하데스는 죽은 자의 '그림자'이 점차 사라져가는 장소였던 것으로 보인다. 하데스에 대한 태도는 오디세우스에 대한 아킬레우스의 연설에서 찾아볼 수 있는데, 그곳에서 아킬레우스는 지상의 어떤 삶이든 하데스에 있는 것보다 더 좋다고 말한다.[3]

우리에게 익숙한 종교적 특징들을 갖지 않았던 호메로스의 서사시에 나타나는 신들과 여신들은 누구인가? 이오니아의 신화에 따르면, 올림포스의 신들은 세계의 창조자들이 아니었다. 그들은 인간이나 세계와 더불어 원시적인 혼돈으로부터 진화했다. 그들은 (아주 오래 산다는 의미에서) 불멸하지만, (항상 존재했던 존재자들이 아니라는 의미에서) 영원하지는 않다. 그들이 때때로 사멸하는 존재들과 교류한다는 이야기들은 있지만, 그들은 인류의 보호자들이 아니었다.[4]

2　W.K.C. Guthrie, *The Greeks and Their Gods*, 132 ; B.A.G. Fuller, *A History of Philosophy*, 17-19도 참조.

3　The *Odyssey* XI, 487-491 ; B.A.G. Fuller, *A History of Philosophy*, 20.

이오니아의 문화는 과학적 사색과 형이상학적 사고가 발전할 수 있는 자유와 개방성을 제공함으로써 철학에 많은 기여를 했다. 세계의 기원과 본성에 관한 사색의 자유는 다른 문화 속에서는 억압되었을 수도 있는 사상들을 발전할 수 있게 했다. 신들이 존재한다는 것을 아무도 부정하지는 않았던 것으로 보이지만, 그들을 자연의 힘(자연력-옮긴이)들로 해석하거나 또는 과거의 영웅전에서 유래한다고 해석해도 아무런 문제가 되지 않는다. 일부 철학자들은 신화와 전설에서 알려진 신들의 도덕적 위약성에 대해 자유롭게 비판했다.

이오니아 철학자들은 철학적 신념들의 발전에 영향을 줬던 삶과 세계에 관한 몇 가지 중요한 이론들도 가지고 있었다. 특히, 이오니아의 신화나 민속과 관련된 개념들은 철학적 견해에 영향을 줬다.

이 개념들 가운데 하나가 바로 "모든 사물들은 구조적으로 할당된 부분(즉, 모이라)을 갖는다."는 신념이다. 인간들은 물론이고 신들이나 자연의 힘들도 회피해서는 안 되는 각자의 역할을 갖는다. 모에라(Moera)는 운명의 여신이었다. 하지만 각 사물의 할당된 위치, 즉 그것의 모이라(moira)는 신도 아니고 인격적 존재도 아니며, 모든 것에 대한 비인격적인 제약이었다. 우리는 그것을 자연의 힘으로 생각할 수도 있지만, '힘'이란 개념을 사용하는 것은 그 개념을 자연에 관한 우리의 현대적 사고방식을 통해 이해하는 것일 수도 있다. 어떤 사물이 주어진 장소를 갖는 것을 '운명'이라고 생각해서도 안 된다. 왜냐하면 우리는 '운명'을 한 사람이 다른 모든 사람들과 공통적으로 갖는 것보다는 한 개인이 개인으로서 갖는 것과 연결시키기 때문이다. 비록 호메

4　G. Murray, *Five Stages of Greek Religion*, Chapter II; W.K.C. Guthrie, *The Greeks and Their Gods*, 132.

로스의 서사시에서 여신 모에라가 (죽음의 순간에 개인적인 삶의 측면
들을 결정짓는 세 명의 여신들인) 운명의 여신들로 대체될지라도, 우
리가 '모이라'를 개인적인 운명으로 생각한다면 우리는 그 개념의 핵
심을 놓치는 것이다. 그 개념이 처음에 함축했던 것은 모든 존재자들에
영향을 미치고 또한 모든 것을 제자리에 유지하는 우주의 질서였다.[5]

할당된 장소에서 벗어나는 것은 '휘브리스(húbris)'라는 행동이다.
이것은 잘못을 저지른 사람이나 신 또는 자연적인 원소가 강제적으로
제자리로 돌아가듯이 처벌을 받게 될 범죄이다. 모이라에 대한 규제를
강화하는 것은 복수의 여신들 또는 에리니에스 또는 에우메니데스와
같은 복수하는 신들의 행위로 다양하게 의인화된다. 장 폴 사르트르는
『파리들』이라는 자신의 작품에서 이 주제를 사용하는데, 그곳에서 복
수하는 힘은 공격자를 괴롭히는 파리들로 그려진다.

'모이라'라는 개념은 초기 그리스의 일부 철학자들이 자연적인 힘을
기술하는 방식에서 찾아볼 수 있다. 세계와 인생에서의 질서와 균형이
라는 신념들은 모이라 개념에서, 즉 초기의 철학적이자 과학적인 이론
들 속에 이처럼 새롭게 쓰인 신화적 개념에서 영향을 받았을 것이다.

영향력 있는 또 다른 개념은 물질이 어떤 의미로는 살아있다는 믿음,
즉 '물활론'이라고도 불리는 '범심론'이다.[6] 일부 예외적인 중요한 경
우가 있긴 있지만, 대부분의 현대적 사고에서 물질은 (전혀 또는 거의
움직이지 않는-옮긴이) 불활성의 것, 즉 죽은 것으로 취급된다. 만약
그것이 움직이거나 성장하거나 변화하거나 또는 정신적 활동에 참여한

---

5   W.K.C. Guthrie, *The Greeks and Their Gods*, 130.
6   B.A.G. Fuller, *A History of Philosophy*, 31; 버넷은 '물활론'이라는 용어가 이오
니아 사상들의 물질 개념보다 더 발전된 의미를 담고 있기 때문에 그것이 오해의 소
지가 있는 용어라고 지적한다(J. Burnet, *Early Greek Philosophy*, 12 n. 3).

다면, 물질 이외의 다른 어떤 것에서 설명을 찾아야 한다. 그러나 사람들이 항상 물질을 죽은 것으로 생각했던 것은 아니다. 한편으로는 물질, 다른 한편으로는 삶과 사고의 확고한 구분은 단지 한 가지 사고방식에 불과하다. 현대의 물리학적 발전에 따르면, '물질은 다른 어떤 것이 작용을 가하기 전까지 죽은 것'이라고 생각했던 철학자들보다 '물질을 생명이 없는 것'이라고 생각하지 않았던 철학자들이 (그리고 그런 사람들이 이오니아학파나 고대 시기로 한정되지는 않는다) 세계의 본성에 대해 더욱 예리한 통찰력을 갖고 있었던 것으로 보인다.

정확히 어떤 의도에서 이오니아 철학자들과 다른 어떤 철학자들이 운동과 정신적인 측면들을 물질에 귀속시켰는가를 설명하기는 어렵다. 바위들이 사물들에 대해 성찰하거나 또는 옆을 지났던 사람들을 회상하면서 빈둥거리고 있다고 그 철학자들이 생각하지는 않았지만, 그 철학자들은 물질이 본질적으로 생명의 어떤 측면들을 갖고 있으며 또한 우리가 정신적이라고 간주하는 어떤 것과 본성적으로 밀접하게 관련되어 있다고 생각했다. 이것은 물질로부터 생명과 정신성을 엄격하게 분리시키는 사람들에게 상당히 중요해 보이는 어떤 문제들이 그처럼 확고한 분리를 받아들이지 않는 사람들에게는 전혀 문제가 되지 않음을 의미한다. 사람들은 어떤 물질이 생명과 사고를 드러내리라 기대한다.

그리스 본토

이오니아 철학자들의 세속적이고도 낙천적인 접근이 그리스 전체에 공통된 방법은 아니었다. 대체로 이오니아 이외의 지역에서 특히 심각한 위기상황에 처해 있던 가난한 사람들은 (가정을 수호하는 신들이나 또는 특별한 장소들과 관련된 신들을 숭배하는) 다양한 종교와 ('유럽은 온난하고 이집트는 축축한 성장기'와 '농작물들이 성장하지 않고 가축들이 새끼를 낳지 않던 휴면기'의 순환과 같은 자연적 주기에 기초한) 종교단체에서 희망과 위안을 찾았다.

철학은 자연적 주기에 기초한 종교들의 영향을 받았는데, 그 종교들은 자신들의 제사와 의식을 입회자들을 위해서만 개최했기 때문에 신비 종교집단들로 일컬어졌다. 이 비밀은 자신의『메타모르포세스』에서 이집트의 이시스와 오시리스 종교집단을 언급했던 아풀레이우스와 같은 몇몇 저술가에 의해 알려졌다. 오늘날 우리는 대부분의 대중적인 종교집단들이 죽임을 당한 신과 그 배우자(어떤 농작물들을 관장하지만 남편이 부활해서 그녀에게 돌아오기 전까지는 그 농작물들의 성장을 관리하지 못했던 여신)의 슬픔에 대한 이야기를 담고 있는 신화에 기초했다는 사실을 알고 있다. 죽었다가 살아난 존재에 대한 이러한 신화들은 다양한 형태로 나타났다. 어떤 사람들은 타이탄 신들과 같은 사악한 신화적 존재자들에 의해 죽임을 당한 신적 존재자에 대해 이야기했던 반면에, 다른 사람들은 신을 거세시키거나 또는 신에게 다른 사악한 행동을 가함으로써 신이 그 배우자에게 쓸모없게 만들었던 사건에 대해 이야기했다.

어린이들에게 들려줄만한 이야기를 가진 하나의 신비 종교가 엘레우시스라는 종교집단이었는데, 이것은 데메테르 또는 다른 이름들로도 알려진 곡식의 여신 케레스에 대한 신화를 포함했다. 케레스가 곡식의 성장을 보호하는 일을 경시했던 이유는 연인을 잃어서가 아니었다. 저승세계의 신인 플루토가 그녀의 딸 프로세르피나 또는 페르세포네를 납치하여 하데스로 끌려갔다. 케레스는 마침내 딸을 발견했지만, 한 해의 일정기간만을 딸과 함께 지낼 수 있었다. 프로세르피나가 하데스에서 석류를 조금 먹었고, 그로 인해 그녀는 매년 일정 기간 동안 플루토와 함께 지내야 했기 때문이다. 케레스는 프로세르피나와 함께 지내는 동안에는 곡식을 자라게 했지만, 딸이 하데스에 있는 동안에는 슬픔에 잠겨 농사일을 경시했다. 이 종교의 핵심은 신도들이 케레스와 동질감을 가졌고 신화의 내용들을 실천함으로써, 곡식이 성장하는 계절의 순환을 보장해줬던 제사의식들이었다.[7]

케레스와 그녀의 딸에 대한 이야기를 처음 들은 것은 내가 초등학생 때였지만, 그 당시에 종교적 의미는 알지 못했다. 그때 그것은 단지 달콤한 모성애에 대한 이야기로 들렸다. 다른 신비 종교와 관련된 신화들은 식량의 증가 또는 포도주 양조 또는 가축의 생식에서 어떤 역할을 수행했던 부부 신들의 성적 행복을 방해한다는 내용을 다루기 때문에 초등학생에게 적합하지 않게 보였을 것이다. 부부 신들의 고통과 제사의식을 이용하여 새로운 성장의 시기에 필요한 그들을 다시 돌아오게 만든다는 인식의 기본적인 형태는 모든 신비 종교들에서 나타난다.

철학에 영향을 줬던 신비 종교들은 종종 거칠거나 미개하기도 했던 최초 형태가 아니라 (로마시대에는 박카스로 불렸던) 디오니소스 종교의 개혁된 형태였다. 전설적인 트라키아의 시인이자 종교 개혁가인 오르페우스는 디오니소스를 숭배하는 최초의 종교에 대한 신화를 재해석함으로써, 그것을 포도주 성장의 시기가 아니라 영적인 성장의 시기에 적용한다. 최초의 종교는 숲속에서 미친 듯이 달림으로써 품위 없이 행동했던 하위계층들, 특히 여성들에게 인기가 있었는데, 숲 속에서 그들은 자신들의 손아귀에 사로잡힌 무력한 작은 동물들을 갈기갈기 찢어

---

7   그런 신비적 종교집단들에 대한 학문적인 설명은 H. Willoughby, *Pagan Regeneration: A Study of Mystery Initiations in the Graeco-Roman World*, III장.

먹기도 했다. 이런 거친 행동은 타이탄 신들로 알려진 사악한 신화적 존재자들에게 살해당하고 잡아먹혔던 디오니소스의 죽음에 대한 재연이었다.[8]

오르페우스주의로 알려지기도 했던 그 개혁 종교집단은 타이탄 신들이 먹지 않은 유일한 부분이었던 디오니소스의 심장을 (로마시대에는 주피터로 불렸던) 제우스가 먹고 새로워진 디오니소스를 낳았다는 이야기에 기초한 그 신화를 설득력 있게 만들었다. (제우스가 어떤 방식으로 디오니소스를 낳았는가에 대해서는 자세히 설명되어 있지 않다.) 제우스는 타이탄 신들을 죽여 시신을 태운 뒤 그 재로 인간을 창조했다. 타이탄 신들이 먹었던 디오니소스의 나머지 부분을 제외한 사악한 재료로 인류가 만들어졌다는 것이 오르페우스주의의 해석이다. 인간을 이루는 이 신적인 재료는 정신이나 영혼과 연결되어 있다. 즉, 그것이 현재 거주하는 것보다 더 나은 신체에서 환생할 수 있도록 순수하게 유지되어야만 하는 우리의 선한 부분인 정신이나 영혼과 연결되어 있다는 것이다. 오르페우스 종교의 핵심은 마음의 점진적인 정화이며, 수천 년의 세월과 많은 윤회를 거친 뒤에야 그것은 마침내 신체를 벗어나 순수한 지성으로 존재할 수 있을 정도로 순수해진다.[9]

피타고라스주의자들의 공동체 생활은 오르페우스 종교와 유사한 신념들에 기초했다. 피타고라스주의자들은 영혼을 돌보는 것이 삶의 목표라고 가르쳤던 플라톤에게 영향을 줬다. 플라톤은 정신(또는 영혼)과 육체의 구분을 강조했으며, 자신의 저서들 속에서 오르페우스의 상징들을 사용했다. 그가 오르페우스주의에 얼마나 심취했는가에 대해서

---

8 Ibid. Chapter III.
9 Ibid. 95–97.

는 알려져 있지 않지만, 오르페우스주의의 영향은 특히 신플라톤주의자들의 학파와 같은 후기 철학 학파들을 통해 중세시대와 르네상스시대의 사상으로 전해졌다. 오르페우스주의의 지속적인 영향은 정신과 육체가 근본적으로 서로 다르다는 입장을 취하는 철학들 속에서 찾아볼 수 있다.

오늘날 우리는 철학이 이오니아 문화와 오르페우스 종교의 영향을 받았음을 알고 있다. 이오니아의 자유로움은 과학적 호기심과 철학의 발전을 가능하게 했으며, 이오니아 문화의 사상들은 뒤이은 철학들 속에서 덜 신화적인 방식으로 종종 표현되었다. 오르페우스주의의 개념들은 피타고라스 철학자들과 플라톤에게, 그리고 그들을 통해 수백 년 동안의 사상에 많은 영향을 주었다. 그리스 철학은 분명히 초기 그리스 문화의 비옥한 토대에서 성장했다.

2

세계의 근본 요소와 구조:
밀레토스학파와 피타고라스학파

그리스 철학자들을 생각할 때, 대부분의 사람들은 아테네를 떠올린다. 그러나 아테네 본토에서 태어난 철학자들 이전에, 한 무리의 철학자들이 이미 세계의 본성과 관련된 형이상학적 문제들에 대해 성찰하고 있었다. 그들은 소크라테스 이전 철학자들이라고 불린다. 이 장은 물질의 기본적인 본성과 구조를 다루었던 밀레토스학파와 피타고라스학파를 탐구한다. 그런 뒤에 우리는 세계가 질서 있는 변화의 과정 속에 있다는 입장을 취했던 헤라클레이토스의 이론과 변화는 불가능하다고 주장했던 엘레아학파의 이론을 검토할 것이다. 4장에서는 세계의 명백한 변화와 다수성에 대한 주장을 변화가 없다는 엘레아학파의 (논리적 논증으로 뒷받침되었던) 주장과 화해시키려는 노력을 살펴볼 것이다.

소크라테스 이전 철학자들을 공부하는 것이 어려운 이유는 그들이 글을 쓰지 않았거나 또는 그들의 사상에 대한 보고문들과 다른 고대 저술가들의 인용문들을 제외하고는 그들의 저술들이 모두 분실되었기 때문이다. 이러한 보고문들과 인용문들은 단편들이라고 일컬어진다. 플라톤과 아리스토텔레스 가운데 특히 후자는 소크라테스 이전 철학자들의 일부 진술들을 보존했고 또한 그들의 철학에 대해 논평했다. 서기 2세기 이후의 저술가들이 전하는 소크라테스 이전 철학자들에 대한 보고문들과 인용문들 가운데 어떤 것들은 정확하다고 여겨지지만, 다른 어떤 것들은 첨가되거나 또는 와전된 형태로 남아있다. 초기 자료들을 사용했던 후기의 어떤 저술가들이 전기의 어떤 저술가들보다 더 정확할 수도 있다. 예를 들어, 서기 6세기의 심플리키오스는 신뢰할 수 있다고 여겨지며 서기 2-3세기의 일부 저술가들은 초기 저술가들의 이야기에 의존하여 자신들의 이야기들을 썼다. 예를 들어, 섹스투스 엠피리쿠스는 자기보다 200년 전에 글을 썼던 아에네시데모스에 의존해서 글을 썼다. 아마도 서기 3세기에 집필되었을 디오게네스 라에르티오스의 『저명한 철학자들의 생애』는 헬레니즘 시대의 저술들에 의존했다.

소크라테스 이전 철학자들의 단편들에 대한 자료 가운데 가장 자주 사용되는 헤르만 딜즈의 『소크라테스 이전 철학자들의 단편들』은 독일어를 알지 못하는 학생들에게는 유용하지 않겠지만, 캐슬린 프리먼의 『소크라테스 이전 철학자들의 하녀』와 같은 영어 번역서들이 있다. 프리먼은 번역된 구절들의 출처를 밝히거나 색인을 붙이지 않아 딜즈의 책을 통하지 않고는 그 구절들에 접근하기가 쉽지 않다. 좀 더 유용한 것이 커크와 레이븐의 『소크라테스 이전 철학자들』이다. 이 책은 단편들에 대한 광범위한 조사를 통해 고대저술가들을 확인하고 있으며 단편들에 대한 번역문들은 각주에 있다. 커크와 레이븐은 헤르만 딜즈가 사용한 순서 대신에 주제별 순서에 따라 단편들을 제시하지만, (451쪽에서 시작되는) 색인은 딜즈가 붙여놓은 번호들을 통해 구절들을 찾아보는 데 크게 도움이 된다. 맥클린과 애스펠이 편집한 『서양고대철학 강독』도 유용하며, 알렌의 『그리스 철학: 탈레스에서 아리스토텔레스까지』도 유용할 것이다.

밀레토스학파 철학자들

그리스 철학자들의 최초 집단은 밀레토스라는 그들의 도시 이름을 따라 밀레토스학파라고 불린다. 기원전 7-6세기의 밀레토스는 오늘날 터키의 해안지역에 있는 중요한 국제무역의 중심지였다. 밀레토스 철학은 주로 세계의 본성, 즉 세계의 표면적인 현상들 밑에 존재하는 것이 무엇인가라는 문제에 관심을 가졌다. 밀레토스 사람들의 사상은 서양철학의 시작일 뿐만 아니라 서양과학적 사고의 시작으로도 볼 수 있다.

그리스 최초의 철학자로 알려진 사람은 기원전 7세기에 살았던 탈레스였고, 몇몇 고대저술가들이 그의 삶과 업적에 대해 전하고 있다.[1] 그는 특히 수학과 천문학을 비롯한 과학적 문제들에 관심을 가졌다고 알려져 있으며 일식의 원인을 알진 못했지만, 기원전 585년의 일식을 예측했다. 그는 일식이 18년 11일의 간격으로 발생한다는 관찰에 기초한 바빌로니아 체계를 사용했고, 또한 나일강의 홍수가 범람하던 시기를 연구했을 뿐만 아니라 항해술도 가르쳤다.

탈레스에 관한 두 가지 이야기가 그 사상가에 대한 일반적인 태도를 보여준다. 아리스토텔레스는 탈레스가 그의 지식 때문에 사업에서 성공했다고 전한다. 탈레스는 기후에 관한 지식을 통해 올리브가 풍작이 드는 해를 예측했고, 기름 짜는 착유기를 모두 대여함으로써 올리브기름 시장을 장악했다고 한다.[2] 또 다른 이야기는 모든 철학자들에 대한

---

1 Diogenes Laertius, *Lives of Eminent Philosophers* I, 22; Herodotus, *Histories* Book I (Clio), 74, 75, 그리고 170; Aetius, *Opinions* I.3.1, IV.1.1; Proclus, *In Euclidem*, 그리고 다른 곳들. 영어 번역서는 G.S. Kirk, J.E. Raven, *The Presocratic Philosophers*, 74-86 참조.

2 Aristotle, *Politics* I, 11, 1259a 9.

일반적인 태도를 보여준다. 플라톤은 탈레스가 하늘에 대해 성찰하는
데 정신이 팔려 우물에 빠졌던 이야기를 전했던 하녀에 대해 말한다.[3]

　탈레스는 저술을 남기지 않았다. 그가 생전에 집필을 했었는지조차
분명하지 않다.[4] 디오게네스 라에르티오스가 언급한 두 가지 저술은 아
마도 위서였을 것이다. 탈레스에 대해서는 기록으로만 알려져 있다.

　탈레스의 형이상학은 그가 제기했던 문제들 때문에 중요하다. 그는
세계의 다양한 모든 사물들의 기저에 놓인 한 가지 원질이 있다고 생각
했다. 이것은 명확한 개념이 아니었다. 전통적으로 그리스 사상가들은
흙, 공기, 불, 그리고 물이 기본적인 요소들이라는 입장을 취했고, 이것
은 그들의 호기심을 충족시켰던 것처럼 보인다. 탈레스는 흙, 공기, 불,
그리고 물이 궁극적인 것들이 아니며, 이 네 가지 요소들은 물론이고
세계의 다양한 모든 사물들의 기저에 놓인 하나의 근원적인 원질이 있
다고 생각했다.

　의문들에 대한 탈레스의 답변은 그의 질문만큼 흥미롭지는 않다. 그
는 물이 근원적인 요소라는 입장을 취했던 것으로 생각된다. 이것은 탈
레스가 생명과 습기의 관련성을 관찰했다는 아리스토텔레스의 이야기
에 기초한다.[5] 아리스토텔레스는 탈레스가 지구를 물 위에 떠있다고 묘
사했다는 이야기도 전한다.[6]

　탈레스는 "모든 사물들이 신들(gods)로 가득하다."고 말했던 것으로
알려져 있다.[7] 이것은 아마도 물활론, 즉 내부에 생명의 원리를 포함하

3　Plato, *Theaetetus* 174a.

4　Simplicius, *Physics*; Diogenes Laertius, *Lives of Eminent Philosophers* I, 23.

5　Aristotle, *Metaphysics* I, 3, 983b 20.

6　Aristotle, *De Caelo* II, 13, 294a 28.

7　Aristotle, *De Anima* I, 5, 411a 7; Plato, Laws 10, 899b; Diogenes Laertius, *Lives of Eminent Philosophers* I, 24; Aetius, *Opinions* I, 7, II.

고 있다는 이오니아의 물질 개념에 대한 한 가지 표현방식일 것이다. 탈레스의 가르침 가운데 가장 독창적인 점은 명백한 다양성의 바탕에 놓인 '단일성'이란 개념이다. 이러한 단일성의 추구는 과학적 사색의 경로를 현대로 향하게 한다. ['신(God)' 대신에 '신(god)'을 사용하는 것은 의도적이지만 주의를 요한다. 대부분의 그리스 사고에서 신의 개념은 오늘날 '신(God)'이라는 용어에 부여된 것과는 아주 다르기 때문에 대문자 'G'의 사용은 혼란을 초래한다.][8]

　밀레토스학파의 두 번째 철학자는 기원전 610년경에 태어난 아낙시만드로스였다. 그의 생애와 업적도 몇몇 고대저술가들에 의해 전해진다.[9] 아낙시만드로스는 그리스 최초의 산문작가이자 최초의 철학저술가로 알려져 있으며, 구체적인 제목들에 대한 것들은 의문의 여지가 있다.[10] 일찍이 아낙시만드로스의 모든 저술이 소실되었기 때문에, 우리는 그에 대해 기록으로만 알고 있다. 그는 과학적 호기심을 가졌을 뿐만 아니라 지도를 만든 최초의 인물이었다고 전해진다.[11] 그것은 분명히 초보적인 형태의 지도였겠지만, 지도라는 개념을 제시했다는 것은 귀중한 지적 성취이다.

8　옮긴이주: God와 god는 우리말로 모두 '신'이라 번역되지만, 영어에서 대문자 'G'로 시작하는 'God'는 유일신을 의미하는 반면에, 소문자 'g'로 시작하는 'god'는 하나의 신이나 다수의 신을 모두 함축한다. 다시 말해서, God는 유일신을 의미하므로 항상 단수인 반면에, god는 단수(a god)와 복수(gods)로 모두 사용된다. 그런데 고대 그리스에서는 다수의 신들이 존재한다고 믿었기 때문에, 유일하다는 의미를 갖는 대문자 '지(G)'를 사용하여 '신(God)'이라고 말하는 것은 적절하지 않다는 것이다.

9　Diogenes Laertius, *Lives of Eminent Philosophers* II, 1-2 ; Herodotus, *Histories* Book II (Euterpé), 109.

10　Themistius, *Orations* 26 ; Diogenes Laertius, *Lives of Eminent Philosophers* II, 1-2.

11　Strabo, *Geography* I.

아낙시만드로스의 형이상학적 사색은 탈레스가 직면했던 것과 동일한 질문에 대한 흥미로운 답변으로 구성된다. 아낙시만드로스는 근원적인 원질 또는 기초적인 세계 요소가 흙, 공기, 불, 그리고 물이 분리되어 나오는 무한하고 무제한적인 원질, 즉 아페이론이라고 생각했다.[12] 학자들은 그것을 무규정적이고 무제한적이고 무한하고 영원한 어떤 것으로 묘사해왔다. 아낙시만드로스가 의미했던 아페이론이 정확히 무엇인지는 분명하지 않다. 콘포드와 같은 초기의 철학사 연구자들은 아낙시만드로스가 아페이론을 무규정적이고 불확정적인 것으로 여겼다고 생각했다. 즉, 아페이론은 그 자체의 성질들을 전혀 갖지 않지만 다양한 종류의 사물들이 될 수 있다. 이는 그것이 공간적으로는 물론이고 내적으로도 무제한하다는 것이다. 그러나 자료들을 아무리 세밀하게 읽어도 이 해석을 명확하게 뒷받침하지는 않는다.[13] 아낙시만드로스는 단지 아페이론이 공간적으로 무한하기 때문에 측정할 수 없다고 생각했을 수도 있다.

아페이론이 어떻게 세계의 다양한 사물들이 되는가? 대립자(또는 상반자)들의 쌍들(뜨거움-차가움, 축축함-건조함 등)은 지속적으로 생성되고 소멸되어 일종의 우주 균형으로 대체되며, 각 쌍의 존재시기를 미리 정한다. ('모이라' 개념과의 유사성에 주목하자.) 우주는 대립

---

12 아페이론에 대한 테오프라스토스의 설명 가운데 일부는 Simplicius, *Physics* 24, 13에 보존되어 있다; Hippolytus, *Refutatio* (모든 이설들에 대한 반박) I, 6, 1-2; 그리고 Pseudo-Plutarch, *Stromateis* 2. 번역문은 G.S. Kirk, J.E. Raven, *The Presocratic Philosophers*, 104-107 참조. 아페이론에 대한 아리스토텔레스의 논의에 대한 논평은 G.S. Kirk, J.E. Raven, *The Presocratic Philosophers*, 110-115.

13 G.S. Kirk, J.E. Raven, *The Presocratic Philosophers*, 109; F. M. Cornford, "Mystery Religions and Presocratic Philosophy," in *The Cambridge Ancient History*, vol.4, 542도 참조.

자들의 분리로부터 형성된다.[14] 물, 흙, 그리고 공기의 원통형 기둥들을
만들어내는 뜨거움과 건조함은 차가움과 축축함을 둘러싼다. 뜨거움과
건조함은 발광체들을 만들어낸다. 천체들은 불로 만들어진다. 아낙시
만드로스는 그것들을 우리가 하늘의 광선들로 보는 숨구멍들을 가진
불의 고리들로 묘사했다. 지구는 모든 천체들로부터 동일한 거리에 있
음으로써 평형 상태에 놓이게 된다.[15]

아낙시만드로스는 지구의 생명체가 태양이 축축한 흙에 작용한 결과
로서 얻어진다고 생각했다.[16] 인간들이 물고기 같은 존재자로부터 진화
되었다는 주장은 인간의 양육에 오랜 시간이 필요하다는 점에 기초하
고 있으며, 이것은 지구의 원시적인 단계들에서는 가능하지 않았을 것
이다. 아낙시만드로스는 종(species)과 개별자들이 변화하고 진화한다
고 생각했다.[17]

아낙시만드로스의 사상적 가치는 모든 재료의 기저에 놓여 있는 하
나의 근원이란 개념을 끌어냈다는 데 있다. 그것 자체는 눈에 보이는
원소가 아니다. 이 견해는 발견적이었다. 즉, 그것은 또 다른 과학적 발
전으로 이어졌다.

밀레토스의 세 번째 철학자는 아낙시만드로스의 제자였던 아낙시메
네스였다.[18] 그의 생존 시기는 분명하지 않지만, 그는 밀레토스가 이오
니아의 반란 후 페르시아에 의해 멸망했던 기원전 494년 이전에 생존

14   Aristotle, *Physics* A, 4, 187a 20.
15   Pseudo-Plutarch, Stromateis 2; Hippolytus, *Refutatio* I, 6, 3-5; Aristotle, *De Caelo* II, 13, 295b 10-15.
16   Aetius, *Opinions* V, 19, 4.
17   Pseudo-Plutarch, *Stromateis* 2; Hippolytus, *Refutatio* I, 6, 6; Plutarch, *Symposiakon* VIII, 730E.
18   Diogenes Laertius, *Lives of Eminent Philosophers* II, 3.

했을 것이다. 그의 글 가운데에는 소수의 단편들만이 전해진다.

아낙시메네스는 세계의 요소가 수증기 또는 공기라는 입장을 취했다 (그가 문자 그대로 수증기나 공기를 의미했는지는 알려져 있지 않다). 다른 원소들은 이 근원적인 원소의 농축화와 희박화를 통해 형성되었다. 그는 지구가 상당히 농축된 공기로 이루어진 판으로서 대기 속에서 떠다닌다고 생각했다. 지구에서 비롯된 희박화된 수증기는 태양, 달, 그리고 행성들을 구성한다. 항성들은 하늘의 손발톱들이라 할 수 있다. 천체들은 지구 둘레를 수평으로 움직이며, 태양은 먼 거리와 지구의 윗부분들로 인해 밤에는 가려진다.[19]

아페이론에 관한 아낙시만드로스의 창조적인 사고를 고려할 때, 아낙시메네스의 견해는 실망스러워 보일 수도 있다. 아낙시메네스가 그것을 깨달았는지 알 수 없지만, 근원적인 한 가지 원소의 농축화와 희박화라는 그의 개념, 즉 우리가 세상에서 인지하는 질적 차이를 만들어내는 양적 변화라는 그의 개념은 중요하다. 그것은 현상적인 질적 차이들을 설명하는 양적 요소들과 공간적인 운동을 이용하는 과학적 설명의 발전에서 중요한 원리들 가운데 한 가지를 예견했다.

밀레토스 철학자들의 가치는 몇 가지 올바른 질문들을 제기했다는 점과 신화적 설명들이 아닌 자연주의적 답변들을 제시하고자 노력했다는 점에 있다. 이것은 인문주의적 접근방법이었다. 그 방법은 그 질문들을 살아있게 유지하고, 또한 마침내 물질의 본성에 대한 과학적 탐구로 이어졌다.

---

19   Aristotle, *Metaphysics* I, 3, 984a 5, *De Caelo* II, 13, 294b 13–15, 그리고 *Meteorologica* B, I, 354a 28; Simplicius, *Physics* 24, 26; Hippolytus, *Refutatio* I, 7, 1과 4–6; Plutarch, *De primo frigido* 947F; Pseudo-Plutarch, *Stromateis* 3; Aetius, *Opinions* II, 14, 3–4.

피타고라스학파

피타고라스학파는 기원전 6세기에 사모스 섬, 즉 밀레토스 섬의 정북 쪽에 있는 섬에서 태어났던 피타고라스의 이름을 따라 명명했던 영향력 있는 철학자들의 집단이었다. 피타고라스가 아낙시만드로스의 철학에 익숙했을 수도 있지만, 아낙시만드로스와 어떤 교류가 있었는가는 제대로 입증되지 않는다. 피타고라스가 아폴론 신의 아들이었고 기적의 수행자였다는 등의 많은 전설들이 있지만,[20] 그는 실존 인물로서 우리는 그에 대해 충분히 많은 근거 있는 자료를 갖고 있다. 그는 40세의 나이에 그리스 식민지였던 이탈리아 남부의 크로톤으로 이주했고, 부분적으로는 오르페우스적 신비주의 집단들과 공통된 사상에 근거한 종교 공동체를 설립했다. 그러나 그가 오르페우스주의와 어떤 연관성이 있었는가는 분명하지 않다. 그는 피타고라스주의자들이 크로톤에서 추방된 뒤에 방문했던 도시들 가운데 하나인 메타폰툼에서 사망했다. 헤로도토스는 피타고라스가 철학자로서 명성이 높았다고 말했고 디오게네스 라에르티오스는 피타고라스가 집필했던 책 제목을 몇 가지 언급하기도 했다.[21]

피타고라스 공동체에서 여성들은 남성들과 동등한 자격을 지닌 구성원들로 인정되지 않았다. 공동체 내에서 잘 알려져 있던 테아노라는 한 여성의 이름이 전해진다.[22] 여성의 공적 역할은 고대 그리스에서 흔하지 않은 일이었다. 여성을 받아들인 것은 윤회에 대한 믿음에 기초한

20　Appolonius, *Historia miraculorum* 6; Diogenes Laertius, *Lives of Eminent Philosophers* VII, 6와 IX, 1.

21　Porphyry, *Vita Pythagorae* 9; Diogenes Laertius, *Lives of Eminent Philosophers* VII, 3; Iamblichus, *Vita Pythagorae* 249; Herodotus, *Histories* Book IV (Melpomene), 95.

22　Porphyry, *Vita Pythagorae* 19.

인간의 단일성을 강하게 믿었기 때문일 것이다.

피타고라스 공동체의 종교적 접근방법은 인간의 영혼 또는 정신의 윤회에 대한 믿음에 기초했다.[23] 피타고라스 공동체의 궁극적인 목표는 탄생과 부활의 순환에서 벗어나 육체를 갖지 않은 신적 지성이나 순수한 지성의 상태와 재결합하는 것이었다. 사람들이 현재 살고 있는 삶은 그들이 다음에 갖게 될 육체의 형태를 결정한다. 사람들이 하나의 윤회에서 다른 윤회로 나아가려면, 세속적인 일들보다 지성적인 문제들에 신경 써야만 한다. 피타고라스주의자들은 세계에 의한 오염을 피하고, 지적인 활동들을 격려하며, 또한 매 윤회에 육체에서 벗어나도록 고안된 삶을 수행했다. 이암블리코스는 피타고라스주의자들이 우리에게 거의 의미가 없을 뿐만 아니라 명확한 철학적 의미가 없이 단순히 종교적 관행들처럼 보이는 행동 규칙들을 가졌다고 전한다. 예를 들어, 사람들은 잠자리에서 일어나면 침대에 남은 몸의 흔적을 지워야 했고, 반지를 끼는 것도 금지되었으며, 또한 콩을 먹는 것도 피해야 했다. 고기를 먹는 것이 금지되었다는 증거도 있다. 또한 디오게네스 라에르티오스는 콩과 다른 어떤 음식을 먹는 것도 피타고라스학파의 규칙에 위배된다고 적었다.[24]

피타고라스학파의 삶이 지닌 다소 긍정적인 측면은 수학이나 수학과 관련된 분야의 연구에 참여했다는 것이다. 프로클로스는 "직각삼각형의 빗변의 제곱은 직각삼각형을 이루는 다른 두 변의 제곱들의 합과 같다."는 정리를 피타고라스가 발견했다고 전한다.[25]

---

23 Diogenes Laertius, *Lives of Eminent Philosophers* VIII, 36 ; Porphyry, *Vita Pythagorae* 19.

24 Iamblichus, *Protrepticus* 21 ; Porphyry, *Vita Pythagorae* 7 ; Diogenes Laertius, *Lives of Eminent Philosophers* VIII, 19.

수학은 물질적이고 세속적인 문제들로부터 어느 정도 거리를 유지하게끔 해주는 형식적 규율이며, 따라서 그것은 그 종교 공동체의 이상적인 지적 목표였다. 피타고라스주의자들은 영혼의 정화에 도움되는 연구인 음악적 조화이론(화성학 이론-옮긴이)처럼 수학과 밀접하게 연결된 다른 학문들에도 관심을 가졌다.[26] 음악은 피타고라스 공동체에서 중요한 역할을 수행했으며, 그것은 다른 많은 종교집단에서 수행했던 역할과는 달랐다. 음악은 영혼을 순수하게 유지하는 지적 보조물로서 질서와 조화를 연구하기 위해 이용되었다. 음악적 화음과 공명현(소리내는 줄)의 마찰과의 관계가 발견되었다. 현의 중간부분을 마찰하면 개방현의 음보다 위에 있는 옥타브의 음을 낸다. 다른 현을 마찰하면 수학적으로 결정될 수 있는 음을 낼 것이다.

피타고라스주의자들의 의학 연구는 신체적 조화라는 개념에 기초했다. 감각들이 뇌와 연결되었다고 주장했던 알크마이온은 의학에 관심을 가졌던 인물로 유명하며[27] 건강을 신체 능력들의 균형으로 해석하기도 했다. 조화라는 개념은 피타고라스학파의 우주론적, 존재론적, 그리고 윤리적 견해에도 중요했다.[28]

피타고라스주의자들의 존재론적 견해는 모든 것이 수라는 것이었다. 이것은 몇 가지 방식의 해석이 가능하므로 그 의미를 해석하는 것은 복잡하다. 공명 현의 길이가 그것이 만들어내는 음을 결정한다는 발견은 소리와 같은 물리적 현상들이 서로 수학적으로 관련되었음을 보여준

---

25   Porphyry, *Vita Pythagorae* 37; Aristotle, *Metaphysics* I, 5, 985b 23; Proclus, *Euclidem*.

26   Aristotle, *Metaphysics* I, 5, 985b 32.

27   Theophrastus, *De sensu* 25-26.

28   Aetius, *Opinions* V, 30, 1; Aristotle, *Metaphysics* I, 5, 985b 23-986a 8, *Nicomachean Ethics* II, 6, 1106a 29; 그리고 *De Caelo* II, 9, 290b 12.

다. 더 중요한 것은 피타고라스주의자들이 물리적 형체들을 수와 연결
시켰다는 점이다. 점, 선, 면, 그리고 입체는 수학적으로 해석될 수 있
다. 수는 사물들을 제한하고 한정하는 특징으로서, 그것들을 분명하고
도 알 수 있는 것으로 만들어준다. 즉, 그것이 물질에 형상과 구조를 부
여한다는 것이다.

그러나 이 견해에는 좀 더 복잡한 측면이 있다. 아리스토텔레스에 따
르면, 피타고라스주의자들은 수가 사물에 구조를 부여한다고 해석했을
뿐만 아니라 수가 공간적 크기도 갖는다고 생각했다. 따라서 수는 사물
들의 형상적 측면뿐만 아니라 물질적 측면도 제공한다. 아리스토텔레
스는 이 견해가 다른 모든 사상가들의 견해와 상반되며, 또한 불가능한
결과들을 가져온다고 주장한다.[29] 세계내의 사물들에게 형상과 구조를
부여하는 수의 역할을 먼저 살펴보자. 그런 뒤에 우리는 사물들이 수들
로 만들어진다는 견해를 다룰 것이다.

피타고라스주의자들은 형태(shape)와 수를 동일시했다. 그들은 작
은 평방수(또는 제곱수)와 장방수를 알고 있었는데, 그들은 아마도 조
각돌 같이 작은 산가지(점수를 세는 도구―옮긴이)들을 배열함으로써
그것들을 증명했을 것이다. 평방수는 단순히 수 자체를 곱해서 나오는
것이 아니다. 평방 형태는 수를 연구하는 데 사용된 산가지들이 배열되
어야 하는 논리적 형태였다. 더 큰 평방수들은 물론이고, 4, 9, 16, 그
리고 25도 이러한 평방 형태를 보여준다. 평방수들은 해시계의 가늠자,
즉 크기가 증가하면서도 형태를 그대로 유지하는 숫자를 산출한다. 아
래에 제시된 세 가지 표에 나타난 X들은 수들의 형태를 증명하는 데 사
용된 산가지들을 나타낸다. 평방수의 경우에 가늠자는 1로 시작하며,

---

29 Aristotle, *Metaphysics* I, 5, 986a 15, M, 6, 1080b 16–20과 M, 8, 1083b 8.

뒤이어 그것에 홀수들이 더해진다(표 2.1).[30]

장방수의 경우에는 가늠자가 2로 시작하며, 뒤이어 그것에 짝수들이 더해진다(표 2.2). 숫자 10은 특별한 의미를 갖는 것으로 여겨졌는데 그것은 테트락튀스, 즉 처음 네 개의 숫자들로 구성된 삼각형으로 상징화되었다(표 2.3).[31]

피타고라스주의자들은 홀수와 짝수에도 의미를 부여했다. 이등분될 수 있는 짝수들은 무제한적이거나 무한정하다는 것을 나타낸다. 반면에 그것들이 이등분되지 않게 하는 방어력의 결여는 힘의 결여와 고정되고 규정된 성질의 결여를 의미한다. 이처럼 확실한 제한의 결여는 어떤 수가 둘 또는 그 이상의 작은 수들로 변화될 수 없는 수보다 알기 어렵다는 것을 의미한다. 홀수들은 제한된 또는 규정된 성질을 나타낸다. 그리스인들은 무제한적인 것보다 제한적이거나 한정된 것을 선호했다. 그들에게 제한이란 한정된 또는 규정된 성질을 의미했으며, 그들은 그것을 명료성과 가지성에 연결시켰다. 우리는 '무한'이라는 용어를 칭찬으로 간주하기 때문에 그것이 이상하게 보일 수도 있지만, 그리스인들에게 무한은 무질서하고 혼란스러운 것이었다.[32] 무한자인 동시에 무제한자인 아페이론은 수학적 단위들로 무한하게 분할될 수 있다고 생각했다. (우리가 다음 장에서 검토할 그의 유명한 역설에서, 엘레아학파의 제논은 공간이 무한하게 분할될 수 있다는 견해를 비판한다.)

세계 내의 사물들에 제한이나 구조를 부과하는 척도라는 수의 역할은 이해하기 어려운 개념이 아니다. 그것은 수들이 추상적이고 비물질

---

30   Aristotle, *Physics* III, 4, 203a 10–15.

31   Aetius, *Opinions* I, 3, 8; Aristotle, *Metaphysics* I.5, 986b 8.

32   Aristotle, *Nicomachean Ethics* II, 5, 1106b 29와 *Physics* III, 4, 203a 10; Simplicius, *Physics* 455, 20.

표 2.1 평방수

```
   X        X        X        X
 ─────────────────────────┐
   X        X        X    │   X
 ──────────────────┐      │
   X        X      │ X    │   X
 ──────────┐       │      │
   X      │ X      │ X    │   X

   1        4        9        16
```

표 2.2 장방수

```
   X        X        X        X        X
 ────────────────────────────────┐
   X        X        X        X   │    X
 ─────────────────────────┐       │
   X        X        X    │   X   │    X
 ─────────────────┐       │
   X        X     │ X     │   X        X

            2        6        12       20
```

표 2.3 테트락튀스

```
                X                          1
              X   X                       +2
            X   X   X                     +3
          X   X   X   X                    +4
                                          ─────
                                          =10
```

적이라는 견해와 양립할 수 있다. 그러나 아리스토텔레스는 다소 어려
운 문제를 제기했다. 그는 알크마이온이나 그 이후의 피타고라스주의
자들이 산술적인 수를 세계의 문제에서 추상되고 분리된 것으로 해석
하지 않고, 사물들의 변형 원리이자 사물들의 물질적 원리(즉, 사물들
을 형성하는 물질)로 해석했다고 말했다. 아리스토텔레스는 이 견해가
수에 대해 일반적으로 수용되는 개념, 즉 수가 추상적 단위들이라는 개
념과 대립된다고 보았으며, 또한 그는 물체들이 수로 구성된다는 것은
불가능하다고 주장했다.[33] 만약 피타고라스주의자들이 아리스토텔레스
가 주장하는 그런 견해를 실제로 가졌고, 또한 점(point)을 크기(mag-
nitude)의 최초 단위로 간주했다면, 그들의 입장에 대한 합리적인 설명
을 제시하기 어렵다. 후기 피타고라스주의자들은 수 이론을 극단으로
끌고 갔으며, 도덕적 자질이나 사회제도 등에 대한 '수'를 찾으려고 했
다. 예를 들어, 결혼은 가장 작은 짝수와 가장 작은 홀수의 결합인 숫자
5로 이해되었다.[34] 그러나 후기 피타고라스주의자들이 수와 수비학(또
는 숫자점)[35]을 사용했다고 해서, 피타고라스주의자들의 수학적 공헌
을 간과해서는 안 될 것이다.

피타고라스주의자들은 지구가 둥근 구체이며, 그 둘레를 불의 관
(tube)들이 돌고 있다고 생각했다. 이 관들의 운동은 음악소리, 즉 화
음을 만들어낸다. 후기 피타고라스주의자들은 지구가 중심도 아니고
정지해있는 것도 아니며, 오히려 (대지구[36]와 태양, 그리고 행성들과

---

33 Aristotle, *Metaphysics* I, 5, 986a 15와 987a 13-19, A, 8, 990a 18f, M, 6,
1080b 16-20, 그리고 N, 3, 1090a 20; Aetius, *Opinions* I, 3, 19.

34 Aristotle, *Metaphysics* I, 985b 26과 M, 4, 1078b 21.

35 옮긴이주: 수비학(numerology, 또는 숫자점)은 수에 상징적인 의미를 부여하는
신비주의적 사고에 기초하여 수를 통해 미래를 점칠 수 있다는 믿음을 가리킨다.

36 옮긴이주: '대(對)지구(counter-earth)'는 지구와 중심부의 불 사이에 위치한 행

함께) 중심에 있는 불의 둘레를 돌고 있다고 생각했다. 그들은 태양의 열기와 빛이 중심부에 있는 이 불을 반사한 것이라고 믿었다.[37]

피타고라스학파의 인식론에 따르면, 사고는 감각경험보다 더 좋고, 지성적 직관은 관찰보다 더 좋다. 피타고라스주의자들은 삶과 세계에 관심을 가진 관찰자들이었지만, 그럼에도 그들은 일상적인 삶에서 어느 정도 동떨어져 있는 것을 선호했다. 그들은 축제에 참석한 사람들의 유형들에 따라 이익을 사랑하는 사람들(행상들), 명예를 사랑하는 사람들(시합 참가자들), 그리고 지혜를 사랑하는 사람들(관중들)이라는 유비를 사용했다.[38]

피타고라스 종교집단은 크로톤에서 정치적으로 강력해졌다. 마침내 피타고라스주의자들은 (5세기 후반에 있었던) 반란에 휘말렸으며, 철학을 지지했던 사람들은 추방되어 메타폰툼, 타렌툼, 그리고 그 밖의 다른 이탈리아의 식민지들로 흩어졌다. 그러나 이것은 오히려 피타고라스 종교집단의 영향력을 증가시켰다. 플라톤이 자신의 친구인 아르키타스의 영향을 받아 피타고라스주의에 친숙해졌던 곳이 바로 메타폰툼이었다.

피타고라스주의자들은 세계의 기저에 놓인 본성에 대한 질문, 즉 밀레토스학파 사람들이 답변하려고 시도했던 질문에 접근했지만, 그들은 기저에 놓인 물질을 통해 세계의 질서를 설명하기 위해 노력하는 대신에 수학의 구조와 (홀수와 짝수, 그리고 무제한과 제한의 대비와 같은)

성으로 지구에서는 보이지 않는다. 아리스토텔레스에 따르면, 피타고라스주의자들은 그 행성이 태양을 가로막으면 그 그림자 때문에 지구에 일식이나 월식이 발생할 수 있다고 생각했다(http://en.wikipedia.org/wiki/Counter-Earth#Counter-Earth 참조).

37 Aristotle, *De Caelo* II, 9, 293a 20-25; Simplicius, *De Caelo* 511, 26.

38 Diogenes Laertius, *Lives of Eminent Philosophers* VIII, 8.

원리들을 통해 그것을 설명하려고 했다. 그들은 실재자에 대한 지식이
이성을 통해 획득될 수 있다고 생각했던 최초의 철학자들이었다. 이것
은 합리주의로 알려진 접근방법으로서, 철학의 주된 사조들 가운데 하
나였다.

3

변화, 안정, 그리고 영속성:
헤라클레이토스와 엘레아학파 철학자들

밀레토스학파와 피타고라스학파의 철학자들은 일상경험에서 지각되는
변화와 다수성의 실재에 대해 질문하거나 또는 '세계 과정' 속의 영속
성에 대한 철학적 설명을 제공하지 않았다. 하지만 헤라클레이토스와
엘레아학파 철학자들은 변화는 물론이고, 실재자의 단일성과 영속성에
대해서도 형이상학적 이론들을 전개했다.

헤라클레이토스

기원전 544년에서 484년까지 생존했던 헤라클레이토스는 이오니아 지
역에 있는 에페소스의 귀족이었다.[1] 그는 때때로 '신비주의자'라고 불
렸지만 여기에는 오해의 소지가 있다. 그가 실제로 종교철학을 갖긴 했
지만, 그의 종교는 세계 자체에서 분리된 초월적 신에 기초하지 않았

---

1   Diogenes Laertius, *Lives of Eminent Philosophers* IX, 1과 6.

다. 그의 철학에서 신적 요소는 내재적이며, 자연의 일부였다. 아래에
서 논의되듯이, 그의 종교적 접근방법은 그가 잘 알고 있던 크세노파네
스의 접근방법과 유사하다. 그의 신은 정신의 신적인 요소였으며, 그가
세계의 근원적인 물질적 실체라고 보았던 불과 동일시된다. 끊임없이
변화하는 세계를 구성하는 대립자들에 단일성을 부여하는 것이 바로
이 신적인 정신이다. 세계질서는 영원하며, 헤라클레이토스는 그것을
신성한 것으로 다룬다. 그는 세계 내부의 변화 과정을 '위로 향한 길과
아래로 향한 길'이라고 표현한다. 그는 몇몇 철학자들이 후대에 상당
한 중요성을 부여했던 용어를 사용하여 세계질서를 '로고스'라고 불렀
거나 또는 세계과정의 질서 있는 작용에 대한 지식을 언급하기 위해 그
용어를 사용했을 것이다. 단편적으로 남아있는 헤라클레이토스의 글은
난해하지만, 그의 종교가 세계 내부의 내재적 힘에 기초했다는 것은 분
명하다. 헤라클레이토스는 당시에 일반적이었던 종교적 관행에 대해
비판적이었다.[2]

　헤라클레이토스는 금언(또는 경구) 형태의 글을 썼는데, 그것은 비
유적이고, 간결하고, 종종 상당히 난해하면서도 짧고 함축적인 진술들
이었다. 일부 후기 저술가들은 그가 오만하고도 거만하며, 심지어는 염
세적이었다고 비난하지만, 이런 비판들은 그 저술가들이 그의 말에 대
해 화가 났거나 또는 그의 말을 이해하지 못했던 데 기인한 것으로 보
인다. 커크와 레이븐은 헤라클레이토스에 대한 이러한 부정적인 태도
를 (전기를 집필하면서 허구적인 내용을 첨가하는-옮긴이) '전기적
허구'라고 말한다. 헤라클레이토스가 고의적으로 난해한 태도를 취함

2　Ibid. IX, 1; Clement, *Stromateis* V, 104, 1과 3; Plutarch, *De E apud delphos*
　(The E at Delphi) 8, 388 D; Sextus Empiricus, *Adversus mathematicos* (Against the
　Professors) VII, 129; Aristocritus, *Theosophia* 68; Clement, *Protrepticus* 22와 34.

으로써 그런 명성에 일조했을 수도 있다. 우리는 더 이상 그의 저술을 갖고 있지 않다. 그가 『자연에 관하여』라는 제목의 책을 썼다고 전해지지만, 우리는 단지 후기 저술가들의 인용문을 통해 그를 알고 있다.[3]

헤라클레이토스의 존재론은 질서정연한 변화의 중요성을 강조했다. 그는 우주 전체의 변화 속도가 너무 빨라 감각들이 그것을 따라가지 못할 정도라고 생각했다. 그는 "같은 강물에 두 번 들어갈 수 없다."고 말했는데, 그 이유는 새로운 물이 항상 흘러 들어오기 때문이다. 그러나 헤라클레이토스의 철학이 단지 변화만을 강조한다고 보는 것은 잘못일 것이다. 종종 변화의 움직임이 아주 빨리 발생하기 때문에 감각들을 벗어날 수도 있지만 변화가 있다는 것은 분명하며, 헤라클레이토스는 그것의 중요성을 인식했다. 그러나 그의 철학적 요지는 변화의 기저에 놓인 단일성과 질서이다. 변화는 '위로 향한 길과 아래로 향한 길'이라는 한 가지 양식에 따라 발생한다. 위로 향한 운동과 아래로 향한 운동은 하나, 차이 속의 단일성, 또는 하나이자 동일한 것이다. 그 과정은 변화하지 않는다. 즉, 질서정연한 변화의 이 법칙을 제외한 모든 것이 변화한다는 것이다.[4]

헤라클레이토스는 대부분의 사람들이 이 개념을 이해하지 못한다고 생각했다. 모든 사물들이 겪도록 되어 있는 변화의 전 과정에서 그 사물들의 단일성은 명백하지 않으며, 또한 이해하기 어렵다는 것이다. 그것은 대립자들의 균형에 의존하고, 또한 심지어 대립자들의 동일성에

---

3 Diogenes Laertius, *Lives of Eminent Philosophers* IX, 1과 5. G.S. Kirk, J.E. Raven, *The Presocratic Philosophers*, 183 참조.

4 Aristotle, *Physics* VIII, 3, 253b 9; Eusebius, *Praeparatio* Evangelica (Preparation for the Gospel) XV, 20; Plutarch, *De E apud delphos* 18; Plato, *Cratylus* 402A; Hippolytus, *Refutatio* IX, 9, 1과 IX, 10, 4.

3. 변화, 안정, 그리고 영속성: 헤라클레이토스와 엘레아학파 철학자들   55

의존한다. 왜냐하면 대립자들도 하나의 단일성이기 때문이다. 히폴리
토스는 헤라클레이토스의 견해를 다음과 같이 기술한다. "신은 낮과
밤, 겨울과 여름, 전쟁과 평화, 포만감과 굶주림이다[모든 대립자들,
이것이 그 의미이다]. 그는 불이 향신료들과 섞일 때, 그것들 각각의 향
기에 따라 그 불이 명명되는 방식으로 질적 변화를 이해한다."[5]

헤라클레이토스는 불이 근원적인 원소라고 생각했다. 그가 문자 그
대로를 의미했을 수도 있지만, 그 생각은 상당히 상징적이다. 근원적인
원소는 결코 정적이지 않은 어떤 것이다. 불은 항상 변화의 과정 속에
있으며, 따라서 세계의 요소가 되기에 적합한 원소이다. 그러나 헤라클
레이토스가 불을 신적인 이성이라고 생각했기 때문에, 그것은 그 이상
의 것이다. 헤라클레이토스는 탈레스와 아낙시메네스처럼 전통적인 원
소들 가운데 하나를 근원적인 요소로 선택하지는 않았다. 신적인 불은
단순히 연료를 소모함으로써 존재하는 불이 아니다. 그것은 소비하는
불이라기보다 생산하는 불이다. 헤라클레이토스와 (조르다노 브루노
의 철학을 비롯한 몇몇 철학의 기초가 되었던) 그의 사상이 중대한 공
헌을 한 것은 이성과 신성을 갖는 세계의 내재적 측면을 확인했다는 점
이다. 그것을 '불'이라고 부르거나 또는 가장 순수한 그 불을 (우주를
둘러싸고 있고, 또한 인간 영혼의 실체이기도 한) 에테르와 동일시한
것은 새로운 견해가 아니었으며, 아낙시메네스의 시대 이후로 정착된
철학적 전통이었다.[6]

신적인 불이 하나에서 다른 하나로 정체성들이 변화되는 대립자 쌍

---

5   Sextus Empiricus, *Adversus mathematicos* VII, 132와 133; Pseudo-Plutarch, *Consolation to Apollnius* 10, 106E; Pseudo-Aristotle, *De Mundo* 5, 396b 20; Hippolytus, *Refutatio* IX, 10, 8.

6   G.S. Kirk, J.E. Raven, *The Presocratic Philosophers*, 161, 200 참조.

들을 만들어냄으로써 세계가 생성된다. 이미 보았듯이, 헤라클레이토
스는 대립자들의 정체성을 신과 연결함으로써 그것을 강조했다. 겨울
이 여름으로, 건조함이 축축함으로, 짙음이 희박함으로 변화하면서, 모
든 대립자들은 변화의 순간에 존재하는데, 그 변화는 하나의 성질에서
다른 성질로 대체되는 것이 아니라 변형되는 것이다. 헤라클레이토스
는 네 가지 전통적 원소들인 흙, 공기, 불, 그리고 물이 동일한 양으로
존재한다고 생각했다. 그것들은 모두 불의 변형들이다.[7] 고정된 양의
불, 즉 결코 소멸되지 않는 중심부의 불이 있다. 불이 켜지면, 그와 동
일한 양이 꺼진다. 우주적 정의라는 이 개념에 주의하자. 이것은 '각
사물에게 주어진 할당된 장소'라는 개념, 즉 모든 사물들을 균형 잡힌
질서 속에 유지하는 '모이라'라는 초기의 신화적 개념을 반영하는 것
일 수도 있다.

헤라클레이토스가 전쟁이라고 상징적으로 표현했던 마찰 또는 긴장
은 끊임없는 변화에도 불구하고 대상들을 유지할 수 있게 해준다. "갈
등은 필수적이다."라고 그는 생각했다. 그는 갈등의 종식을 소망했던
사람들을 비난했다고 한다. 오히려 그는 "전쟁이 모든 것의 아버지이
자 모든 것의 왕이다."라고 생각했다.[8]

헤라클레이토스의 우주론은 잘 알려져 있지 않으며, 또한 잘 정리되
어 있지도 않다. 태양, 달, 그리고 별들은 불의 사발들이 뒤집힌 것이며
그 사발들이 기울어짐으로써 일식과 월식이 발생한다. 그는 태양이 매
일 새롭다고 말했다. 태양은 그 힘이 제한된다고 묘사되는데, 이것은
할당된 장소라는 개념을 반영하는 것으로 보이는 또 다른 견해이다.

---

7   Clement, *Stromateis* V, 104, 1과 3; Plutarch, *De E apud delphos* 8, 388 D.

8   Origen, *Contra Celsus* VI, 42; Hippolytus, *Refutatio* IX, 9, 4; Aristotle, *Eude-mean Ethics* E, I, 1235a 25.

"태양은 그의 기준들을 넘어서지 않을 것이다. 만약 그렇지 않다면, 정의의 집행자들인 에리니에스가 그를 찾아낼 것이기 때문이다."[9]

헤라클레이토스의 지식이론은 감각경험이 아니라 이성에 기초하고 있다. 그는 우리가 경험하는 모든 것이 급속하게 변화하기 때문에, 감각들은 그것들이 발생하는 사건들을 기록할 수 없다고 생각했다. 감각들은 사물들이 현재 어떠한가에 대한 지식을 우리에게 줄 수 없다. 그러나 이성은 끊임없는 변화를 꿰뚫고 변화의 법칙을 볼 수 있다. 우리는 이성을 통해 세계에 대한 신뢰할만한 지식을 가질 수 있지만, 이미 보았듯이 대부분의 사람들은 '로고스'를 이해하지 못하며, 따라서 모든 사물들의 단일성을 파악하지 못한다. 헤라클레이토스는 우리가 감각경험을 통해 알 수 있으리라고 생각하지 않았던 또 다른 초기 철학자이다. 우리의 지식은 이성을 통해 들어온다는 것이다.[10]

헤라클레이토스의 심리학이론은 영혼이나 정신이 순수한 불 또는 '에테르'이며, 신적인 이성과 근원적 원소인 불에 가깝다는 것이다. 그의 심리학은 도덕적이다. 그는 '건조한' 영혼이 가장 현명하고 가장 좋다고 생각했다. 그러나 영혼들은 건조하고, 희박하고, 뜨거운 것, 그리고 지성적인 것을 향하는 '위로 향한 길'보다 조밀하고, 차갑고, 축축한 것을 향하는 '아래로 향한 길'을 선호한다. 그는 축축함이 영혼을 악화시킴에도 불구하고, 영혼들은 축축한 것을 좋아한다고 믿었다. 그는 만취한 상태가 문자 그대로 영혼의 축축함이라고 생각했다.[11]

---

9   Diogenes Laertius, *Lives of Eminent Philosophers* IX, 9-10; Aristotle, *Meteorologica* B, 2, 355a 13; Plutarch, *De exilio* II, 604A.

10   Aristotle, *Physics* VIII, 3, 253b 9; Sextus Empiricus, *Adversus mathematicos* VII, 132; Themistius, *Orations* 5; Hippolytus, *Refutatio* IX, 9, 5; Diogenes Laertius, *Lives of Eminent Philosophers* IX, 1.

11   Clement, *Storomateis* VI, 17, 2; Stobaeus, *Anthologium* III, 5,7, and 8.

엘레아학파

엘레아학파는 남부 이탈리아의 식민지인 엘레아(또는 벨리아)에서 이름을 따왔다. 그 학파는 기원전 5세기에 융성했으며 변화와 관련된 질문에 대한 그들의 접근방법은 헤라클레이토스의 것과 많이 달랐다. 그들은 변화라는 현상이 착각이라고 생각했다. 그 주장이 후대의 철학자들에게 많은 영향을 주었던 이유는 그들이 단순히 자신들의 입장을 선언하는 데 그치지 않고 그것을 입증하려 노력했기 때문이다.

크세노파네스

기원전 570-475년에 생존했던 콜로폰의 크세노파네스가 최초의 엘레아학파 철학자로 간주된다. 그는 파르메니데스의 스승이었으며 또한 아마도 제논의 스승이었을 가능성도 있다고 전해지나, 파르메니데스가 그의 추종자가 되진 않았다. 그는 많은 여행을 했고, 엘레아에 정착해서 오랫동안 살았다.[12]

아마도 크세노파네스를 영향력 있는 엘레아학파의 선구자로 간주하는 것이 가장 좋을 것이다. 그의 사상은 엘레아의 형이상학적 접근방법이 지닌 특징적인 측면들을 발전시키지 못했다. 크세노파네스가 파르메니데스나 후기 엘레아학파 철학자들과 공유했던 유일한 형이상학적 개념은 모든 사물들이 하나라는 믿음이다. 그는 일자(一者, the One)가

---

[12]   Clement, *Storomateis* I, 64, 2; Diogenes Laertius, *Lives of Eminent Philosophers* IX, 21-23; The *Suda*, "Zenon."

신이라고 생각했다.[13]

크세노파네스는 그의 신 개념과 그의 비판, 특히 의인화된 신 개념에 대한 그의 비판으로 잘 알려져 있다. 그는 신의 잘못된 행동에 대한 호메로스와 헤시오도스의 이야기들에 대해 비판적이었다. 그는 영혼이 인간으로부터 동물에게로 이주한다는 피타고라스의 견해를 비웃었다. 아마도 그는 사람들이 신들에게 자신들의 것과 같은 옷, 언어, 그리고 신체를 부여하며, 또한 신들을 자신들의 모습처럼 창조한다는 점에 주목했던 최초의 사상가였다. 에티오피아 사람들은 들창코와 검은 피부를 지닌 신들을 믿었고, 반면에 트라키아 사람들은 담청색의 눈과 붉은 머리카락을 믿었다. 그는 만약 소와 말이 그림을 그릴 수 있다면, 그것들은 자신들의 신에게 소와 말의 몸을 부여할 것이라고 생각했다.[14]

크세노파네스는 인간의 신체와 사고를 전혀 닮지 않은 하나의 신이 있다고 생각했다. 신은 운동이나 노력이 없이도 세계를 지배한다. 즉, "그는 전혀 고생하지 않고 자기 마음속의 생각을 통해 모든 사물들을 정리한다." 신은 분리된 부분들이나 신체기관들을 갖지 않는다. 따라서 "그의 모든 것이 보고, 모든 것이 생각하며, 모든 것이 듣는다."[15]고 말할 수 있다. 크세노파네스의 신 개념은 물활론적 또는 범신론적 견해로서, 이것은 신성을 세계로부터 분리된 것이 아니라 세계의 핵심적인 측면으로 본다. 이것은 헤라클레이토스의 접근방법과 유사하다.

---

13   Diogenes Laertius, *Lives of Eminent Philosophers* IX, 18; Plato, *Sophist* 242D; Aristotle, *Metaphysics* I, 5, 986b 18; Simplicius, *Physics* 22, 26.

14   Sextus Empiricus, *Adversus mathematicos* IX, 193; Diogenes Laertius, *Lives of Eminent Philosophers* VIII, 36과 IX, 18; Clement, *Storomateis* V, 109, 2와 3; VII, 22, 1.

15   Clement, *Storomateis* V, 109, 1; Aeschylus, *Supplices* 96–103; Simplicius, *Physics* 23, 11과 20; Sextus Empiricus, *Adversus mathematicos* IX, 144.

크세노파네스는 궁극적 지식의 가능성에 대해 의심했다. 그는 아무도 완전한 진리를 결코 알 수 없으리라고 생각했는데 이것은 우리가 이전 철학자들에게서 보지 못했던 회의주의적 요소이다. 그러나 의견이 진리를 닮을 수도 있다. 비록 신들이 인간들에게 모든 것을 밝혀주지는 못했을지라도, 사람들은 탐구를 통해 "시간이 흐를수록 더 나은 것을 발견한다."[16]

크세노파네스는 모든 생물들이 흙과 물에서 유래했다고 생각했다. 그는 육지와 산에서 발견된 바다 생물들의 화석에서 깊은 인상을 받았는데, 이것이 한때 바다가 지구를 덮었을 때 생물들이 진흙에서 유래했음을 입증하는 증거라고 보았다.[17]

파르메니데스

다원론자들과 그 이후의 많은 사상가들에게 영향을 주었던 엘레아학파를 발전시켰던 사람은 기원전 515년에 엘레아의 부유하고도 정치적으로 영향력이 있는 집안에서 태어났던 파르메니데스였다. 그는 원래 크세노파네스의 제자였으나 나중에는 피타고라스학파의 일원이었던 아메이니아스의 제자가 되었다. 『파르메니데스』라는 제목이 붙여진 대화록에서, 플라톤은 파르메니데스가 65세이고 소크라테스가 아직 청년이었을 때, 파르메니데스가 소크라테스를 방문했었다고 전한다.[18]

---

16 Sextus Empiricus, *Adversus mathematicos* VII, 49와 110; Plutarch, *Symposiakon* IX, 7, 746B; Stobaeus, *Anthologium* I, 8, 2.
17 Simplicius, *Physics* 189, 1; Sextus Empiricus, *Adversus mathematicos* X, 34; Hippolytus, *Refutatio* I,14, 5.

파르메니데스의 글들은 『자연에 관하여』라는 제목이 붙은 6보격('강-약-약'으로 이루어진 그리스 시의 형식-옮긴이)의 운율을 갖춘 시의 형태로 이루어져 있다. 머리말에는 태양신의 딸들이 운반하는, 즉 말들이 끄는 마차 안에 파르메니데스가 들어가 있는 것으로 그려진다. '복수하는 정의'인 여신은 그를 환영하면서 그가 모든 것들 가운데 특히 다양한 진리의 핵심을 배울 것이라고 말한다. 참된 믿음은 사멸하는 자들의 의견들에 속하지 않는다. 파르메니데스는 진리뿐만 아니라 거짓된 의견들을 의미하는 '외견상의 길'에 대해서도 알았을 것이다. 『자연에 관하여』는 두 부분, 즉 '진리의 길'과 '의견(또는 억견)의 길'로 구성된다. '의견의 길'은 감각경험으로부터 얻어진 세계에 대한 거짓된 견해를 의미한다. 그 시의 첫 번째 부분은 파르메니데스 자신의 견해들 가운데 아무것도 변화하지 않는다는 견해(아무것도 생성되거나 소멸되지 않는다는 견해)와 사물들의 다수성이 없다는 견해를 제시한다. 실재자는 하나이고, 영원하며, 불변한다는 것이다.[19]

세계에 대한 관찰을 통해 뒷받침되지 않는 것이 분명한 그러한 견해가 널리 받아들여졌던 이유는 무엇일까? 그것이 받아들여지고 후대의 철학에 많은 영향을 준 이유는 파르메니데스가 논리적 논증을 통해 자기 이론을 옹호했던 최초의 철학자였기 때문이다. 그는 이성이 진리의 궁극적인 심판이며, 감각경험이 이성과 충돌하는 경우에 감각경험의 증거가 거짓이라고 생각했다. 그는 변화와 다수성에 대한 믿음이 자기모순적이라는 점과 참일 수 없다는 점을 논리적으로 입증했다. 그가

---

18   Plato, *Parmenides* 127A; Diogenes Laertius, *Lives of Eminent Philosophers* IX, 21-23; Strabo, *Geography* 6; Plutarch, *Adversus Coloten* 32, 1126A.

19   이 시의 단편들에 대한 번역문은 K. Freeman, *Ancilla to the Pre-Socratic Philosophers*, 41-46 참조.

논증에 사용한 논리학은 초보적이었으며, 단지 동일율과 모순율이라
는 두 가지 기초적인 원리들만을 이용했다. 그의 논리적 증거들은 그
두 가지 원리들이 옳긴 하지만 타당한 결론들을 추론해내기에는 충분
하지 않다는 것이 증명될 때까지는 설득력을 갖는다. 플라톤과 그 이
후의 아리스토텔레스가 더욱 정확한 논리학의 토대를 확립할 때까지,
실재자가 불변하며 단일하다는 엘레아학파의 개념은 폭넓게 수용되고
있었다.

　파르메니데스는 존재하지 않는 것에 대해서는 생각할 수 없을 뿐만
아니라 심지어 말할 수조차 없다고 생각했다. 이와 동일한 원리가 존재
자와 사고에 대해서도 적용된다. '진리의 길'은 "그것은 존재하거나 또
는 그것은 존재하지 않는다(estin 에스틴 또는 ouk estin 우크 에스틴, it
is 또는 it is not)."라는 단순한 논리와 더불어 시작된다. 여기에서 '그
것'이 무엇을 언급하는지 분명하지 않기 때문에, '진리의 길'이 무엇을
의미하는지 명확하지는 않다. "그것은 존재한다(estin, it is)."가 존재
적 의미에서 그렇다는 것인지 또는 술어적 의미에서 그렇다는 것인지
분명하지 않다는 것이다. '그것'은 존재하는 사건들을 언급하고 있는
가 또는 실재자에 관해 논리적으로 말해질 수 있는 것을 언급하고 있는
가? 파르메니데스는 존재하는 것과 서술될 수 있는 것이 동일하다고
생각했다. 말해질 수 있는 것이나 생각될 수 있는 것은 반드시 존재해
야 한다. 무(nothingness)라는 것은 존재할 수 없으며, 또한 생각될 수
도 없다. 무가 존재한다는 증거는 있을 수 없다. 우리는 논리를 따라야
하며, 감각경험에 의해 오도되어서는 안 된다.[20] 진공[21]이 없다는 것 또

20　Aristotle, *De Anima* A,. 2, 404a 16; Proclus, *In Timaeum* I, 345 (Diels 18,
frag. 2와 3); Simplicius, *Physics* 117, 4와 147, 7; Plato, *Sophist* 237A; Sextus
Empiricus, *Adversus mathematicos* VII, 114.

는 무가 없다는 것은 그것이 발생할 수 있는 빈 공간이 없이는 운동이나 변화가 있을 수 없고, 사물들 사이의 공간이 없이는 다수성이 있을 수 없으며, 또한 팽창과 축소도 발생할 수 없다는 것을 의미한다.

엘레아학파의 논리가 증명한 것은 존재하는 것이 완전하고, 움직일 수 없으며, 또한 끝이 없어야 한다는 것이다. 그것은 영원하다. 그것은 결코 생성된 적이 없다. 왜냐하면 아무것도 없는 것에서는 아무것도 생성될 수 없기 때문이다. 어떤 것이든 완전히 '존재' 하거나 또는 존재하지 않아야만 한다. 생성되거나 소멸되는 것은 상상할 수 없는 것이다. 이것은 또한 시간의 경과가 착각임을 의미한다. 시간의 경과란 어떤 것이 존재하고 또한 존재하지 않는 것을 의미하는데, 그런 것은 가능하지 않기 때문이다. 존재하는 것은 나눌 수 없으며, 그것은 하나의 장소에서 더 존재하거나 또는 다른 장소에서 덜 존재하는 것이 아니며, 모든 곳에서 동일하다. 존재는 가득하며, 모든 곳에 꽉 차있다(plenum).[22] 필연성은 그것이 경계선상의 내부에 있도록 유지한다. 그것은 지각적 성질들을 가짐으로써 제한되는 것이 아니다. 파르메니데스는 그것이 모든 지점에서 동일한 아주 둥그런 구체라고 생각했다.[23]

감각경험에 의존한 믿음들, 즉 '외견의 길' 을 묘사하는 시의 구절들은 당시의 일반적인 믿음들에 대한 검토인 동시에 피타고라스의 가르침에 대한 비판으로 해석되어 왔다. 이 부분에서 파르메니데스는 초기 철학자들의 견해를 거부하며, 구체적으로 이름들을 언급하지는 않지만 아마도 헤라클레이토스와 밀레토스학파 철학자들을 염두에 두고 있었

을 것이다. 그는 감각경험과 상응하는 일반적인 의견이 두 가지 의견들
과 두 가지 제일원리들을 상정한다고 말하며, 또한 그는 빛과 어둠(또
는 밤)이라는 두 가지 감각적 대립자들에 대해 이야기한다. 그는 엠페
도클레스와 아낙사고라스 사이에서 계속되던 지각에 관한 논쟁, 즉 지
각이란 '유사한 것이 유사한 것을 지각하는 것인가' 또는 '대립적인 것
이 대립적인 것을 지각하는 것인가'에 대한 글을 썼다. 테오프라스토
스에 따르면, 그는 지각과 사고를 동일한 것으로 간주했다. 파르메니데
스의 천문학적 관측들이 정확히 어떤 것이었는지 분명하진 않지만, 그
것들은 '외견의 길'에 포함된다.[24]

파르메니데스는 '외견의 길'에 대해 글을 쓰면서 자기가 비논리적이
라고 생각하는 믿음들에 대해 기술한다. 그 시의 긍정적 부분인 '진리
의 길'은 다원론자들과 플라톤에게 중대한 영향을 줬던 엘레아학파의
개념들을 제시하는데, (아마도 플라톤의 영향력 때문이었을 수도 있지
만) 나중에 그것은 많은 사상가들이 지지했던 실재자와 완전성이라는
개념, 즉 '실재자는 하나이고 영원하며 또한 불변한다는 견해'에 영향
을 주었다.

엘레아의 제논

엘레아의 제논은 기원전 490-485년 사이에 태어났다. 그는 본래 피타
고라스주의자였으나 나중에 파르메니데스의 제자가 되었거나 혹은 크

---

24 Ibid. 30, 14와 180, 9; Theophrastus, *Epitome of Physical Opinions* frag. 6와 *De sensu* 1–3; Aristotle, *Metaphysics* I, 5, 986b 31; Simplicius, *Physics* 31, 13, 그리고 39, 14.

세노파네스의 제자가 되었을 수도 있다.[25]

제논은 다원성을 믿었던 사람들과는 반대되는 주장을 했다. 그는 공간이 수학적으로 무한하게 분할될 수 있다는 피타고라스의 견해를 비판했을 것이다. 그는 일종의 논리적 논증인 귀류법, 즉 '처음에 반대자의 견해를 가정한 뒤에 그 입장이 자기 모순을 범하거나 또는 불합리한 결론으로 이끌어진다는 것을 보여주는' 귀류법을 이용한다. 그는 만약 다원성이 있다면, 사물들이 커다란 동시에 작거나, 무한하거나 또는 전혀 아무런 크기를 갖지 않아야만 한다고 주장한다. 만약 사물들이 크기를 갖는다면, 그것들은 부분들을 가져야만 하며, 그렇게 되면 그것들은 단위들(units)이 아니라 사물들의 모음들(collections of things)이 될 것이다. 만약 그것들이 크기를 갖지 않는다면 그것들은 전혀 아무것도 아닐 것이며, 따라서 만약 그것들이 다른 것에 더해지더라도 그걸 더 크게 만들지는 않을 것이다. 큼이나 작음이 불합리한 결론으로 이끌어진다는 것이다. 또한 만약 다원성이 있다면 존재하는 사물들은 제한되어야만 하며, 그것들의 수보다 더 많지도 않고 더 적지도 않을 것이라고 제논은 주장했다. 그러나 분리된 사물들이 되려면 그것들 사이에 다른 것들이 있고, 또한 그 다른 것들 사이에 또 다른 것들이 있어야만 하며, 이렇게 해서 사물들의 수를 무한하게 만들기 때문에, 그는 그것들이 또한 무한해야 한다고 주장했다.[26]

제논은 운동에 대한 네 가지 역설들로 잘 알려져 있다. (1) 경마장 또는 경기장 역설: 이것은 목표에 도달하기 전에 경주마 또는 주자가 무한한 수의 중간 지점들을 반드시 지나야만 한다는 필연성에 기초한

25 G.S. Kirk, J.E. Raven, *The Presocratic Philosophers*, 286; Strabo, *Geography* 6; *The Suda*, "Zenon."

26 Plato, *Parmenides* 128C; Simplicius, *Physics* 139, 8, 140, 29, 그리고 141, 1.

다. (2) 아킬레스와 거북이의 역설: 이것도 상당히 유리한 출발선에 서 있던 거북이가 느린 걸음을 시작했던 곳에서 반 정도의 거리에 있는 지점을 빨리 뛰는 주자(아킬레스)가 지나야만 한다는 점을 제외하고는 위의 역설과 비슷하다. 그 후에도 아킬레스는 계속 길을 따라가면서, 거북이가 도달했던 무한한 수의 중간 지점들을 지나야만 할 것이다.[27] (3) 날아가는 화살의 역설: 이것은 과녁에 도달하기 전에 화살이 궁수와 과녁 사이의 많은 장소들에 있어야만 할 것이며, 따라서 그 화살이 과녁에 도달하는 것은 불가능하다는 주장이다. (제논의 논증은 시간이 순간들로 구성되어 있으며, 따라서 한 장소에 있다는 것은 그 장소에 정지해있음을 의미한다는 가정에 의존한다. 일련의 정지들을 합한다고 해서 운동이 되지는 않으며, 따라서 이것은 역설이다.) 움직이는 줄 (row)들에 대한 역설은 정지해있는 한 줄의 대상들과 상반된 방향으로 움직이는 다른 두 줄의 대상들을 상정한다. 이 역설에 대한 아리스토텔 레스의 설명은 다소 복잡한데, 커크와 레이븐은 그가 그것을 제대로 이해하지 못했다고 생각한다.[28]

경기장의 역설과 아킬레스와 거북이의 역설은 공간이 무한하게 분할될 수 있다는 피타고라스적 신념을 비판한다. 날아가는 화살의 역설도 동일한 목적을 위한 것이었다. 그러나 그것은 단순히 피타고라스의 공간 개념에만 의존하는 것이 아니며, 공간 내부에 존재한다는 것이 무슨 의미인가에 대한 해석에도 의존한다. (4) 움직이는 벽돌들의 역설: 이것은 운동의 상대성이 인정되지 않는 경우에만 역설이 된다. 몇 줄의

---

27   Aristotle, *Physics* VI, 9, 239b 9, 11, 그리고 14; Aristotle, *Topics* VIII, 8, 160b 7.

28   Aristotle, *Physics* VI, 9, 239b 30과 33; G.S. Kirk, J.E. Raven, *The Presocratic Philosophers*, 296.

대상들이 동시에 서로 다른 속도로 움직이는 것은 서로에 대해서만 관련되는 것이다. 주변의 공간과 관련하여, 각각의 줄은 하나의 속도로 정지해있거나 또는 움직인다. 이 역설들은 오늘날까지도 많은 철학자들의 관심을 야기했다. 그것들을 다루는 논문들은 물론이고, 그것들이 무엇을 의미하고 그것들이 어떻게 해결될 것인가에 관한 다양한 견해들을 표현하는 많은 논문들이 발표되었다.

사모스의 멜리소스

사모스 섬 출신인 멜리소스는 실재자가 하나이자 불변하는 것이라는 개념을 옹호했던 엘레아학파의 세 번째 철학자였다. 그는 기원전 441년에 페리클레스의 지휘하에 있던 아테네 함대를 물리쳤던 장군으로 명성이 높았던 사모스 섬의 명예시민이었다. 그는 파르메니데스의 학생이었던 것으로 알려져 있다. 그는 "실재자는 생성되는 것이 아니라 항상 존재했고 존재할 것이며, 또한 실재자는 동질적이며 그 내부에 공간을 갖지 않는다."는 파르메니데스의 견해를 지지했다. 실제 사물들은 변화하지 않는다. 그러나 그는 실재자의 크기가 무한해야만 한다고 주장함으로써 파르메니데스와 다른 의견을 가졌다. 이것은 실재자가 유한한 구체라는 파르메니데스의 견해와 반대된다. 또한 심플리키오스는 멜리소스가 존재하는 것을 무형적이라고 생각했다는 이야기를 전해준다.[29]

---

[29] Diogenes Laertius, *Lives of Eminent Philosophers* IX, 24; Plutarch, *Pericles* 26; Simplicius, *Physics* 29, 22와 109, 20, 31, 그리고 34; Simplicius, *De caelo* 558, 21; Hippolytus, *Refutatio* 1, 11, 2.

엘레아 철학자들은 '실재자에 대한 엘레아학파의 견해'를 '세계의
명백한 변화와 다양성'과 조화시키려고 시도했던 다원론자들과 원자
론자들에게 중대한 영향을 주었다. 실재자에 대한 엘레아학파의 견해
는 실재하는 것이 단일하고 영원해야만 한다는 플라톤의 믿음에도 영
향을 주었다.

4

엘레아학파와 경험의 조화:
다원론자와 원자론자

다원론자들과 원자론자들은 실재자가 불변하는 단일성이라는 엘레아학파의 개념을 부정하지 않았다. 엘레아 철학자들은 실재자에 대한 그 견해가 유일하게 논리적인 견해임을 증명했다. 그와 동시에, 그 새로운 사상가들은 정말로 생성되고, 소멸하고, 또한 그에 따라 변화하는 듯이 보이는 많은 사물들의 세계를 보여줬던 감각적 증거를 묵살하려 하지도 않았다. 그들이 시도했던 것은 불변하는 기초적인 실재자의 특별한 중요성을 승인하는 한편, 일상적인 경험세계도 어느 정도 실재적임을 인식했던 타협안이었다.

다원론자

엠페도클레스와 아낙사고라스를 모두 다원론자들이라 부르는 것은 그들이 서로 상대방의 제자였다거나 또는 그들이 동일한 학파의 구성원들이었음을 의미하는 것이 아니다. 그들을 함께 묶는 이유는 그들이 실재자가 불변한다는 엘레아학파의 견해를 수용하는 한편, 불변하는 이러한 실재자를 우리가 경험하는 명백한 변화나 다양성과 조화시키려고 노력했기 때문이다. 그들은 동일한 문제를 다루었지만, 그들의 접근방법은 상당히 달랐다.

엠페도클레스

엠페도클레스는 시칠리아의 아크라가스(라틴명: 아그리겐툼)에서 시기적으로 대략 기원전 5세기 중엽에 태어났다. 그의 생존 시기를 정확히 말하기는 어렵다. 아리스토텔레스는 그가 아낙사고라스보다 약간 젊었지만 철학적 탐구는 먼저 시작했다고 전한다. 심플리키오스는 엠페도클레스가 파르메니데스의 동료이자 숭배자였을 뿐만 아니라 피타고라스주의자들에 대해서는 더 열렬한 숭배자였다는 테오프라스토스의 주장을 인용한다. 그는 아마도 활발하게 공적인 삶을 살았겠지만, 디오게네스 라에르티오스가 전하는 그에 관한 이야기에는 의문의 여지가 있다. 그는 의사로서 명성을 쌓았다.[1]

　엠페도클레스는 피타고라스주의나 오르페우스주의와 관련된 종류의 강한 종교적 관심을 갖고 있었다. 그는 윤회를 믿었고, 자신이 삶에서 삶으로 수천 년 동안 방랑해온 영혼이라고 생각했다. 그는 인격적 신 개념을 반대했는데, 아마도 그것은 크세노파네스의 영향 때문이었을 것이다.[2]

1　Diogenes Laertius, *Lives of Eminent Philosophers* VIII, 51, 62, 그리고 74; Aristotle, *Metaphysics* I, 3, 984a 11; Simplicius, *Physics* 25, 19; Clement, *Storomateis* VI, 30.

〈정화〉라는 시에서 엠페도클레스는 아프로디테(퀴프리스)가 홀로
평화와 사랑의 시기를 통치하던 초기 황금기에 대해 기술했다. 아레스
와 다른 신들의 통치하에서는 유혈 사태와 고기 먹기로 특징지어지는
갈등의 시기가 뒤따랐다.[3] 이 사상은 오르페우스 신화에 기초하는데,
그것은 세계 과정의 단계들에 대한 엠페도클레스의 견해와 아주 유사
하다(아래 참조).

엠페도클레스가 썼던 〈정화〉 외에 또 다른 장문의 시는 〈자연에 관하
여〉인데, 이것은 주로 물리적 우주에 대한 설명과 의학에 관한 산문으
로 이루어져 있다.[4]

엠페도클레스의 형이상학적 이론들에 대한 파르메니데스의 영향은
존재하지 않는 것으로부터 아무것도 생성되지 않으며, 아무것도 존재
를 벗어나지 않는다는 엠페도클레스의 믿음에서 찾아볼 수 있다. 그는
실재자가 빈 공간이 전혀 없이 충만한 것이라고 생각했다. 그는 세계의
단계들 가운데 하나 속에 있는 실재자를 조화로운 구체로 묘사했다. 그
는 세계가 전통적인 네 가지 원소들로 구성된다고 생각했다. 그는 흙,
공기, 불, 그리고 물을 모든 사물들의 영원한 뿌리들이라고 불렀다.[5] 이
뿌리들이 사랑과 갈등에 의해 분리되고 혼합됨으로써 개별적인 사물들

2   Hippolytus, *Refutatio* VII, 29; Plutarch, *De exilio* 17, 607c; Clement, *Storomateis* III, 14, 2, V, 81, 2와 VI, 30; Diogenes Laertius, *Lives of Eminent Philosophers* VIII, 62; Ammonius, *De interpretatione* 249, 6.

3   Porphyry, *De abstinentia* II, 21과 31; Sextus Empiricus, *Adversus mathematicos* IX, 129. 비교. Hesiod, *Works and Days* 109.

4   Diogenes Laertius, *Lives of Eminent Philosophers* VIII, 77; *The Suda*, "Empedocles." J. Burnet, *Early Greek Philosophy*, 203 이하, 그리고 G.S. Kirk and J.E. Raven, *The Presocratic Philosophers*, 413 참조.

5   Plutarch, *Adversus Coloten* 12, 1113c; Aetius I, 3, 20과 I, 18,. 2; Diels, fragments 11-14.

이 만들어지지만, 엘레아학파의 논리에서 요구하듯이 이 네 가지 뿌리들은 영원하고 비활성적이다. 이 네 가지 원소들 그리고 사랑과 갈등(또는 투쟁)은 엠페도클레스에게 여섯 가지 제일원리들을 부여한다. 엠페도클레스가 사랑과 갈등을 물질적 힘으로 간주했는지 또는 비물질적 힘으로 간주했는지는 분명하지 않다. 존 버넷은 '무형적인 힘'이란 개념이 생각된 적이 없었다는 이유에서, 그것들이 유형적인 것으로 생각되었으리라고 주장한다. 에두아르트 첼러는 그것들이 단순히 유형적인 것에 불과하다는 생각에 반대하는 것처럼 보인다. 그는 그것들을 '절반은 물질적이고, 절반은 신비로운' 것이라고 말하기 때문이다.[6]

사랑과 갈등은 끝없이 지속되는 네 단계의 세계 과정을 작동시킨다. 첫 단계는 사랑이 지배하며, 네 가지 뿌리들이 완전히 뒤섞여있다. 이것을 파르메니데스가 말했던 구체로 생각할 수도 있다. 이 단계가 지난 뒤에, 갈등이 원소들을 동질적 단계에서 분리시키기 시작하는 중간 단계가 이어진다. 공기와 불은 가장 높은 지역을 향하는 성향이 있는데, 이것은 항상 발생하는 것이 아니라 "사정에 따라 발생할 수도 있는 것이다." 다음 단계에는 갈등이 승리하며, 네 가지 뿌리들이 흙, 공기, 불, 그리고 물로 완전히 응집된다. 뒤이은 단계에는 사랑이 생물들의 부분들을 결합하며, 생존한 완전한 생물들과 생존하지 못한 불완전한 생물들을 만들어낼 가능성을 가진 혼합과정을 시작한다. 이 단계에는 황소의 얼굴을 가진 인간이나 인간의 얼굴을 가진 황소와 같은 흉물들이 있다. 이것은 진화론적 견해, 즉 잘 적응한 것은 생존하고 잘못 적응한 것은 사멸한다는 견해를 함축한다. 본질에 따른 종(species)의 고정

---

6 Simplicius, *Physics* 25, 21; 33, 21; 158, 1, 8과 13; 그리고 159, 21. J. Burnet, *Early Greek Philosophy*, 232, 그리고 Eduward Zeller, *Outlines of the History of Greek Philosophy*, 77 참조.

성을 믿고[7] 진화라는 개념을 거부했던 아리스토텔레스는 '사람의 얼굴을 가진 황소의 자손'이 있을 수도 있다는 엠페도클레스의 견해를 조롱했다.[8]

세계는 중간 단계에만 존재할 수 있다. 아리스토텔레스의 주장에 따르면, 엠페도클레스는 사랑이 지배적이었던 시기가 지나고, 갈등이 지배력을 획득하는 시기에 세계가 생성된다고 말했다.[9] 엠페도클레스는 이전의 단일성과 결합의 상태가 전제되어야만 하기 때문에, 분리 상태에 있던 물체들이 사랑의 힘에 의해 결합될 수 없었다고 주장하는데, 이것은 그의 본질주의를 반영하는 듯이 보인다. 특히, 심플리키오스와 스토바이오스에 의해 인용되었던 딜즈의 단편들 35와 36, 즉 분리된 사물들이 함께 생성됐던 단계에서의 사랑의 지배력에 대해 기술하는 단편들을 고려할 때,[10] 나는 아리스토텔레스의 주장이 설득력이 있다고 생각하지 않는다. 커크와 레이븐은 그 단편들이 "대충 보면 모호하고 자세히 보면 난해하다."고 지적하고, 평형 상태에 도달하는 것이 아니라 영향력의 위치를 바꾸는 사랑과 갈등을 지닌 우주의 순환이라는 개념을 엠페도클레스가 사용한 것은 아마도 〈정화〉라는 시의 우주생성론

7   옮긴이주: 생물의 종은 결코 소멸함이 없이 영원히 존속할 것이라고 믿었던 아리스토텔레스의 견해를 '종의 고정설(the fixity of species theory)'이라고 부른다.

8   Hippolytus, *Refutatio* VII, 27; Diels, fragments 27-29; Simplicius, *Physics* 32, 13과 158, 1; Aristotle, *Metaphysics* I, 4, 985a 23; Aristotle, *Generation and Corruption* II, 6, 334a 1; Aristotle, *Physics* II, 4, 196a 20과 II, 8, 198b 29; Aristotle, *De Caelo* III, 2, 300b 25와 30; Aristotle, *De Anima* III, 6, 430a 28; Simplicius, *De Caelo* 529, 1, 그리고 587, 1과 20; Plutarch, *Adversus Coloten* 28, 1123b; Aelian, *On the Characteristics of Animals* XVI, 29.

9   Aristotle, *Generation and Corruption* II, 7, 334a 5, 그리고 *De Caelo* III, 2, 301a 14; Simplicius, *De Caelo* 587, 24.

10   Simplicius, *De Caelo* 529, 1, 그리고 *Physics* 32, 13; Sobaeus, *Anthologium* I, 10, 11.

에 의해 영감을 받은 불필요한 난해함이었을 것이라고 생각한다.[11]

엠페도클레스의 저술들에 대한 (딜즈의) 일부 단편들은 생물학과 생리학의 측면들에 대한 관심을 보여준다. 그는 인간의 생식(또는 재생산, reproduction)에 관한 기발한 견해도 갖고 있었으나, 그는 당시에 일반적이지 않았을 뿐만 아니라 아리스토텔레스도 옹호하지 않았던 견해, 즉 아이를 갖는 데 남성과 여성이 모두 기여한다는 견해도 갖고 있었다. 그는 식물과 동물이 분리된 팔다리의 발전, 팔다리의 결합, 온전한 본성을 갖춘 형상들의 발생, 그리고 끝으로 성적 생식능력이라는 네 가지 단계를 거쳐 발전한다고 생각했다. 이것은 투박한 진화 개념을 포함했을 것이다. 인간의 피와 뼈는 그 네 가지 전통적인 원소들로 구성된다.[12]

엠페도클레스는 지각과 의식에 대한 생리학적 설명을 제시했다. 지각은 외부의 자극이 피부의 구멍들 속에 운동을 야기할 때 발생한다. 그는 진공이 전혀 없다는 엘레아학파의 견해를 받아들였지만, 진공이 없어도 운동이 가능하다고 생각했다. 그런 운동의 예는 신체의 구멍들 속에 있는 공기와 피이며, 그는 그 구멍들이 신체로 이어지는 관(tube)들이라고 생각했다. 그 구멍들은 공기와 피로 가득 차 있지만, 그것들의 단계들이 변함에 따라 지각이 발생한다. 그러나 공기는 진공이 아니라 유형적 실체로 생각되었으므로, 그 구멍들은 결코 비어있지 않다. 엠페도클레스는 이 원리가 어린아이의 장난감인 '클렙시드라'를 통해 증명된다고 보았다.[13] 이것은 단순히 하나의 관이다. 만약 그것을 물속

---

11   G.S. Kirk and J.E. Raven, *The Presocratic Philosophers*, 347–348.

12   Diels, fragments 65와 67; Aetius, *Opinions* V, 19, 5; Simplicius, *Physics* 32, 5과 300, 21. G.S. Kirk and J.E. Raven, *The Presocratic Philosophers*, 340 참조.

13   Aristotle, *De Respiratione* 7, 473b 9.

에서 잡고 물에서 들어 올릴 때 그 위쪽 끝을 손으로 덮으면, 관의 끝에
서 손을 치울 때까지 그 관의 내부에는 물이 담겨있을 것이다. 엠페도
클레스는 신체의 구멍들이 내부에 피와 공기를 갖고 있듯이, 그 관도
결코 비어있지 않고 내부에 항상 물이나 공기를 갖고 있다고 지적했다.

엠페도클레스는 감각경험에 대한 파르메니데스의 의심을 공유하지
않았다. 그는 시각과 청각이 이해에 도달하는 통로라고 보았다. 그의
인식론은 유사한 것이 유사한 것을 지각한다는 이론에 기초하고 있다.
인간은 대상들에서 흘러나온 것들이 구멍들을 채우듯이, 피부의 구멍
들을 통해 발생한다고 믿었던 감각지각의 속성들과 유사한 속성들을
지각한다는 것이다. 그는 의식이 네 가지 원소들과 사랑과 갈등으로 구
성된 피라는 물리적 토대를 갖는다고 믿었다.[14]

엠페도클레스는 또한 우주론과 천문학에 대한 나름대로의 견해들을
갖고 있었다. 그는 태양이 지구의 불빛을 반사한다고 생각했지만, 그는
일식과 월식의 원인과 낮과 밤을 이해했다.[15]

엠페도클레스 형이상학의 어떤 측면들은 파르메니데스의 철학적 영
향을 분명하게 보여준다. 네 가지 뿌리들이 비활성적이고, 불변하고,
또한 영원하다는 설명은 실재자에 대한 엘레아학파의 기준을 충족시키
려는 노력이었다. 진공이 없다는 것은 엘레아학파의 사상과 일치한다.
사랑이 지배적인 단계에 대한 엠페도클레스의 설명은 실재자가 동질적
이고 투명한 구체라는 파르메니데스의 설명과 비슷하다. 엠페도클레스
는 엘레아학파의 이러한 견해들을 보존했지만, 그는 파르메니데스의

---

14   Aristotle, *Metaphysics* III, 4, 1000b 6; Theophrastus, *De sensu* 7; Plutarch,
Questiones naturales 19, 916d.

15   Diels, fragments 42, 45, 그리고 48; 단편들에 대한 번역은 K. Freeman, *Ancilla
to the Pre-Socratic Philosophers*, 57-58 참조.

단원론을 감각경험을 통해 알려진 세계와 조화시키지는 못했다. 실재자가 영속적이고 불변한다는 그의 이론은 다원론적인 용어들로 이해되었다.

아낙사고라스

아낙사고라스는 오늘날 터키에 있는 클라조메나이에서 대략 기원전 500년경에 태어났다. 그는 아테네에서 20세의 나이에 철학자가 되었으며, 그곳에서 30년 동안 가르쳤다. 그는 유명한 인물이었으며, 아테네에서 페리클레스의 동료 또는 아마도 스승이었을 것이다.[16] 그의 학생들 가운데는 자연철학자인 아르켈라오스와 극작가인 에우리피데스가 포함되며 그는 한 권의 책을 썼다고 전해진다. 그의 저서 『자연에 관하여』에 대한 단편들이 전해지고 있다. 아낙사고라스는 대중적인 종교들을 비판했으며, 천체가 지성적이라는 대중적인 견해를 부정하는 천문학적 견해 때문에 불경죄로 재판을 받기도 했다. 그는 천체가 뜨거운 쇠나 바위로 만들어졌다고 생각했다. 그는 추방되어 람파스코스로 도피했지만 그곳에서 대단한 명성을 얻었고, 그곳에서 대략 기원전 428년경에 사망했다.[17]

---

16   Plato, *Phaedrus* 270a. 아테네 황금기의 통치자였던 페리클레스는 조각가 페이디아스, 건축가 칼리크라테스, 투퀴디데스, 소포클레스, 에우리피데스, 그리고 자신의 배우자 아스파시아를 비롯한 다른 많은 사람들의 모임을 만들었다. 아스파시아는 교양이 있고, 잘 교육받은 여성이었는데, 일반적으로 여성들이 교육받지 못하고 공적인 삶에서 아무런 역할을 하지 못했던 시대임을 감안할 때, 이것은 놀라운 일이었다. 페리클레스가 사망했을 때, 아테네인들은 아스파시아를 추방했다. 인습적이고 편협한 아테네는 유능한 교육받은 여성을 용인할 수 없었던 것으로 보인다.

아낙사고라스는 아마도 최초의 전업 철학자였을 것이다. 그는 장사나 정치에 참여하지 않았다. 그는 화학에 관심을 가졌고, 천문학, 운석, 그리고 다른 과학적인 문제들을 연구했으며 나일 강 범람의 원인을 해결했다고 알려져 있다. 헤로도토스는 여름에 나일 강의 수위가 상승하는 이유에 대한 세 가지 설명을 인용하는데, 에티오피아의 녹은 눈에 의해 수위가 상승한다는 세 번째 설명이 일반적으로 아낙사고라스의 견해로 알려져 있다.[18]

아낙사고라스는 실재하는 것에 대한 엘레아학파의 정의를 받아들이는데 그는 실재자를 서로 다르지만 파괴되지 않고 변질되지 않는 특징들을 가진 다수의 '씨앗들'로 나누었다. 그는 운동과 변질(질적 변화)을 이 입자들의 결합과 재배열로 설명했다. 씨앗들은 너무 작아서 개별적으로 지각할 수 없다. 대상들, 즉 동일한 종류의 씨앗들의 집합체들은 지각할 수 있다. 모든 것의 씨앗들은 모든 대상들 안에 약간은 존재하며, 따라서 모든 것은 모든 사물들의 일부를 포함한다. 아낙사고라스는 존재하지 않는 것에서는 아무것도 생성되지 않으며, 또한 유사한 사물들은 유사한 사물들로부터 생성된다고 생각했던 것으로 보인다. 이 생각이 적용된 한 가지 사례를 영양과 성장에 대한 그의 관찰, 즉 빵과 물 같은 음식들이 피와 뼈와 힘줄에 영양을 공급하고 또한 그것들을 생산한다는 그의 관찰에서 찾아볼 수 있다. 이것은 아주 미세해서 관찰하기 어려울 정도의 양이긴 하지만, 그 원소들이 빵과 물에 들어있다는 것을 의미했다.[19]

17   Diogenes Laertius, *Lives of Eminent Philosophers* I, 6과 II, 7; Plato, *Phaedrus* 270와 *Apology* 26d; Strabo, *Geography* 14.

18   Herodotus, *Histories* Book II (Euterpé), 22.

19   Simplicius, *Physics* 34, 29와 164, 26; Aristotle, *Physics* I, 4, 187a 23; Aetius,

어떤 학자들은 씨앗들이 동질부분들(homoeomeries), 즉 질적으로 전체와 유사하고 또한 서로 유사한 부분들로 구성된 실체들이라는 아낙사고라스의 개념과 씨앗들이 모든 것의 일부를 포함한다는 견해를 조화시키려고 노력한다. 커크와 레이븐은 아낙사고라스를 이해하기가 어려우며, 후기 철학자들에게 문제가 될 수 있는 것이 그에게는 문제가 아니었을 수도 있음을 인정한다. 커크와 레이븐은 그가 아마도 말할 수 있었지만 말하지 않았던 것보다는 그가 말했던 것을 의미했을 것이라는 합리적인 주장을 하면서, 그의 진술들이 파르메니데스, 제논, 그리고 다른 소크라테스 이전 철학자들의 견해들과 관련하여 고찰되어야만 한다고 생각한다. 아낙사고라스가 씨앗들을 가리키기 위해 동질성을 의미하는 용어들을 사용했던 것이 아니었을 수도 있다. 왜냐하면 그 용어들이 아리스토텔레스와 아에티오스가 그의 견해에 대해 이야기할 때는 사용되지만, 아낙사고라스 자신의 표현으로 이루어진 단편들에서는 나타나지 않기 때문이다.[20]

정신은 혼합되지 않으며, "무한하고 자율적이고, 또한 어떤 사물과도 혼합됨이 없이 그 자체로서만 존재한다." 그것은 "모든 사물들 가운데서 가장 미세하고, 또한 가장 순수한 것"으로 묘사된다.[21] 학자들은 아낙사고라스가 의미했던 "가장 미세하고, 또한 가장 순수한 것"이 무엇인가에 대해 의견을 달리 한다. 존 버넷은 정신이 유형적인 것으로 생각되었다고 말하는 반면 첼러는 아낙사고라스가 명시적으로 그것을

Opinions I, 3, 5; Diels, fragment 10 (번역은 K. Freeman, *Ancilla to the Pre-Socratic Philosophers*, 84 참조.)

20 G.S. Kirk and J.E. Raven, *The Presocratic Philosophers*, 367-368과 386, 그리고 J. Burnet, *Early Greek Philosophy*, 264-265.

21 Simplicius, *Physics* 153, 13과 164, 24 (Diels, fragment 12), 번역은 K. Freeman 참조.

무형적이라고 말하지는 않았지만, 그것이 그가 표현하려고 노력했던 것이었다고 생각한다.[22]

아낙사고라스는 처음에 모든 사물들이 무색의 혼합물로 함께 존재했다고 생각했는데, 그것이 수없이 많은 사물들의 씨앗들의 혼합물이라는 점을 제외한다면, 이것은 파르메니데스의 투명한 구체를 말하는 것처럼 들린다. 모든 사물들이 처음에 혼합물로 존재했다는 견해는 아낙사고라스로 하여금 사물들이 생성되거나 소멸된다는 것을 거부하는 한편, 변화가 혼합과 분리로 보일 수도 있다고 주장할 수 있게 해주었다.[23]

최초의 혼합물에서 사물들을 분리하는 것은 유일하게 다른 어떤 것과도 혼합되지 않았던 정신에 의해 야기된 회전을 통해 이루어진다. 천체들이 분리되었고, 그런 뒤에 대립자들, 즉 뜨겁고 차갑고, 밝고 어둡고, 건조하고 축축한 것들이 분리되었다. 아낙사고라스는 정신이 회전을 시작했고 조절했다고 말했다.[24] 플라톤은 아낙사고라스가 세계의 기원을 설명하는 데 정신을 부적절하게 사용했다고 비난했는데, 이것은 정신이 목적론적으로 다루어지지 않았다고, 즉 목적을 가지고 행동하는 것으로 다루어지지 않았다고 말했던 아리스토텔레스도 제기했던 불만이다.[25] 커크와 레이븐은 이차적인 원인들이 세계의 지속적인 발전을 지배했지만, 정신은 덜 직접적인 역할을 수행했다고 말한다.[26]

22　J. Burnet, *Early Greek Philosophy*, 268; Eduward Zeller, *Outlines of the History of Greek Philosophy*, 77.

23　Simplicius, *Physics* 34, 21, 155, 22와 163, 20 (Diels, fragment 1, 4와 7).

24　Ibid. 35, 14, 300, 31, 156, 13과 164, 24.

25　Plato, *Phaedo* 98b 7; Aristotle, *Metaphysics* I, 4, 985a 18.

26　G.S. Kirk and J.E. Raven, *The Presocratic Philosophers*, 384 각주 1. 정신의 제한적이고 사실상 기계적인 역할은 아낙사고라스가 (Theophrastus, *Epitome of Physical Opinion*에 제시된 것처럼) 정신과 무한실체라는 두 가지 기본 원리들을 가진 이원론자였다는 (Eduward Zeller, *Outlines of the History of Greek Philosophy*, 80에 언급

조밀하고, 축축하고, 차가운 것이 모두 함께 현재 지구가 있는 중심
에서 모이면서, 정신에 의해 시작된 회전은 먼저 공기와 에테르(불)를
분리시킨다. 뜨겁고, 건조하고, 희박한 것은 외부로 나가며 지구는 단
단해지고, 물은 구름에서 분리되고, 냉기는 흙으로 만들어진 돌을 단단
하게 한다.[27] 여기에서 작용하는 두 가지 지침 원리들은 (1) 무거운 물
체들이 낮은 자리를 점유하는 반면에, 가벼운 물체들은 높은 자리를 점
유한다는 것과 (2) 유사한 종류의 사물들은 함께 가는 성향이 있다는
것이다.[28]

정신에 의해 시작된 회전을 통해 형성되었던 세계는 공기의 크기,
진공의 결핍, 그리고 공기의 힘 때문에 평평하고 공기 중에 떠있는 것
으로 묘사되었다. 바다는 텅 빈 공간에 물을 담고 있던 지구의 물과 그
곳으로 흘러 들어갔던 강물에서 생성되었다. 강물은 빗물과 지구의 물
을 받아들인 것이다. 태양, 달, 그리고 별들은 에테르의 회전 속으로
이끌린 작열하는 바위들이다. 우리에게 보이지 않는 다른 천체들은 태
양과 달의 주변을 움직인다. 아낙사고라스는 달빛이 태양에서 나온다
고 생각했다. 발광체들은 지구 아래를 통과하면서 회전한다. 월식은
달이 지구에 의해 또는 달 밑의 보이지 않는 천체들 가운데 하나에 의
해 가려짐으로써 야기된다. 일식은 새로운 달에 의해 가려짐으로써 야
기된다.[29]

아낙사고라스는 대립자들의 분리, 즉 지구를 형성했던 그런 종류의

된) 주장을 약화시킨다. 정신이 아마도 물질적인 것으로 간주되었을 것이므로, 이것은
결코 오르페우스주의와 그 추종자들의 두 가지-실체 이원론 같은 것이 아니다(G.S.
Kirk and J.E. Raven, *The Presocratic Philosophers*, 375도 참조).

27 Simplicius, *Physics* 155, 31, 그리고 179, 3과 8.
28 Ibid. 27, 11; Diogenes Laertius, *Lives of Eminent Philosophers* II, 8.
29 Hippolytus, *Refutatio* I, 8, 3-10.

분리가 오직 여기에서만 발생했다고 생각하지 않았다. 그는 우리처럼 농작물을 재배하고 집을 짓는 동물들과 사람들이 사는 다른 세계가 있다고 생각했다.[30]

또한 아낙사고라스는 감각지각이 대립자들을 통해 발생한다고 생각했다. 무언가를 볼 때, 하나의 이미지가 눈동자에 생긴다. 하지만 그 이미지는 보였던 색깔의 이미지가 아니라 다른 색깔의 이미지이다. 또한 그는 소리를 들을 때 뇌가 관여한다고 믿었다. 아낙사고라스는 세계에 대한 지식이 감각지각을 통해 발생한다고 믿었지만, 감각들이 부정확한 정보를 준다는 것을 깨달았다. 오직 이성만이 참된 지식을 준다는 것이다.[31]

아낙사고라스는 동물의 생명이 습기에서 유래했다고 믿었다. 그는 식물들이 빗물과 함께 떨어지는 공기 중의 씨앗들에서 생겨났다고 생각했다.[32]

아낙사고라스의 형이상학적 요소들은 엘레아 철학의 영향을 보여준다. 그는 씨앗들이 변화하지 않으며, 또한 파괴할 수 없다고 주장했다. 그는 엘레아학파의 논리에서 해석했던 것처럼 진공을 비존재(존재하지 않음)와 동일시했으며, 공기는 진공이 아니라고 생각했다. (아리스토텔레스는 진공이 존재한다고 사람들이 주장할 때 그들이 실제로 의미했던 것에 대해 반증하지 못했다는 이유로 아낙사고라스와 엠페도클레스를 비판했다.[33]) 아낙사고라스는 아무것도 분리되지 않았던 최초

30   Simplicius, *Physics* 35, 3, 그리고 157, 9.

31   Theophrastus, *De sensu* 27 이하; Sextus Empiricus, *Adversus mathematicos* VII, 80과 140.

32   Hippolytus, *Refutatio* I, 8, 12; Theophrastus, *Inquiry into Plants* III, 1, 4.

33   Aristotle, *Physics* IV 6, 213a 22.

의 혼합물이 있었다고 생각했던 것처럼 보인다. 사물들이 이 최초의 하나에서 분리되었다는 것이다. 이 개념은 사랑이 지배적인 세계의 단계에 대한 엠페도클레스의 묘사와 유사하다. 그러나 아낙사고라스는 엠페도클레스와 마찬가지로 실재자에 대한 파르메니데스의 견해를 어느 정도 수용했지만, 불변하는 실재자의 단일성을 유지할 수는 없었다.

원자론자들

원자론자들 가운데 최초의 인물은 레우키포스였다. 그의 삶은 물론이고 그의 출생지에 대해서도 거의 알려져 있지 않지만, 아마도 그는 엘레아나 밀레토스 출신이었을 것이다. 그의 생존 시기도 분명하지 않지만, 분명히 그는 엠페도클레스나 아낙사고라스와 동일한 시기에 생존했다. 일부 고대인들은 그가 실제 인물인가에 대해 의심하기도 했다.[34] 레우키포스에 대한 이야기는 다른 저술가들의 글에서 발견되며 그는 항상 그의 제자 데모크리토스와 함께 언급된다. 두 가지 저술은 레우키포스의 것으로 알려져 있다. 테오프라스토스는 다른 사람들이 데모크리토스의 것이라고 말하는 『거대한 세계체제』는 물론이고, 분명히 (아에티오스가 인용했던) 레우키포스 자신의 유일하게 현존하는 단편이 유래하며 또한 『거대한 세계체제』의 한 부분이었을 수도 있는 『정신에 관하여』도 레우키포스가 썼다고 말한다. 『거대한 세계체제』의 일부가 데모크리토스의 저술들에 포함되었을 가능성도 있지만, 그 외의 것들

---

34 Simplicius, *Physics* 28, 4; Diogenes Laertius, *Lives of Eminent Philosophers* X, 13.

은 모두 분실되었다.[35]

데모크리토스는 트라키아의 아브데라에서 기원전 460년경에 태어났다. 그는 연로한 아낙사고라스와 동시대를 살았던 청년이었으며 부유했고 많은 여행을 했다. 데모크리토스는 아주 다양한 주제들에 관해 많은 글을 썼다. 디오게네스 라에르티오스에 따르면, 그가 썼던 저술의 총량은 아리스토텔레스에 버금 갈 정도로 많았다고 한다. 그는 훌륭한 문체를 갖고 있었다. 그의 주요 저술은 『작은 세계체계』이다. 그의 모든 저서가 분실되었고, 다만 의심스러운 단편들만이 남아있을 뿐이다. 그는 다른 저술가들의 주석이나 인용문을 통해 알려져 있다. 그는 한 무리의 제자들을 가르치고 발전시켰으며, 또한 그리스-로마 시대에 높은 명성을 얻고 있었다.[36]

레우키포스와 데모크리토스의 사상은 하나의 단일한 체계로 보아야 할 것이다. 레우키포스와 데모크리토스의 공헌을 구분할 때 의존할만한 방법이 없는 것처럼 보이기 때문이다.

원자론자들은 실재자가 종적으로 동일하며, 창조되지 않으며, 변질되지 않으며, 파괴되지 않아야 한다는 엘레아학파의 가르침을 받아들였다. 그들은 다원론자들과 마찬가지로 세계 내에 존재하는 사물들의 끊임없는 변화를 관찰했으며, 결과적으로 그들은 파르메니데스의 실재자를 작은 부분들로 나누었고, 또한 변화가 발생하는 공간이 있다는 또 다른 견해도 덧붙였다.[37]

35 Diogenes Laertius, *Lives of Eminent Philosophers* IX, 45; Aetius I, 25. 레우키포스의 저술들에 대한 설명은 G.S. Kirk and J.E. Raven, *The Presocratic Philosophers*, 403 참조.

36 Diogenes Laertius, *Lives of Eminent Philosophers* II.

37 Simplicius, *Physics* 28, 4.

원자론은 실재자가 수없이 많은 수의 미세한 원소들 또는 원자들로 존재한다고 주장했다. 각 원자는 내부에 빈 공간을 갖지 않은 충만한 것이다. 원자들은 그것들의 재료가 동일한 반면에, 모양과 크기는 서로 다르다. 정신과 불의 원자들은 최상의 기동성과 관련된 형태를 가진 구체이다. 원자들의 운동과 재배열은 감각에 의해 지각되는 변화들을 야기한다.[38]

세계는 소용돌이를 형성했던 공간 속에 있는 일군의 원자들로 형성되었다. 소용돌이 치는 이 덩어리 속에서, 원자들은 생물이나 무생물이 흔히 그러듯이 다른 것들에 형상들처럼 달라붙는다. 더 미세한 원자들은 외부로 나갔고, 다른 것들은 중심에 머물러 서로 얽힘으로써 구체를 형성한다. 세계는 함께 연결된 원자들로 형성된 막으로 둘러싸여 있다. 다른 원자들은 막의 내부로 이끌려 들어간다. 처음에는 축축했던 것들이 건조해지고 점화됨으로써 천체의 재료를 형성한다.[39] 이 모든 것은 필연적으로 발생했으며, 소용돌이에 의해 야기되었다. 이것은 세계 형성에 대한 기계적 설명이다. 아에티오스는 그것이 "물질의 저항과 운동과 충격"을 통해 발생한다고 묘사했다.[40] 다른 사람들은 세계의 형성이 우연히 발생했다고 주장했으나, 그것의 수단이 기계적이 아니라는 것을 제외하고는 그 주장이 무엇을 의미하는지 분명하지 않다.[41]

---

38   Cicero, *Academica* II, 37, 118; Aristotle, *Generation and Corruption* I, 8, 325a 2, *Metaphysics* I, 4, 985b 4, *De Anima* I, 2, 405a 11과 *De Caelo* III, 4, 303a 12.

39   Diogenes Laertius, *Lives of Eminent Philosophers* IX, 31; Aetius, *Opinions* II, 7, 2; Sextus Empiricus, *Adversus mathematicos* VII, 117.

40   Aetius, *Opinions* I, 26, 2; 또한 Diogenes Laertius, *Lives of Eminent Philosophers* IX, 45와 Aetius, *Opinions* I, 25, 4.

41   Aristotle, *Physics* II, 4, 196a 24.

레우키포스와 데모크리토스도 아낙사고라스처럼 많은 세계들이 우리의 세계와 동일한 방식으로 생성되었다고 믿었다. 데모크리토스는 그것들의 크기도 다르고 발광체의 소유 여부와 생명체의 거주 여부도 다르다고 말했다.[42]

원자론자들에 따르면, 모양, 크기, 위치, 그리고 배열에 있어서 다른 원자들이 서로 충돌하고, 뒤얽히고, 또한 함께 머무를 때, 복합체들이 생성된다.[43]

아리스토텔레스는 원자론자들이 진공 속의 원자들에게 (분명히 그것들의 최초 운동을 의미하는) 자연적인 운동에 대해 구체적으로 말하지 않았다고 비난한다. 키크와 레이븐은 이것이 매우 중요한 질문이었다고 생각한다. 원자들은 항상 존재하면서 서로 충돌해왔으므로, 파생된 이 운동은 어떤 최초의 운동을 대체한 이후로 오랫동안 지속되었을 것이다.[44] 아에티오스는 데모크리토스가 모든 운동을 진동의 결과라고 말했다고 주장했지만, 그는 에피쿠로스적 견해를 통해 데모크리토스를 이해하는 것으로 보인다.[45] 헬레니즘 철학자들에 대한 논의에서 보듯이, 에피쿠로스는 최초의 원자 운동이 공간에서 이탈된 낙하(as a swerving fall through space)라는 자신의 견해에 기초하여 의지의 자유에 대한 불합리한 논증을 제시했다.

아리스토텔레스는 원자들이 그것들의 양(bulk)이나 크기(size)에 따

42　Diogenes Laertius, *Lives of Eminent Philosophers* IX, 31; Hippolytus, *Refutatio* I, 13, 2.

43　Simplicius, *De Caelo* 242, 21.

44　Aristotle, *De Caelo* III, 2, 300b 8; G.S. Kirk and J.E. Raven, *The Presocratic Philosophers*, 417.

45　Aetius, *Opinions* I, 23, 3; G.S. Kirk and J.E. Raven, *The Presocratic Philosophers*, 418.

라 무게를 갖는다고 생각했다. 데모크리토스는 더 적은 진공을 포함하
는 복합체들이 더 무겁고, 더 많은 진공을 가진 그런 물체들은 가볍다
고 생각했는데, 이것은 원자 자체가 무겁다는 것과는 같지 않다. 데모
크리토스가 원자들에 크기와 모양만을 부여했다는 아에티오스의 견해
가 옳을 수도 있지만, 에피쿠로스는 원자 개념이 무게를 갖는다고 덧붙
였다. 이 문제는 여전히 논의되고 있으며, 자세한 내용은 에피쿠로스주
의에 대한 논의에서 다루어질 것이다.[46]

데모크리토스는 지각이 방출의 결과로서, 세계의 대상들로부터 나와
감각기관을 때리는 작은 '이미지들(images)'의 형태로 발생한다고 생
각했다. 이미지들이 안구를 때릴 때 또는 이미지에 의해 형태가 갖춰진
공기가 안구를 때릴 때, 시각은 관찰된 대상과 동일한 모양을 가진 이
미지들의 결과이다. 지각은 정확하지 않다. 왜냐하면 그것은 공간 속에
서 이미지들의 운동을 침해하는 신체와 사물들의 상태에 의해 영향을
받기 때문이다. 또한 사물들의 질에 대한 우리의 판단들 가운데 일부는
인습이나 용도에 의해 지배된다. 이것은 감각 인상들을 모호하게 만든
다. 완성되지 않은 단편 속에서, 그는 공간 속에서 왜곡되지 않게 전달
하도록 해줌으로써 진정한 지식을 제공해주는 더 좋은 도구를 우리가
갖고 있다고 주장한다.[47] 우리가 '더 미세하게 구분하게 해주는 도구'
는 또 다른 유형의 지각이 아니라 이성임에 틀림없다. 그런데도 진정한
지식에 대한 주장이 얼마나 강력한가는 분명하지 않다. 색깔, 단맛, 그

---

46 Aristotle, *Generation and Corruption* I, 8, 326a 9 ; Theophrastus, *De sensu* 61 ; Aetius, *Opinions* I, 3, 18.

47 Diels, fragments 9와 11 ; Aetius, *Opinions* VI, 8, 10, 그리고 4, 19, 3 ; Theophrastus, *De sensu* 50 ; Alexander, *De sensu* 56, 12 ; Sextus Empiricus, *Adversus mathematicos* VII, 135, 139.

리고 쓴맛이 인습적이라는 언급 뒤에 나오는 (딜즈의) 단편 125의 일
부는 지성에 대한 감각들의 방어적 답변으로 간주된다. 그 단편은 "불
쌍한 사람, 당신은 당신의 증거를 우리에게서 얻고서 우리를 멸망시키
려고 하는가?"라고 말한다. 커크와 레이븐은 이것이 지각의 인습성에
대한 언급에서 회의주의적인 함축을 제거하려고 노력했던 후대의 비평
가에 의해 그 단편에 덧붙여진 것일 수도 있다고 생각한다. 그들은 "우
리는 현실에서 아무것도 알지 못한다. 왜냐하면 진리는 심연에 놓여있
기 때문이다."라고 말하는 단편 117에 데모크리토스의 진정한 견해가
표현되어있다고 생각한다. 단편 7과 8은 인간들이 사물들의 본성에 관
한 의견 이상의 것을 가질 수 있다는 것을 부정한다. 데모크리토스가
언급한 것을 알기 어렵다는 점을 고려한다면, 이것은 그의 말 가운데
가장 정직한 내용일 것이다.[48]

데모크리토스가 윤리이론을 발전시켰다는 증거는 없지만, 많은 단편
들이 우정이나 다른 사람들과의 인간관계 형성에 대한 조언과 더불어
대부분 상식적이면서도 간결하고 또한 함축적인 도덕적 조언을 제시하
고 있다. 그가 했던 몇 가지 말들이 오늘날에는 성차별적이라고 간주될
것이다. 그의 윤리적 경고들 가운데 두어 가지는 일상적인 지혜를 넘어
선다. 그는 두려움이 아니라 의무감에서 죄를 짓지 말아야 한다고 주장
하며, 또한 범법자가 피해를 당한 사람보다 더 불행하다는 그의 말은
플라톤의 말처럼 들린다.[49]

---

48   Diels, fragments 7, 8, 9, 11, 117, 그리고 125; Sextus Empiricus, *Adversus
mathematicos* VII, 135와 139; Diels, fragment 125, 117. G.S. Kirk and J.E. Raven,
The Presocratic Philosophers, 423-424. 단편들에 대한 번역은 K. Freeman, *Ancilla to
the Pre-Socratic Philosophers*, 93과 104 참조.
49   Diels, fragment 41.

자연과학의 발전이라는 관점에서 볼 때, 원자론자들의 형이상학은 기초적인 발전으로 보일 수 있는 것을 엠페도클레스와 아낙사고라스 같은 다원론자들의 가르침보다 우월한 것으로 만든다. 원자들은 색깔이나 맛과 같은 제이성질들을 갖지 않는다. 모든 원자는 본질적으로 비슷하며 단지 크기와 모양만이 다른 원자들과 다르다. 각 원자는 충만한 것이다. 그것은 그 내부에 빈 곳을 갖지 않고 견고하다. 원자들은 공간적인 크기를 가지며, 따라서 수학적 이론에 따라 분할할 수 있다. 그러나 그것들은 실제로는 분할될 수 없으며, 따라서 '자를 수 없는'을 의미하는 '아-토메(a-tome)'란 이름을 갖는다. 각 원자는 엘레아학파의 작은 실재자와 비슷하다는 점에 주목하자.

이런 발전의 의미는 다음과 같다. (1) 질적 차이들은 양적 차이들로 설명되는데, 이것은 현대 과학적 방법의 근본 원리이다. 감각적인 질적 차이들은 원자들의 서로 다른 모양과 크기의 결과인 동시에, 원자들의 집합체로 구성된 사물들 내부에 존재하는 원자들의 서로 다른 위치와 배열의 결과이다. (2) 원자론자들은 진공 또는 빈 공간이 없다는 엘레아학파의 입장을 갖지 않았다. 그들은 빈 공간이 무한하며, 원자들이 그 내부에서 운동한다고 생각했다. 이를 통해, 진공이 무(nothingness)인가 또는 다른 어떤 종류의 장소인가에 대한 복잡한 모든 논의를 피할 수 있었다. (3) 원자들은 본질적으로 운동을 하는 것처럼 보인다. (정신 또는 사랑과 갈등과 같은) 어떤 외적 원리도 변화를 설명하는 데 필요하지 않다. 원자들의 운동은 창조되지도 않고 파괴되지도 않는다. (4) 원자의 운동들은 본성적으로 기계적이다. 대상들은 충격이나 압력을 통해서만 다른 것들에 영향을 준다. 자장이나 시각의 경우에 그렇듯이, 이것이 원거리에서 행해질 때, 결과는 방출을 통해 야기되었다고 여겨졌다. 원자의 체계는 결정론적이다. 이전의 상황이 원자들의 운동과 배열을 결정한다는 것이다. 원자들의 운동을 지배하는 결정론은 데모크리토스 철학의 몇 가지 측면들, 특히 그의 생물학적이고 심리학적인 이론들에 영향을 줬다.

원자론자들은 후대의 철학적 사고에서 중대한 역할을 했던 견해, 즉 인간이 소우주라는 견해를 갖고 있었다.[50] 데모크리토스에게 있어서 소우주라는 개념이 의미했던 한 가지는 인간을 비롯한 모든 생물의 신체 작용이 우주에서와 동일한 원리들을 따른다는 것인데, 이 가운데 하나는 모든 신체적 활동들이 기계적 원리들에 의해 결정되고 지배된다는 것이다.

영혼의 원자적 본성과 인격적 불멸성의 결여는 에피쿠로스 철학의 일부가 되었으며, 에피쿠로스 철학은 이러한 점들이 사후에 개인의 영혼에 발생할 수 있는 두려움을 제거한다는 이유에서 그것들을 장점들로 보았다.

레우키포스와 데모크리토스의 원자론은 후대의 많은 철학자들에게 영향을 주었다. 원자론의 한 가지 가치는 그것이 발견적이라는 것이다. 즉, 그것은 지속적인 사색과 연구로 이어졌다. 비록 그것이 오늘날 통용되는 원자론과 상당히 다르지만, 중요한 선상의 탐구를 촉발했다는 점에서 가치가 있다.

---

50   Diels, fragment 34.

5

소피스트

고대 그리스에서 '소피스트'라는 용어는 다양한 사람들을 가리키는 데 사용되었다. 그 단어는 지혜를 의미하는 단어와 관련되었다는 점을 제외하고는 명확한 의미를 갖지 않았다. 솔론, 피타고라스, 일곱 명의 현명한 사람들(칠현인),[1] 그리고 심지어 소크라테스도 소피스트라고 불렸는데, 여기에는 아무런 비난의 의도가 없었다. 하지만 리시아스가 플라톤을 소피스트라고 불렀을 때에는 아마도 비난의 의도가 있었을 것이다.[2]

우리가 지금 소피스트라고 부르는 교사들의 집단은 특히 플라톤에 의해 멸시되었고, 또한 아리스토텔레스와 크세노폰에 의해서도 멸시되었다. 플라톤은 소피스트들이 돈을 목적으로 하는 지식의 판매자들이

---

1 · 옮긴이주: 기원전 7-6세기의 고대 그리스에 살았던 일곱 명의 현명한 사람들을 가리키는데, 그 일곱 명이 정확히 누구인가에 대해서는 논란의 여지가 있지만 클레오불로스, 페리안드로스, 피타코스, 비아스, 탈레스, 케일론, 솔론 등이 언급되곤 한다(http://krdic.naver.com/detail.nhn?docid=38415400 참조).

2 Aristides, *Orationis* 45, W.K.C. Guthrie, *The Sophists*, 27-34.

자 (논쟁에서 이기는 것으로 진리의 추구를 대체할 수 있는 말싸움 기술인) 논쟁술의 스승들이라고 비난했다.[3] 아리스토텔레스는 소피스트들을 돈벌이꾼들이라고 조롱했고, 또한 그들의 지혜는 피상적인 것이지 실질적인 것이 아니라고 말했다.[4] 크세노폰은 돈을 위해 지식을 파는 소피스트들을 창녀에 비유했다. 그는 그들이 현명하다는 것을 부정했으며, 그들을 사기꾼이라고 비난했다.[5] 소피스트주의(궤변학파)와 철학에 대한 플라톤의 구분은 정당했는가? 소피스트들이란 어떤 사람들이었는가?

소피스트들은 어떤 사람들이었는가?

소피스트들은 철학의 강조점이 달라졌음을 보여준다. 즉, 세계의 물질적 구성, 구조, 그리고 기원에 대한 사색에서 인간과 사회에 대한 연구로 철학의 강조점이 전환되었다는 것이다. 윤리학, 법률과 관습, 종교의 기원, 그리고 언어는 오늘날 철학의 중심이다. 뒤에서 보겠지만, 이것들은 소크라테스가 관심을 가졌던 주제들이며, 플라톤은 소크라테스 이전 철학자들보다는 소피스트들과 더 유사한 물음들에 주의를 기울였다. 사회의 본성과 인간의 본성, 그리고 적절한 개인적 행위와 사회적 행위에 관한 질문들에 대한 그의 답변들은 소피스트들 대부분의 답변들과는 달랐으며, 아마도 이것은 소피스트들에 대한 그의 전반적인 비

---

3   Plato, *Sophists* 231d. 플라톤의 대화록에 대한 모든 번역은 E. Hamilton and H. Cairns가 편집한 *The Collected Dialogues of Plato*를 사용한다.

4   Aristotle, *Sophistical Refutations* I, 165a 21.

5   Xenophon, *Memorabilia* I, 1, 11과 *On Hunting* 13, 18.

난과 많이 연관되었을 것이다.

소피스트들은 기원전 5세기 중반부터 다른 도시와 식민지에서 아테네로 이주했던 교사들이었다. 그들은 자신들이 가르치던 공식적인 학교를 갖고 있지는 않았지만, 당대의 교수들이었다. 그들은 대체로 공식적인 공개강의를 했으며, 돈을 받고 과목을 가르쳤다. 소피스트들은 문법이나 시와 같은 자신들의 특별한 관심사와 학문적인 전문성을 지닌 개인들이었다. 그들 대부분은 형이상학에 대한 관심을 거의 갖지 않았으며, 그들의 강조점은 개별적 존재자이자 사회적 존재자로서의 인격체에 있었다. 그들은 문화의 다양한 측면들에 대해 관심을 가졌고, 일부는 언어, 문학, 윤리학, 법률, 또는 정부에 대한 전문가들이었다.

소피스트들의 주제는 물론이고 철학적 방법과 교육 목적도 소크라테스 이전 철학자들의 것들과 달랐다. 그들의 교육 목적은 학생들에게 어떻게 살아야 하는가를 가르치고, 또한 학생들이 삶과 사회에서의 역할을 더 잘 충족시킬 수 있게 해주는 실천적인 것이었다. 이것은 종종 '덕' 또는 '아레테'를 가르친다고 전해졌다. 그리스 사상가들의 '덕'이 현대의 덕과 동일한 의미를 가졌던 것은 아니다. 고대 그리스에서는 힘과 능력이라는 의미를 포함했다. 아리스토텔레스는 도덕적인 덕을 강조했지만, 지성적인 덕도 매우 중요하다고 생각했다. 우리가 덕이라고 옮기는 영어 단어 '버츄(virtue)'는 라틴어 비르투스(virtus)에서 유래하는데, 이것은 '인간'을 의미하는 비르(vir)에서 파생되었으며, 또한 그것은 도덕적 선은 물론이고 용기와 힘도 의미했다. 그 단어의 의미는 이탈리아 르네상스 시대의 인문주의자들의 글 속에서 매우 명확하게 드러난다. 그들은 자신들이 힘과 능력을 의미했던 비르투(virtu)에 상당한 중요성을 부여했으며 비르투한 남성이나 여성은 성공한 사람을 의미했다. 이것은 우리의 도덕적인 덕 개념보다 그리스인들이 의미했던 아레테에 더 가깝다. (16-17세기에 가톨릭 내부에서 있었던 개혁 운동이었던-옮긴이) 반종교개혁과 (종교개혁 이후 가톨릭교회를 개혁 하기 위해 1545-1563년에 열렸던 세 차례의 공의회였던-옮긴이) 트리엔트 공의회 이후, 덕은 도덕적인 악과 대비되었으며, 오늘날 우리는 덕이라는 단어를 오직 도덕적인 의미로만 사용한다. 어떤 사람들은 주로 순결함을 의미하기 위해 그 용어를 사용하기도 한다. 하지만 이것은 그리스 용어인 아레테를 해석하는 방법이 아니다.

덕에 대한 소피스트들의 교육은 대체로 그들 가운데 다수가 많은 공헌을 했던 수학, 천문학, 그리고 문법과 같은 교양 교육의 과목들을 포함했다. 문법 공부는 시인들에 대한 해석을 포함했다. 그들의 교육은 정치적인 일이나 개인적인 일에 대한 효과적인 연설 방법인 수사학도 강조했다.[6]

소피스트는 경험론자 또는 현상론자라고 불렸다.[7] 근대의 철학자들을 위해 개발된 이런 용어들을 이용해서 고대사상가들을 규정하는 것은 다소 위험하다. 하지만 우리가 쉽게 확인할 수 있듯이, 경험론과 현상론을 통해 볼 때 소피스트들의 지식 획득방법과 인식론적 이론에는 유익한 측면들이 있다. 우리가 그들의 접근방법과 파르메니데스와 플라톤의 접근방법을 비교할 때, 우리는 소피스트들이 합리론자들보다 경험론자들과 훨씬 더 비슷하다는 것을 알 수 있다. 그들은 사색과 형이상학적 원리들에 의존하지 않지만, 자신들의 여행에서 얻은 개인적인 경험이나 다른 사람들의 이야기를 통해 다양한 문화들에 대한 지식을 획득했던 것으로 보인다.

---

6   W.K.C. Guthrie, *The Sophists*, 41-48.

7   Untersteiner, *The Sophists*, 42-49; W.K.C. Guthrie, *The Sophists*, 27-34.

소피스트주의는 하나의 학파가 아니었다. 소피스트들이라고 불리게 되었던 사상가들은 대부분의 주제에 대해 아주 다양한 견해를 갖고 있었다. 우리가 소피스트주의에서 일반적으로 공통된 어떤 요소들을 발견할 때에도, 그것들을 일반화시킬 수 있는 경우는 아주 드물다.

소피스트들은 무엇을 가르쳤는가?

소피스트들과 다른 사상가들 사이에서 논란이 되었던 문제들 가운데 하나는 법률과 관습이 자연에 기초하는가 또는 인습에 기초하는가에 대한 것이었다. 일부 소피스트들은 문화가 법률과 인습을 의미하는 '노모스'의 문제, 즉 그것들이 도시마다 다르고 또한 종교, 윤리, 법률 등에 사용되었다는 것 외에는 아무런 토대를 갖지 않는 '노모스'의 문제라고 생각했다. 다른 소피스트들은 법률, 윤리학, 그리고 문화의 다른 측면들이 퓌시스, 즉 자연에 기초한다고 생각했다. 나중에 알키다마스와 뤼코프론 등의 후기 소피스트들이 그랬듯이, 프로타고라스, 히피아스, 프로디코스, 그리고 고르기아스 등의 원로 소피스트들은 자연과 인습이 대립된다는 것을 인지했다.[8] 데모크리토스, 아이스킬로스, 소포클레스, 에우리피데스, 리시아스, 페리클레스, 그리고 이소크라테스와 같은 지식인들은 노모스를 인간 진보의 근원이자 옳고 정당한 것의 지주라고 생각했다. 프로메테우스와 시시포스는 인류를 초라한 자연 상태에서 벗어나도록 도왔던 영웅들로 그려진다.[9] 노모스에 대한 깊은 존

---

8   W.K.C. Guthrie, *The Sophists*, 48 (n.1), 55–116.

9   Ibid. 60–84.

경심은 프로타고라스의 이야기, 즉 인간들을 국적 상실의 위험으로부터 구해내기 위해 시민 사회에 필요한 기술들을 그들에게 부여하는 신들에 대한 그의 이야기에서 드러나고 있다.[10] 인류가 자연 상태를 넘어선다는 그의 생각은 나중에 홉스, 스피노자, 그리고 로크에 의해 전개되었던 사회에 대한 견해를 담고 있다. 아리스토텔레스는 뤼코프론이 "시민 사회는 시민들이 그들의 정당한 주장들을 서로에게 보장하는 계약"이라고 생각했다고 전한다.[11]

일부 소피스트들이 논의했던 한 가지 문제는 사회적 지위가 단순히 인습에 의존하는가 또는 자연에 근거하는가에 대한 것이다. '고귀한' 태생의 사람들에게 사회가 보여줘야 하는 존경과 존중에 대해 안티폰과 뤼코프론이 서로 다른 의견을 제시했다고 전해진다.[12] 사회에 의해 결정된 사회적 지위의 대표적인 사례인 노예제도는 그리스 세계에서 널리 받아들여졌지만, 저명한 소피스트 고르기아스의 제자였던 알키다마스는 노예제도를 반대했고 또한 그것이 자연에 상반된다고 주장했다. 그는 "신은 모든 사람들을 자유롭게 해주었다. 자연은 어떤 사람도 노예로 만들지 않았다."고 말했다.[13] 아리스토텔레스는 알키다마스가 단호하게 퓌시스(physis, 자연)의 편에 서 있었으며, 철학을 '법률에 대한 방어 수단'이라고 불렀다고 전한다.[14]

자연법이라는 개념에 자신들의 견해를 기초했다고 해서, 소피스트들이 모두 사회적 평등을 주장했던 것은 아니다. 트라시마코스는 강자가

---

10   Plato, *Protagoras* 322a–d.

11   Aristotle, *Politics* III, 9, 1280b 11.

12   W.K.C. Guthrie, *The Sophists*, 152–153.

13   Ibid. 312; Untersteiner, *The Sophists*, 341.

14   Aristotle, *Rhetoric* III, 3, 1406b 11; Untersteiner, *The Sophists*, 341.

지배하는 것이 자연의 길이며, 정의는 지배계급에게 무엇이든 이득이 되어야 한다고 생각했다.[15] 칼리클레스는 자연에 따르면 강자가 약자를 지배해야 한다고 주장했으며, 또한 그는 강자가 자신들의 욕구 만족을 자제해야 한다는 생각에 반대했다.[16] 글라우콘은 현명한 사람이 정의를 실천할 것이라는 견해에 반대하면서, 자연이 모든 사람들로 하여금 자기이익을 추구하도록 만들었다고 생각했다.

퓌시스와 노모스, 또는 자연과 법률의 구분과 관련된 것이 불문법에 대한 질문이었다. 일부 소피스트들은 국가의 성문법 이외에도 신법(divine law)과 자연법이 있다고 믿었다. 관습과 지역적 판례는 불문법으로 사용될 수 있다. 다른 소피스트들은 민주주의에서는 불문법이 위험하다는 인식에 대해 고찰했다.[17]

소피스트들의 인기

기원전 5세기의 아테네에서는 소피스트들이 가르치던 기술들에 대해 많은 관심이 있었다. 그 가운데 몇 가지의 것들이 그들의 인기와 성공에 기여했다. 인간이 소크라테스 이전 철학자들이 다루었던 문제들에 관한 궁극적인 지식을 획득할 수 있는 힘을 갖는가에 대한 의심이 커지고 있었다. 감각지각에 대한 의심은 감각경험이 지식의 불확실한 근거라고 생각했던 헤라클레이토스, 파르메니데스, 그리고 아낙사고라스에

---

15   Plato, *Republic* 338c–339a.

16   Plato, *Gorgias* 483b–d, 491d–492c.

17   Untersteiner, *The Sophists*, 63과 그 외 여러 곳; W.K.C. Guthrie, *The Sophists*, 117–131.

의해 발전되었다. 형이상학자들의 상충하는 견해들에 의해, 그리고 엘레아학파 철학자들의 논리적인 역설들에 의해, 이성도 또한 신뢰를 잃었다. 이런 불안감은 실천적인 지식을 훨씬 더 매력적으로 보이게 만들었다.

사람들이 다른 그리스 도시국가들의 다양한 관습, 법률, 종교에 대해 알게 되면서, 아테네에서는 세계 시민주의가 발전하고 있었다. 이런 인식은 문명의 기원, 본성, 그리고 가치에 관한 사고를 자극했던 법률, 윤리, 신념의 특별한 체계들의 절대성 또는 우월성에 대한 의심으로 이어졌다.

아테네의 정치적 조건들은 소피스트들이 가르치던 기술들에 대한 요구를 만들어냈다. 아테네에서 행해졌던 직접 민주주의는 대규모 집회에서 결정들이 내려질 수 있도록 허용했다. 심지어는 배심원도 참여를 원하는 모든 시민에게 개방되어 있었으며, 그 결과 어떤 재판에서는 배심원들의 수가 수백 명이 넘는 경우도 있었다. 설득적으로 말하는 능력이 매우 중요해졌으며, 새로운 지도자들이 등장할 기회가 제공되었다. 효과적으로 말할 수 없는 사람들은 공적인 삶에서 상당한 불이익을 감수해야 했다.

네 명의 위대한 소피스트들

일반적으로 네 명의 초기 소피스트들이 소피스트주의의 대표자들로 알려져 있다. 그들은 소피스트주의의 다양성을 반영한다. 그들이 정확히 무엇을 가르쳤는지 말하기는 어렵지만, 그럼에도 많은 초기 그리스 철학자들이 그렇듯이 이 네 사람에 대해서도 개별적으로 연구될 필요가

있다. 그들은 존경을 받았거나 또는 최소한 중요한 사상가들로 인정을
받았다. 우리는 이제 네 명의 독창적인 사상가들의 사상, 즉 프로타고
라스, 이울리스 출신인 프로디코스, 레온티니 출신인 고르기아스, 그리
고 엘리스 출신인 히피아스의 사상을 살펴볼 것이다.

프로타고라스

소피스트들 가운데 가장 많은 존경을 받았던 사람은 대략 기원전 490
년경에 태어났던 아브데라의 프로타고라스인데, 그는 데모크리토스의
제자였다.[18] 그는 기원전 5세기 중반부터 아테네에 거주했으며, 가장
재능 있고 독창적인 소피스트로 간주된다. 그는 최소한 하나의 힘든 재
판에 그를 변호인으로 대동했고, 또한 그에게 투리오이를 위한 헌법을
제정하도록 했던 페리클레스의 절친한 친구였다.[19] 그는 그리스어 문법
의 발전에 기여했으며 다양한 종류의 문장들을 구분했다. 아리스토텔
레스는 그가 명사의 세 가지 성(性)과 동사의 세 가지 시제를 규명했다
고 말한다.[20] 제목들이 분명하진 않지만, 그는 (그의 가장 중요한 저술
인)『사물들의 최초 상태』를 비롯하여,『진리와 거절』,『개인의 자질들

---

18 프로타고라스의 생애에 대한 가장 좋은 고대의 자료는 Diogenes Laertius의
Lives of Eminent Philosophers, 50과 Philostratus의 *Lives of the Sophists* I, 10, 494-
495이다. 그의 생애와 가르침에 대한 현대적 논의는 Untersteiner, *The Sophists*, 특히
1-92와 W.K.C. Guthrie, *The Sophists*, 여러 곳, 특히 21, 45, 63-64, 183-184, 220-
221, 230-231, 234-235, 262-269 참조. 소피스트 작품의 단편들에 대한 번역은 R.K.
Sprague에 의해 편집된 *The Older Sophists* 참조.

19 Plutarch, *Pericles* 36 ; Isocrates, *Panathenaicus* 169.

20 Aristotle, *Rhetoric* III, 5, 1407b 6와 *Sophistical Refutations* XIV 173b 17.

에 관하여』, 『신들에 관하여』를 포함한다고 알려진 다수의 저술들을 집필했다. 디오게네스 라에르티오스는 당시에 전해졌던 12권의 저술들을 열거한다.[21]

플라톤은 프로타고라스라는 제목이 붙여진 대화록에서 그를 정중하게 대우하는데, 그것은 아마도 그의 명성과 지긋한 나이 때문이었을 것이다. 그는 자신의 제자들을 더욱 훌륭한 시민들로 만든다고 주장했던 덕의 교사라고 전해진다. 그는 시에 대한 관심과 지식을 갖고 있었고, 훌륭한 강연자였으며, 또한 질문과 답변을 통한 가르침에 능했다. 그러나 교육의 대가를 받는 프로타고라스에 대해 많은 논란이 제기된다.[22]

플라톤은 일반적으로 다른 대화록들에서 프로타고라스의 가르침에 대해 비판적인데, 프로타고라스가 무엇을 가르쳤는가에 대한 우리의 지식은 플라톤에게서 나온다. 따라서 불행하게도, 우리는 플라톤이 전하는 이야기가 얼마나 신뢰할 수 있는가를 확인할 수 있는 다른 방법을 갖고 있지 않다.

프로타고라스는 아테네에서 추방되었고, 『신들에 관하여』라는 저술 때문에 그의 책들이 모두 불태워졌다고 전한다. 그는 아테네를 떠났고, 대략 기원전 420년경에 배가 난파되어 90세의 나이로 사망했다(플라톤은 그가 70세 정도였다고 말한다).[23]

프로타고라스는 몇 가지 이론들로 유명하다. 그는 "모든 것들에 대해 척도는 인간이다. 존재하는 것들에 대해서는 그것들이 존재한다는 척도이며, 존재하지 않는 것들에 대해서는 그것들이 존재하지 않는다

---

21 Diogenes Laertius, *Lives of Eminent Philosophers* IX, 50.

22 Plato, *Protagoras* 319a, 326b, 329b, 339a, 그리고 349a.

23 Eusebius, *Chronicle*; Sextus Empiricus, *Adversus mathematicos* IX, 55, 56; Plato, *Theaetetus* 99d와 162d.

는 척도이다."[24]라고 말했다고 전한다. 플라톤과 섹스투스 엠피리쿠스, 그리고 다른 사람들은 이것이 지식과 가치에 대한 주관주의적 이론을 표현한다고 해석했다. 프로타고라스가 '인간'을 개별적인 의미로 사용했는지 또는 집합적인 의미로 사용했는지 분명하지 않다. 마리오 운터 슈타이너는 그가 몇몇 경우에는 개별적인 사람을 의미했지만, 다른 경우에는 인류의 보편적인 경험을 의미했으리라고 생각한다.[25]

그는 아테네인들을 격분하게 만들었는데, 그 이유는 그가 『신들에 관하여』 서두에서 "신들에 관하여, 나는 그들이 존재하는지 존재하지 않는지, 또는 그들이 어떻게 생겼는지 알지 못한다. 많은 것들이 우리의 앎을 방해한다. 그 주제는 불분명하며, 사멸적인 우리 삶의 주기는 짧기만 하다."[26]고 말했기 때문이다. 이것은 단지 개인의 무신론에 대한 표현이 아니라 신들에 대한 지식이 가능하지 않다는 신념의 표현처럼 보인다.

프로타고라스는 양쪽 입장을 모두 취할 수 있는 논쟁의 기술로 유명했다. 플라톤은 그가 "모순이 가능하며, 또한 모든 의견들이 참이다." 라고 주장했다고 비난하지만, 플라톤이 공평한 보고자는 아니었다. 아리스토텔레스는 그가 약한 주장을 강하게 만드는 재주가 있었다는 점에 대해 비판하지만, 그 기술 학교의 논쟁자들이 배우려고 노력했던 것이 바로 그것이었을 것이다.[27]

24　Diogenes Laertius, *Lives of Eminent Philosophers* IX, 50; Plato, *Theaetetus* 252a와 *Cratylus* 385e; Sextus Empiricus, *Outlines of Pyrrhonism* I, 217과 *Adversus mathematicos* VII, 389.

25　Untersteiner, *The Sophists*, 41-42, 86-87.

26　Diogenes Laertius, *Lives of Eminent Philosophers* IX, 50-51; Sextus Empiricus, *Adversus mathematicos* IX, 55, 56; Hesychius, *Onomatologies*; Eusebius, *Praeparatio Evangelica* XIV, 3, 7.

27　Celment, *Miscellanies* VI, 65; Seneca, *Letters* 88, 43; Plato, *Theaetetus* 166d-167d; Aristotle, *Rhetoric* II, 24, 1402a 23.

프로타고라스는 인간들이 본성적으로 사회적인 동시에 정치적이라고 생각했지만, 그들이 채택하는 특수한 법률과 사회체계는 인습의 문제였지 자연에 기초한 것이 아니었다. 법률, 관습, 그리고 종교는 퓌시스(자연)에 의해 발생하는 것이 아니라 노모스(법률)에 의해 발생하는 것이며, 신들에 의해 인간에게 주어진 것들이었다.[28] 프로타고라스는 지역의 법률들은 그것들의 사회적 가치, 그리고 복종의 개인적 장점과 안전함 때문에 존중받아야만 하며, 따라서 그것들에 복종하는 준엄한 삶을 살라고 조언했던 것으로 보인다.

이울리스의 프로디코스

(코린트에 가까운 에게해의─옮긴이) 케오스섬에 있는 이울리스 마을 출신이었던 프로디코스는 대략 기원전 470-460년 사이에 태어났다. 그의 기질과 철학적 관심은 프로타고라스와는 달랐다. 그는 비관적인 기질을 갖고 있었다고 전해지는데, 그것은 이울리스의 사람들이 무뚝뚝했던 당시 분위기와 관련이 있다. 프로디코스의 가르침에는 확실히 진지한 면이 있었다. 그는 헤라클레이토스에 대한 신화와 쉬운 악덕보다 어려운 덕의 선택에 기초한 도덕적 저술인 『시간들』을 집필했지만, 그 저술이 특별하게 비관적으로 보이지는 않는다. 프로디코스는 부드럽고 쉬운 삶을 조심하라고 경고했으며, 헤라클레이토스의 전례를 따르라고 주장했다. 그는 열정의 위험성, 그리고 부와 재물의 무가치성을 강조했다.[29]

---

28   Plato, *Protagoras* 322a-d.

플라톤은 도덕적으로 정직한 프로디코스를 칭찬했던 것으로 보인다. 소크라테스는 자신이 프로디코스의 제자였다고 말하는데, 대화록들에서 프로디코스는 '저명한 학자,' '상당히 총명한' 사람이자 '신이 부여한 지혜'를 가진 사람으로 불린다. 그러나 플라톤은 프로디코스가 그의 웅변술로 아테네에서 찬사를 받았다는 점을 인정하지만, 그가 수업의 전 과정에 대해서는 50 드라크마(drachma)를 받고 하나의 짧은 과정에 대해서는 1 드라크마를 받았던 일을 언급하면서, 그가 '위대한 역사적 인물들은 하지 않았던' 어떤 것, 즉 자신의 지혜를 증명함으로써 '경악할만한 액수의 돈'을 벌었던 점을 비판한다.[30]

대부분의 소피스트들과는 달리, 프로디코스는 아마도 자연철학에 관심을 가졌을 것이다. 그는 아마도 『인간의 본성에 관하여』라는 작품을 포함했던 것으로 보이는 『자연에 관하여』라는 저술을 집필했다. 그는 자연의 자애로운 측면들을 숭배하는 종교의 기원에 관한 이론을 제시했다.[31] (아테네의 지도자들은 종교의 기원들에 대해 유사한 설명들을 한다는 이유로 아낙사고라스를 추방했다.)

프로디코스는 언어 연구에 관심을 가졌으며, 동의어들을 구분하는 것으로 알려져 있었다. 플라톤은 단어들에 대한 이런 관심을 '놀이하

29 Xenophon, *Memorabilia* II, 1, 21; Plato, *Symposium* 177b와 *Protagoras* 340c-d; Philostratus, *Lives of the Sophists* I, 12, 496. 크리티아스나 프로티코스를 비롯한 다른 사람들의 철학이 지닌 비판적인 관점들에 대해서는 Untersteiner, *The Sophists*, 336 참조.

30 Plato, *Protagoras* 315e와 341a, *Symposium* 177b, *Theaetetus* 151b, *Cratylus* 384b, 그리고 *Hippias Major* 282c.

31 Galen, *On the Elements* I, 9와 *On the Physical Faculties* II, 9; Sextus Empiricus, *Adversus mathematicos* IX, 18; Philodemus, *On Piety* 9, 7; Themistius, *Orations* 30. Untersteiner, *The Sophists*, 336212-213과 W.K.C. Guthrie, *The Sophists*, 279.

기'라고 부르면서 반대했으며, 아리스토텔레스는 다양한 동의어들의
구별되는 의미들을 거부했다.[32]

레온티니의 고르기아스

시칠리아에 거주했던 레온티니 출신의 고르기아스는 기원전 483년에
서 375년 사이에 생존했다. 그는 기원전 427년에 레온티니의 특사로서
아테네를 방문했다. 전해지는 이야기에 따르면, 그는 엠페도클레스의
제자였고, 이소크라테스를 비롯하여 여러 저명한 아테네인들의 스승이
었다. 그는 엘레아주의 철학을 알고 있었으나, 엘레아주의 철학의 영향
은 그로 말미암아 회의주의적 사고를 갖게 했다.[33]

　고르기아스는 『자연 또는 비존재자에 관하여』, 『수사학의 기술』과
"헬레네 찬양," "(그리스 신화에 등장하는 트로이 전쟁의 영웅-옮긴
이) 팔라메데스의 방어"와 같은 모범 연설문들을 썼으며, 그 밖에 유명
한 추도연설문을 비롯하여, 올림픽 경기와 델피에서 행해진 경기를 위
한 웅변원고, 또한 (고대 그리스의 도시로서, 올림픽 개최지였던-옮긴
이) 엘리스의 시민들을 위한 찬양문도 썼다. 연설문들은 대체로 수사
술의 모범으로 취급되지만, 웅변원고들을 분석했던 마리오 운터슈타이
너는 고르기아스가 진지한 인식론적 문제들을 논의하기 위한 매개체로
'헬레네'와 '팔라메데스'를 사용했다고 주장한다.[34]

32　Plato, *Protagoras* 337a-c, 340a-b, *Laches* 197d, *Charmides* 163d, 그리고
Euthydemus 277e; Aristotle, *Topics* II, 6, 112b 22.

33　W.K.C. Guthrie, *The Sophists*, 269-274; Diogenes Laertius, *Lives of Eminent
Philosophers* VIII, 58-59; Philostratus, *Lives of the Sophists* I, 9, 1.

고르기아스는 어떤 견해들이 실재자와 상응하고, 어떤 것들이 그렇지 않은지 결정하기가 어렵다는 점을 강조했다. 그는 사물들에 대한 단어들이 단순히 인습적인 것들에 불과하다고 생각했다. 그의 주요 주장들은 다음과 같다. "(1) 아무것도 존재하지 않는다. (2) 만약 그것이 존재한다 할지라도, 그것은 알려질 수 없다. (3) 만약 그것이 알려진다 할지라도, 그것은 전달될 수 없다." 그러나 여기에서처럼 단순하게 서술된 것으로는 그 세 가지 주장들의 올바른 느낌을 전해주지 못한다. 그 세 가지 주장들은 존재하는 것이 무엇인가를 아는 문제에 대해 조심스럽게 제시된 저술의 표제들이며, 또한 그것에 관해 이야기할 때 제기되는 어려움들이다. 일부 학자들은 『자연 또는 비존재자에 관하여』가 엘레아학파 철학자들의 논리적 접근방법을 풍자하기 위한 것이었을 수도 있지만, 그렇다고 해서 그것이 진지한 저술이 되지 못하는 것은 아니라고 생각한다.[35]

고르기아스의 회의주의는 그로 하여금 철학을 포기하게 만들었다. 그는 덕을 가르친다고 주장하던 것을 중단했으며, 자신이 오직 수사학만을 가르친다고 말했다. 그는 지식을 소유한다고 주장하지 않고, 개연성에 만족했다. 또한 고르기아스는 설득력이 논리적 논증보다 더 강하다고 생각했다. "헬레네 찬양"에서, 그는 천문학자들의 이론에서는 설

---

34 Sextus Empiricus, *Adversus mathematicos* VII, 65; Aristotle, *Rhetoric* III, 14, 1414b 29와 1416a 1; Philostratus, *Lives of the Sophists* I, 9, 492-494. *On Nature*, "헬레네 찬양," 그리고 "팔라메데스의 방법"에 대한 번역은 R.K. Sprague, *The Older Sophists*, 42, 50-63 참조. Untersteiner, *The Sophists*, 101-138, 특히 117 참조.

35 W.K.C. Guthrie, *The Sophists*, 193-196; Untersteiner, *The Sophists*, 163-164. 섹스투스 엠피리쿠스가 다른 말로 표현한 (G. Kennedy에 의해 번역된) *On Nature*에 대한 논의는 R.K. Sprague, *The Older Sophists*, 46 참조. W.K.C. Guthrie, *The Sophists*, 196-200과 Untersteiner, *The Sophists*, 140-162는 그 논의를 자세하게 요약하고 있다.

득이, 법정에서는 연설이, 그리고 철학자들에서는 논쟁이 사용되고 있음을 발견한다.[36]

고르기아스는 미학과 시학의 창시자로 여겨진다. 그의 주된 관심사는 연설에서 미적 환상의 사용에 대한 것이었다.[37]

고르기아스는 "소(小)소피스트들"이 지지했던 견해인 "강자가 지배해야 한다."는 것은 자연법이지만, 분명히 법률을 인습적인 것으로 간주했다. 그는 도덕성이 나이, 성별, 국적, 그리고 사회적 역할에 따라 다르다고 생각했다. 고르기아스는 범그리스주의의 강력한 지지자였으며, 그리스 도시국가들 간의 전쟁을 반대했다. 필로스트라투스는 그가 어떤 추도연설에서 이방인들에 대한 승리에는 축하의 찬가가 필요하지만, 다른 그리스인들에 대한 승리에는 애가(哀歌)가 필요하다고 말했던 일을 전한다.[38]

엘리스의 히피아스

(펠로폰네소스 반도의 북서쪽에 있는) 엘리스 출신의 히피아스는 다른 소피스트들보다 젊은 세대였고, 소크라테스와는 동시대 사람이었다. 그는 종종 엘리스의 특사로 아테네와 스파르타를 방문했다. 그는 많은 곳을 여행했으며, 수학, 문법, 화성학, 역사, 신화학, 그리고 문학에 익

36　Plato, *Philebus* 58a-b. R.K. Sprague, *The Older Sophists*, 53의 "헬레네 찬양" 13 참조.

37　Untersteiner, *The Sophists*, 185-193은 고르기아스의 미학과 그의 인식론을 연결시킨다.

38　Philostratus, *Lives of the Sophists* I, 9, 1; Plato, *Protagoras* 337c; W.K.C. Guthrie, *The Sophists*, 44, 150, 162.

숙했다. 크세노폰은 그를 박식한 사람이라고 불렀으며, 플라톤은 그의
기억력과 지적인 재능에 대해 언급했다. 윤리학과 정치학적 주제들에
대한 그의 저술들이 많았고『트로이인의 담론들』,『사람들의 이름들』,
『올림피아 승리자들의 명부』,『모음집』과 같은 문학 작품들뿐만 아니
라 역사서와 연설문도 집필했다. 하지만 그의 저술들의 제목들은 대부
분 알려져 있지 않다.『익명의 이암블리코스』와『이중 논증』은 그의
사상을 반영하는데, 그가 그 두 저술의 몇 부분들에 대한 저자로 간주
된다.[39]

 청년들에게 적절한 덕들을 다루었던 그의 저술『트로이인의 담론들』
에서 보듯이, 히피아스는 윤리적 관심을 가졌던 사람이었다. 그는 자기
자신의 욕구충족을 통해 타인들의 자립성과 독립성의 윤리를 가르쳤
다. 이 독립성이 아위타르케이아라는 그리스인의 덕, 즉 자율의 실천이
다. 그러나 아위타르케이아에 대한 히피아스의 강조는 사회적 선에 대
한 개인의 관심을 배제하지 않았는데, 사회적 선은 개인에게도 선한 것
을 의미했다.[40]

 히피아스는 인습과 자연법의 차이점을 강조했다. 거드리는 그가 법
률에 대한 사회적 계약이라는 견해는 지지했지만, 역사적 계약이 있다
고 주장하지는 않았다고 말한다. 히피아스는 불문법인 퓌시스를 지지
했다. 그는 인습이 자연법을 위배한다고 생각했다. 왜냐하면 법률들의
차이와 변화, 그리고 스파르타의 전제적 법률에 의해 증명되듯이, 정부

---

39 Plato, *Protagoras* 315c와 317c, *Hippias Major* 281a–b, 282a, d–e, 그리고
285c–e, *Hippias Minor* 362c–d, 368b, 그리고 *Protagoras* 315c; Xenophon, *Symposium* 4, 62; Philostratus, *Lives of the Sophists* I, 11, 495–496; W.K.C. Guthrie, *The Sophists*, 280–282; Untersteiner, The Sophists, 272–274.

40 Plato, *Hippias Major* 286a–b; Xenophon, *Memorabilia* 4, 4, 12–14; W.K.C. Guthrie, *The Sophists*, 283–285; Untersteiner, *The Sophists*, 284.

의 법률, 즉 성문법은 자연에 대해 폭력을 가할 수 있기 때문이다. 성문법에 복종하는 것이 정의를 의미하지는 않는다. 자연법은 전제적이지 않으며, 인류를 함께 결합한다. 퓌시스는 노모스가 사람들 사이에 만들어놓은 장애물들을 극복한다. 운터슈타이너는 히피아스가 모든 인류의 단일성을 인식했던 세계 시민주의에 범그리스주의라는 견해를 통해 도달했다고 생각한다. 거드리는 히피아스가 범그리스주의를 넘어서는 어떤 것을 지지했다는 결정적인 증거가 없다고 말하지만, 그가 모든 인류를 한 가족으로 간주했을 가능성은 있다고 생각한다.[41]

히피아스는 소피스트가 '사물들의 본성'에 대한 폭넓은 지식을 분명히 가졌다고 생각했다. 자연에 대한 지식은 언어적 지식, 수학적 지식, 그리고 정의 개념에 대한 이해와 같은 개념들과 정의들에 대한 지식 등의 몇 가지 측면들을 함축한다.[42]

소피스트주의의 오명

오늘날 '궤변'이란 단어는 영리하지만 허울만 그럴듯한 추론을 사용한다는 것을 함축하는 경멸적인 용어로 사용된다. 소피스트주의가 오명을 떨친 이유는 무엇인가? 소피스트들에 대한 부정적인 반응은 부분적으로는 수사학과 연설기술을 신뢰하지 않았던 사람들에게서 나왔

---

41   Plato, *Protagoras* 337d, Xenophon, *Memorabilia* 4, 4, 14-16; Untersteiner, *The Sophists*, 280-282, 289; W.K.C. Guthrie, *The Sophists*, 70, 119 n.2, 143, 145, 162-163, 284-285.

42   Plato, *Protagoras* 337d; *Hippias Minor* 366c-d, 367d, *Protagoras* 318e; *Dissoi Logoi* VIII; Untersteiner, *The Sophists*, 279-280.

다. 사람들은 청중의 반응에 대한 관심이 진리에 대한 탐구를 덮어버리는 것을 두려워한다. 많은 사람들은 여전히 아주 세련된 연설가를 불신한다.

소피스트들의 명성에 영향을 주는 다른 요소들이 있었다. 그 가운데 하나는 철학과 소피스트주의를 다소 인위적으로 구분했던 플라톤과 아리스토텔레스의 태도였다. 한때 일반적으로 받아들여졌던 견해, 즉 소피스트들이 편협한 주관주의자들이라는 그 견해는 근본적으로 소피스트들에 대해 플라톤이 가졌던 혐오감의 유산이며, 그것이 무비판적으로 받아들여져서는 안 된다. 플라톤이 소피스트들을 거부한 이유는 그들을 회의주의자들이자 도덕적 상대주의자들이라고 보았기 때문이다. 이것은 대표적인 소피스트들에 대한 일방적이고 부정확한 견해이지만, 그것은 철학자들이 소피스트들에 대해 생각하는 방식에 수백 년 동안 영향을 주었으며, 또한 소피스트주의의 오명을 쌓는 데 기여했다. 거드리는 소피스트주의에 오명을 부여한 책임이 플라톤에게만 있는 것은 아니라고 생각하며,[43] 또한 크세노폰과 다른 사람들이 소피스트주의를 존중하지 않았다는 것도 사실이다. 그러나 플라톤이 그들에 대해 할 말이 가장 많았으며, 또한 그들이 돈을 위해 가르친다고 크세노폰이 비판했던 그들의 가르침에 대해서도 비판했다. 그러나 플라톤과 아리스토텔레스의 영향력은 소피스트주의에 대한 전반적인 무관심을 이끌어내기에 충분했다. 조지 그로트가 그들을 굳건하게 옹호하기 시작했던 18세기 후반까지, 근대철학자들은 소피스트들에 대한 플라톤의 견해에 아무런 의문을 제기하지 않았다.[44]

43　Guthrie, *The Sophists*, 33.

44　Ibid. 11; G. Grote, *A History of Greece from the Earliest Period to the Close of the Generation Contemporary with Alexander the Great*.

아테네에는 소피스트들에 대한 플라톤의 비판에 동의하는 사람들이 있었다. 아테네의 보수적인 사람들은 자신들이 소피스트들의 주관주의와 개인주의라고 보았던 것에 대해 불편함을 느꼈고, 그래서 그들은 신분계급이 자연(본성)에 위배된다고 생각했던 그 소피스트들에게 더욱 공격적인 태도를 취했을 것이다. 또한 그들은 소피스트주의가 도덕적 규준, 공동체의 결속력, 그리고 자신들의 지도적 위치를 훼손할 것을 우려했을 수도 있다.

아테네는 매우 보수적인 도시였다. 외국인들에 대한 편견과 교육의 대가를 받는 것에 대한 편견이 있었다. 따라서 자신들보다 더 큰 도시의 지배력을 가진 사람들에 의해 자신들의 영향력이 줄어든다고 보았던 세습적인 귀족들의 입장에서는 외국인 교사들에 대한 상당한 반감이 있을 수 있었다. 다른 한편으로, 너무 가난해서 소피스트들에게 배우는 수업료를 감당할 수 없었던 사람들은 수사학 수업을 들었다는 이유로 지도자가 된 사람들의 영향력이 증가하는 것에 아마도 분개했을 것이다.

크세노폰, 플라톤, 그리고 아리스토텔레스의 소피스트들에 대한 비난, 특히 교육의 대가를 받는 소피스트들의 관행에 대한 공격은 사회적 편견을 보여준다. 플라톤은 부모가 모두 귀족인 집안에서 태어났고, 자신이 속한 계층의 정치적 견해와 사회적 가치를 공유했다. 하지만 그는 소피스트주의에 대한 가장 강력한 반대자였다. 그의 출신배경과 소피스트들에 대한 그의 경멸에는 강한 연관성이 있는 것처럼 보인다.

예를 들어, 플라톤의 『크라튈로스』와 『에우티데모스』에 등장하는 에우티데모스와 디오니소도로스처럼 도덕적으로 의문의 여지가 있는 몇몇 후기 소피스트들의 견해는 소피스트주의에 오명을 안겨주는 데 일조했다. 일부 소피스트들이 제한된 능력과 심지어 제한된 도덕성을 지닌 사람들이었다는 것은 놀라운 일이 아니다.

   소피스트들을 비난하거나 또는 이상화하는 것은 아무런 의미가 없다. 그들은 요구와 수요가 있던 곳에 교육을 제공한 교사들이었다. 그들은 사고의 몇 가지 영역에 중대한 공헌을 한 학자들이었다. 그들은 소크라테스 이전 철학자들의 방식으로 철학을 하지 않았고, 그들의 견해는 플라톤과 아리스토텔레스의 견해도 아니었지만, 그들이 철학자들이었음을 부정하는 것은 우리가 또 다시 범해서는 안 될 실수였다. 그들은 소크라테스 이전 철학자들, 또는 플라톤이나 아리스토텔레스보다 더 현대적인 의미에서의 철학자들이었다. 그들이 대학교에 임용되지 않았다는 점만을 제외한다면, 그들을 당시의 교수들로 볼 수도 있을 것이다. 그들은 윤리학, 수사학, 언어학, 또는 시학과 같은 특별한 관심 영역들을 발전시켰다. 언어와 소통에 대한 그들의 관심뿐만 아니라 그들이 비난받았던 그들의 주관주의, 상대주의, 그리고 회의주의도 현대철학에서는 상식적이다. 소피스트들이 누구였는가, 그리고 그들이 무엇을 하고 있었는가를 더 많은 사람들이 이해하게 되면서 아마도 소피스트주의의 부당한 오명은 서서히 사라지게 될 것이다.

6

소크라테스

소크라테스는 기원전 470년 경에 태어나 399년에 사망했다. 그는 최초의 아테네 출신 철학자였다. 그의 부친 소프로니스코스는 조각가 또는 석공이었고 그의 모친 파이나레테는 산파였다고 전해진다. 그의 모친은 직업적인 산파가 아니라 단지 아이를 낳는 젊은 산모들을 돕던 좋은 이웃이었을 수도 있다. 소크라테스는 저술을 남기지 않았다. 격식에 얽매임이 없이 한 무리의 제자들과 대화를 통해 가르쳤다. 우리는 플라톤의 대화록들, 그리고 특히 크세노폰의 『비망록』을 통해 그에 대해 알고 있다. 아리스토파네스의 『구름』은 소크라테스에 대해 이야기하지만, 그것은 그다지 믿을만한 자료가 아니다.

소크라테스에 대한 플라톤의 이야기

플라톤은 대부분의 대화록들에서 소크라테스를 자신의 대변인으로 이용하지만, 그가 소크라테스와 자신의 신념들을 얼마나 정확하게 보여주는가, 또는 심지어 그가 간략한 전기를 제시하려고 의도했던 것인가를 판단하는 것은 불가능하다. 많은 학자들은 재판, 투옥, 그리고 소크라테스의 죽음을 배경으로 이용하는 대화록들인 『변명』, 『크리톤』, 그리고 『파이돈』이 소크라테스를 보여주려는 노력들이라고 생각한다. 우리는 그것이 사실인지 아닌지 알지 못한다. 일부 학자들은 구체적인 도덕적 덕에 대한 초기 대화록들인 『에우튀프론』, 『라케스』, 『카르미데스』, 그리고 『대(大)히피아스』가 소크라테스의 가르침을 제시하는 반면에, 후기 대화록들은 소크라테스를 단지 문학적 장치로만 이용한다고 믿고 있다. 초기 대화록들도 그곳의 견해들을 소크라테스의 가르침이라 제시하려는 의도가 없이 단지 소크라테스를 대변인으로 이용하는 것일 수도 있다. 플라톤이 소크라테스라는 인물을 대화록들에서 이용하는 것이 그의 시대에는 아무런 문제가 되지 않았다. 왜냐하면 그것은 일종의 찬사였지 왜곡하려는 시도가 아니었기 때문이다.

초기 대화록들이 역사적 사실을 담고 있든 그렇지 않든, 그곳에 드러난 소크라테스에 대한 플라톤의 이야기는 일반적으로 알려져 있는 것이며, 또한 그것은 상당히 고무적인 이야기이다. 소크라테스는 전문 정치가가 아니라 시민정신을 가진 인물로 그려진다. 그는 용맹함과 용기를 갖고 전쟁터에서 복무했던 용기 있는 사람으로 묘사된다. 여러 경우에 그는 엄청난 도덕적 용기를 보여주었다. 소크라테스는 아르기누사이 전투(기원전 406년에 아테네와 스파르타 사이의 전투-옮긴이)가 끝난 뒤에 죽은 사람들을 매장하지 않고 버려두었던 장군들에 대한 재판의 재판장을 맡게 되었는데, 이때 성난 군중들은 그 장군들을 함께 재판하여 그들에게 유죄판결을 내리길 원했다. 하지만 법률에 따르면 각각의 장군에 대한 개별적인 재판을 해야 했으며, 이에 따라 소크라테스는 군중들에게 맞서서 그들이 바라는 불법적인 행동의 수행을 거부했다. 또 다른 경우에 그는 자신들이 제거하길 원하는 사람을 모함하도록 돕길 원했던 30인 참주들에게 저항했다.[1]

플라톤은 소크라테스를 절제하는 사람으로 묘사하지만 고상한 체하는 사람으로 묘사하지는 않는다. 소크라테스는 사교적이었고 좋은 친구였다. 그는 간혹 몇 시간 동안 지속되기도 하는 가수면 상태를 경험했다고 한다. 그는 자신이 잘못을 저지르려고 할 때 경고를 해주던 다이몬(*daimon*), 즉 "내면의 목소리"를 들었다고 전해진다. 플라톤의 묘사에 따르면, 소크라테스는 잔소리꾼이 되는 것, 즉 무지를 드러내고 국가의 자극제가 되는 것이 신들에 대한 자신의 의무라고 믿었다. 소크라테스의 이러한 신념은 그가 자신의 재판에서 행했던 변론에 드러나 있다.

여전히 저는 신의 명령에 복종하여, 내국인이든 이방인이든 그 사람이 현명하다고 생각되면 그를 찾아서 만나려고 돌아다니며, 또한 누군가가 지혜롭지 않다고 생각될 때는 그가 그렇지 않다는 것을 입증함으로써 신의 뜻을 돕기 위해 노력하고 있습니다.[2]

만약 여러분들이 저를 죽이신다면, 여러분들은 저의 자리를 대신할 사람을 쉽게 찾지 못할 것입니다. 좀 우습게 들릴 수도 있겠지만, 마치 이 도시가 커다란 크기 때문에 게으른 성향이 있어 침을 찔러줄 어떤 등에를 필요로 하

---

1   Plato, *Apology* 32b-e와 *Epistle* 366c-d; Diogenes *Laertius*, *Lives of Eminent Philosophers* II, 22-24. 소크라테스의 다양한 측면들에 관한 논문들은 Gregory Vlastos가 편집한 *The Philosophy of Socrates*와 Hugh H. Benson가 편집한 *Essays on the Philosophy of Socrates* 참조.
2   Plato, *Apology* 23b.

는 크고 혈통이 좋은 말이라도 되는 듯이, 신이 특별히 이 도시에 저를 임명
했다는 것은 말 그대로 사실입니다. 제가 보기에는 신께서 저로 하여금 그런
등에의 역할을 수행하라고 이 도시에 붙여 놓은 것으로 보이며, 따라서 저는
온종일 여기저기에서 그리고 어느 곳에서든 여러분들 한 사람 한 사람을 자
극하고, 설득하고, 비난하기를 결코 멈추지 않는 것입니다.[3]

소크라테스는 사람들로 하여금 삶에 관해 생각하게 만들려고 노력하
고 있는 것으로 그려졌다. 그는 검토되지 않은 삶은 살 가치가 없다고
생각했다. 무지는 감춰져서는 안 되며, 인정되어야만 한다고 생각했다.
소크라테스가 모든 사람들 가운데 가장 현명한 사람인지 아닌지를 말
해달라고 '아폴론 신전'에 신탁을 구했던 한 친구에 관한 이야기에서
그의 태도를 살펴볼 수 있다. 자신이 가장 현명한 사람이라는 신탁이
내려졌다는 이야기를 들었을 때, 소크라테스는 자신이 스스로의 무지
를 기꺼이 인정하기 때문에 가장 현명하다고 말하는 것으로 해석했다.[4]
무지를 인정하는 것이 본래적인 목표는 아니다. 그것은 진리 인식의
첫 번째 단계에 불과하다. 소크라테스는 자기 모친이 산파로 일했다는
사실을 언급하면서, 자신은 지식의 산파가 되겠다고 다짐했다.[5] 산파술
의 방법, 즉 산파의 일을 수행함으로써, 그는 자신이 대화를 나눴던 사
람들의 무지를 드러내고, 그들이 참된 관념들을 '출산하도록' 도왔다.
대화록들에 기술되어 있듯이, 사람들이 참된 관념들을 출산할 가능성
은 생득관념(또는 본유관념)들에 대한 플라톤의 신념에 기초하고 있
다. 플라톤에 따르면, 사람들은 자신들의 영혼이 자신들의 신체에 들어

3 Ibid. 30e.
4 Ibid. 20e-23b.
5 Plato, *Theaetetus* 149-150d.

가기 전에 이미 진리를 알고 있다. 신체에 들어가면서 충격을 받음으로써 영혼은 그것이 알고 있다는 사실을 잊게 되지만, 변증술의 수행은 영혼이 그런 사실을 기억하도록 돕는다.[6] 소크라테스가 실제로 생득관념들을 믿었는지 확인할 수는 없지만, 플라톤에게 그 개념이 중요했다는 점은 분명하다.

『크리톤』에서 플라톤은 소크라테스로 하여금 국가와 시민권에 관한 신념을 표현하도록 만드는데, 그곳에서 소크라테스는 자신이 탈옥해서 아테네를 떠나면 왜 안 되는가를 설명한다. 소크라테스는 아테네라는 도시가 자신에게는 부모와 같으며, 또한 그는 자신이 그 도시로부터 혜택들을 받았다고 말한다. 그는 그 도시가 자신을 부당하게 처형하려 계획하고 있더라도, 그 도시에 복종해야만 한다고 믿는다. 그는 자신이 국가와 협정을 맺고 있으며, 따라서 복종하겠다는 암묵적인 동의에 묶여 있다고 생각한다.[7] 이 견해들은 매우 보수적이며, 플라톤이 나중에 『법률』에서 표현했던 신념들에 비교될만하다.

감옥에서 탈옥하지 않고 사형을 받아들이겠다는 소크라테스의 결정은 전형적인 윤리적 추론방식으로 간주되어왔다. 소크라테스는 자신의 결정에 대한 실질적이면서도 도덕적인 이유들을 제시한다. 실질적인 이유들은 자신의 나이, 자기 아내와 자식들의 복지 등을 고려할 때 다른 도시에서 삶을 영위할 준비가 되어 있지 않다는 것이다. 그의 도덕적 논증들은 근본적으로 자신이 가르쳤던 바를 실천해야 한다는 일관성에 기초하고 있으며, 또한 부모와 같은 국가에 은혜를 입고 있다는 신념에도 기초하고 있다. 남아서 사형을 당하겠다는 결정의 배후에 놓

---

6 Plato, *Meno* 81c–d, 82–85c와 *Phaedrus* 247c–e.

7 Plato, *Crito* 49b–54e.

인 소크라테스의 추론을 살피는 흥미로운 방법은 그 논증들이 의존하
는 전제들을 검토하는 것이다. 국가에 대한 시민의 의무와 의무의 한계
들에 대한 질문들은 많은 사상가들에게 중요했으며, 지속적으로 다양
한 의견들이 제기되었다. 뒤에서 검토하겠지만, 플라톤의 국가관은 분
명히 『크리톤』에 반영되어 있는 것으로 보인다.

플라톤의 소크라테스는 다양한 덕들의 정의에 관한 질문들을 제기한
다. 초기 대화록들에서는 논의되고 있는 것이 단순히 덕스러운 것들에
관한 것이 아니라 덕의 본성에 관한 것이라고 설명된다. 소크라테스는
어떤 것들이 덕스러운가를 묻고 있는 것이 아니라 덕이 무엇인가를 묻
고 있는 것이다.[8] 소크라테스가 용기의 본성에 대해 라케스와 논의할
때, 라케스는 용기의 몇 가지 예들을 제시하는데, 이에 대해 소크라테
스는 다음과 같이 말한다.

> 아마도 제가 저 자신을 명확하게 표현하지 못했고, 그래서 당신은 제가 의
> 도했던 질문에 답변하지 않고 다른 것에 답변했던 것 같습니다. ... 저는 용
> 기와 비겁함 일반에 대해 질문했습니다. 그리고 저는 용기에서 시작하여, 이
> 모든 경우들에 동일하면서 용기라고도 불리는 그 공통된 성질이 무엇이냐고
> 다시 한 번 질문하겠습니다.[9]

에우튀프론도 소크라테스의 질문을 이해하지 못하고, 경건한 행위의
한 가지 사례를 제시한다. 소크라테스는 다음과 같이 말한다.

---

8   예를 들어, Plato, *Laches* 190e–192b와 *Euthyphro* 6d–e.
9   Plato, *Laches* 190e, 191e.

... 내가 자네에게 요청했던 것은 수없이 많은 경건한 모든 행동들 가운데 한두 가지를 말해달라는 것이 아니었다는 점을 기억해주게. 나는 자네가 모든 경건한 행동들을 경건하게 만드는 경건함의 본질적인 형태가 무엇인가를 내게 말해주길 원했다네.[10]

라케스와 에우튀프론과의 논의는 덕들이 플라톤의 핵심적인 개념들 가운데 하나였던 영속적이고 보편적인 어떤 의미, 즉 본질을 갖는다는 점을 분명히 함축하고 있다.

흥미롭게도, 덕들에 관한 대화록들은 모두 결론 없이 끝난다. 그 이유는 아마도 덕들이 단일하며, 따라서 다른 것들과 분리시켜 하나를 정의하는 것이 불가능하다는 플라톤의 신념에 의존하기 때문일 것이다. 이 개념은 실재자에 대한 엘레아학파의 기준과 일치한다. 우리는 플라톤의 윤리이론을 다루면서 이 견해를 좀 더 자세히 살펴볼 것이다.

플라톤은 소크라테스가 영혼의 불멸성을 믿었고, 또한 도덕적 지식을 비롯한 불변하는 본질들에 대한 지식의 가능성을 믿었다고 말한다. 이 개념들은 플라톤 철학에서 중요한 측면들이며, 이것들은 플라톤의 사상을 다룰 때 검토될 것이다.

소크라테스에 대한 크세노폰의 이야기

플라톤과 크세노폰은 소크라테스의 기질에 대해서는 동일한 내용을 전하지만, 크세노폰의 『비망록』에서 언급되는 소크라테스에 대한 이야기

---

10   Plato, *Euthyphro* 6d.

는 플라톤의 이야기와 몇 가지 점에서 다르다. 소크라테스는 차분하고 검소하고 자율적이고 자립적이고 용맹했으며, 또한 그는 상당한 배짱을 가졌고 자신의 몸을 보살폈다고 한다.[11]

크세노폰과 플라톤은 소크라테스가 자연철학과 우주론에 대한 형이상학적 논의에 관심이 없었다는 점에도 동의한다. 소크라테스는 세계와 그 기원에 관해서는 사색하지 않았고, 인간사에 관심을 가졌다.[12] (대부분의 소피스트들이 인간사에 관심을 가졌다는 것은 흥미로운 일이다.)

소크라테스에 대한 두 가지 이야기가 서로 다르다. 먼저 플라톤은 소크라테스가 영혼의 본성과 불멸성, 사물들에게 고정된 본성을 부여하는 본질들, 그리고 도덕적 지식과 같은 문제들을 논의한다고 말하는 반면에, 크세노폰은 그런 관심사들을 언급하지 않는다. 또한 소크라테스의 덕에 대한 태도에 대해서도 그들의 이야기는 다르다. 크세노폰은 소크라테스가 덕들의 본질들에 대해 논의하지 않고, 어떤 것들이 덕스러운가에 대해 논의했다고 전한다.[13] 이것은 플라톤의 대화록들에 나타나는 논의의 핵심과 매우 다르다. 어떤 것들이 x, y, 또는 z인가를 묻는 것은 x, y, 또는 z의 본질이 무엇인가를 묻는 것과 동일하지 않다.

크세노폰은 소크라테스의 논증기술에 대한 몇 가지 사례들을 제시한다. 그는 좋음과 아름다움에 대한 소크라테스와 아리스티포스의 논의를 전해준다.

---

11   Xenophon, *Memorabilia* I, 2, 1과 I, 3, 5; 소크라테스의 생애와 가르침에 대한 자세한 자료에 대한 논의는 G. Vlastos가 편집한 *The Philosophy of Socrates*에 들어있는 A.R. Lacey의 논문 "Our Knowledge of Socrates," 22-49 참조.

12   Xenophon, *Memorabilia* I, 1, 10.

13   Ibid. I, 2, 64.

아리스티포스는 소크라테스에게 좋은 것을 아느냐고 물었네. 만약 소크라 테스가 음식, 음료수, 돈, 건강, 힘, 또는 담력과 같은 좋은 어떤 것을 언급한 다면, 그는 그것이 때로는 나쁠 수도 있다는 것을 보이려고 했던 것이지. 그 러나 어떤 것이 우리를 곤란하게 할 때, 그 곤란함을 끝낼 어떤 것을 우리가 필요로 한다는 것을 알고 있던 소크라테스는 최고의 답변을 제시했네. 그는 "자네는 열을 내리는데 좋은 어떤 것을 내가 아느냐고 묻는 건가?"라고 말 했다네.

"아니, 그게 아닙니다."
"눈병에 좋은 것이 무엇이냐는 말인가?"
"아니, 그것도 아닙니다."
"배고픔에 좋은 것이 무엇이냐는 말인가?"
"아니, 배고픔에 좋은 것도 아닙니다."
"글쎄. 그럼 자네는 그 어떤 것과도 관련되지 않은 어떤 좋은 것을 아느냐 고 내게 묻는 것인데, 만약 그렇다면 나는 [그런 것에 대해] 알지 못할 뿐만 아니라 알고 싶지도 않다네."[14]

이 논증에는 좋음의 보편적인 정의에 대한 논의가 들어있지 않다는 점에 주의해야 한다. 덕들의 보편적인 본질들에 대한 관심의 결여는 또 다른 논증에서 더 분명하게 드러난다.

또 다시 아리스티포스는 그가 아름다운 것을 아느냐고 그에게 질문했다네.

---

14   Ibid. III, 8, 2와 3. *Memorabilia*의 인용문들은 E.C. Merchant가 번역한 Loeb Classical Library version에서 가져왔다.

"그래, 많은 것들을 알고 있네."라고 그가 대답했다네.

"모두가 서로 비슷합니까?"

"그 반대야. 어떤 것들은 아주 다르다네."

"그렇다면 어떻게 아름다움과 같지 않은 것이 아름다울 수 있겠습니까?"

"물론 그 이유는 아름다운 레슬링 선수가 아름다운 육상 선수와 다르고, 방어하기에 아름다운 방패가 재빠르고 강하게 투척하기에 아름다운 창과 다르기 때문이라네."[15]

다른 논의에서, 소크라테스는 지혜가 항상 사람에게 좋은 것은 아니며, 또한 아름다움과 부유함과 권력처럼 대체로 사람들을 행복하게 만드는 것들이 때로는 그것들의 소유자들에게 재앙을 가져온다고 주장한다. 그는 좋은 행위가 가장 좋은 학습대상이라고 주장한다.[16] 크세노폰은 대화의 목적이 생득적 지식의 상기가 아니라 추론기술의 발전을 위한 것이라고 이해했다. 그는 소크라테스로 하여금 "그것(추론기술-옮긴이)의 도움을 통해 사람들은 기량이 아주 뛰어나고, 다른 사람들을 아주 잘 이끌 수 있고, 또한 논의에서 아주 예리해지기 때문에, 스스로를 이 기술에 익숙하게 만들고, 또한 그것을 아주 성실하게 연구하는 것이 ... 모든 개인의 의무"라고 말하게 만든다.[17]

누가 소크라테스에 대해 더 정확한 이야기를 전했던 것일까? 우리는 이에 답변할만한 결정적인 단서를 갖고 있지 않다. 크세노폰은 교육받은 사람이었고, 훌륭한 저술가였으며, 또한 군대의 탁월한 지휘관이었지만, 소크라테스가 무엇을 하고 있었는가를 이해할만한 철학적 정교

15   Ibid. III, 8, 4.
16   Ibid. III, 9, 14; IV, 2, 33.
17   Ibid. IV, 5, 12.

함을 결여했을 가능성도 있다. 소크라테스에게서 자신이 이해할 수 있던 것만을 '들었을' 수도 있다는 것이다. 한편, 대화록들에서 플라톤은 소크라테스를 단순히 플라톤 자신의 이야기를 전달하는 문학적 인물로 이용했을 가능성도 있다. 대화록들에서 제시된 견해들이 사실은 모두 플라톤의 견해들이었으며, 소크라테스는 그런 견해들을 주장하거나 가르친 적이 없었을 수도 있다는 것이다.

소크라테스와 소피스트들

소크라테스의 철학적 접근방법은 소피스트의 방법과 상당히 비슷했다. 그가 세계의 기원과 본질에 관한 사색에 관심이 없고 인간사에 초점을 맞췄던 것처럼, 대부분의 소피스트들도 그러했다. (특히, 크세노폰에 따르면) 추론방법에 대한 소크라테스의 관심은 수사학에 대한 소피스트들의 가르침과 유사했다. 그러나 소크라테스와 소피스트들 사이에는 두 가지 주된 차이점이 있다. 첫째는 소크라테스가 아테네의 토박이였다는 점이며, 둘째는 그가 돈을 벌려고 가르치지 않았다는 점이다. 국제적인 도시를 배경으로 한다는 점과 돈을 벌려고 가르친다는 점은 소피스트들의 공통적인 특징이므로, 이렇게 본다면 소크라테스는 분명히 소피스트가 아니었다. 그가 비공식적인 제자 집단을 가르치긴 했지만 전문적인 교사는 아니었다. 나중에 그의 후계자들에 의해 옹호되었던 다양하고 폭넓은 견해들은 그가 독단적인 교사가 아니었음을 보여준다.

소크라테스의 죽음

사람들은 소크라테스가 왜 사형선고를 받았느냐는 질문에 오랫동안 관심을 가졌다. 그는 불경함과 청년들을 부패시킨다는 이유로 기소되었는데, 크세노폰은 이 기소 내용이 전적으로 거짓이라고 생각했다. 크세노폰은 오히려 소크라테스가 청년들의 성품을 개선했으며, 또한 그들에게 덕에 대한 사랑을 가르쳤다고 말한다.[18] 플라톤은 『변명』이라는 자신의 저서에서, 소크라테스의 가르침이 아테네에 대한 봉사라고 설명하게 만드는데, 여기에서 봉사란 자신이 신에게서 부여받은 등에의 역할, 즉 무지를 드러내고 나태함에 젖어있는 도시를 깨우는 역할을 의미한다.[19] 『변명』에 나타나는 몇 가지 연설들은 거만하게 들린다. 소크라테스가 자신에게 유죄를 선고하게끔 배심원들을 도발했을 수도 있다. 그들의 평결을 참회하면서 수용하고 많은 액수의 벌금을 내겠다고 동의하는 대신에, 소크라테스는 터무니없이 적은 액수의 벌금을 내겠다고 주장하면서 오히려 자신이 가장 우수한 운동선수들처럼 많은 상을 받아야 한다고 말했다. 배심원들은 소크라테스에 대한 선고 공판에서 사형을 가결했는데, 사형시켜야 한다고 가결한 사람들의 수는 처음에 그에게 유죄를 가결했던 사람들의 수보다 훨씬 많았다.[20]

이런 사실들은 자신의 죽음을 초래한 고집스럽고도 오만한 사람의 모습을 보여준다. 재판에서 인습에 얽매이지 않는 그의 행위가 부분적으로 그 결과를 설명하지만, 무엇보다 중요한 점은 아테네의 편협한 신앙과 지역주의였을 것이다. 소크라테스는 시민들의 적대감을 야기하는

18 Ibid. I, 2, 64; Diogenes Laertius, *Lives of Eminent Philosophers* II, 40.
19 Plato, *Apology* 23b와 30e.
20 Diogenes Laertius, *Lives of Eminent Philosophers* II, 42.

급진적 이론들을 가르칠 필요가 없었다. 그의 끊임없는 질문과 논리적 추론의 실천은[21] 많은 시민들을 분노하게 만들 수밖에 없었다.[22] 이미 최고의 지식인들을 추방했던 적이 있는 그처럼 폐쇄적이고 편향된 사회는 개방적이고 비판적인 사상가에게 안전한 장소가 아니었다. 외국인들이라면 추방될 수도 있었다. 그렇지만 토박이 시민들 가운데 한 사람이었던 소크라테스는 사형을 제외한 그 어떤 것으로도 분노한 아테네인들을 만족시킬 수 없을 정도로 그들을 불쾌하게 만들었을 것이다.

작은 소크라테스주의자들[23]

소크라테스를 둘러싼 비공식적 집단의 일부 사상가들을 '작은 소크라테스주의자들'이라고 부른다. 그들의 철학은 상당히 다양했으며, 단일한 철학 학파를 형성하지는 않았다. 일부 사상가들은 궁극적으로 더 유명한 철학자들에 의해 발전되었던 사상의 선구자들이었다. 이런 정보의 주요 근거는 디오게네스 라에르티오스가 썼던 『저명한 철학자들의 생애』이다.

　메가라학파는 아테네의 서쪽 도시인 메가라 출신의 유클리드가 이끌었다. 이 학파는 그 도시의 이름을 따랐다. 유클리드는 파르메니데스의 엘레아학파 철학을 배웠다. 그는 다수성, 운동성, 또는 변화성이 불가

21　Xenophon, *Memorabilia* IV, 5, 12.

22　Plato, *Apology* 23c–24a.

23　옮긴이주: '작은 소크라테스주의자들'은 종종 '소(小)소크라테스주의자들'이라고 옮겨지는 'The lesser Socratics'의 번역어이다. 필자가 뒤에서 말하듯이, 이것은 '위대한 소크라테스주의자(great Socratic)'로 불렸던 플라톤에 대비된 용어이므로 '작은(小)' 또는 '평범한' 등의 의미로 이해할 수 있다.

능하다고 강조했다. 그는 엘레아학파의 (불변하는 하나의) 실재자와
선을 동일시했다. 또한 그는 "선한 것만이 실재하며, 따라서 오직 선만
이 존재한다."는 위안의 원리도 가르쳤다. 그러나 유클리드의 추종자
들은 '논리적으로 꼬치꼬치 따지기'와 '유도 질문들'에 매달렸는데,
이것은 많은 사람들의 관심을 끌지 못했던 접근방법이었으며, 결국 메
가라학파는 무대에서 사라지게 되었다.[24]

키니코스학파는 소크라테스의 제자였던 안티스테네스에 의해 시작
되었을 것이다. 그는 기원전 4세기 초에 아테네에서 태어났다. 안티스
테네스는 대단히 독립적이고도 제멋대로인 사람으로, 사회의 편의시설
을 무시하고 거지처럼 옷을 입었다. 소크라테스의 사후에는 그에게도
추종자들이 있었다. 그들은 사생아들과 하얀 개들이라고 불리던 외국
인의 자식들을 위한 학교에서 만났다. '키니코스주의자들'이라는 이름
은 또 다른 키니코스주의자인 디오게네스가 자신에게 적용하길 즐겨했
던 용어인 '개'를 의미하는 단어에서 유래했거나 또는 그 학파의 이름
에서 유래했을 것이다. 안티스테네스는 혹독하고도 엄격하게 훈련받은
삶의 방식을 따랐다. 그는 정부, 법률, 그리고 종교를 인습(*en nomo*,
convention)들이라고 생각했다.[25]

가장 특징적인 키니코스주의자는 흑해 식민지인 시노페 출신의 디오
게네스였다. 그는 기원전 324년에 사망했다. 원래 위조범이었던 디오
게네스는 시노페에서 도망하여 아테네에 정착했다. 해적들에게 잡혀
노예로 팔렸다. 그때 한 코린트인이 그를 구입하여, 자기 자식들의 가
정교사로 만들고, 나중에 그에게 자유를 주었다. 디오게네스는 아테네

24   Diogenes Laertius, *Lives of Eminent Philosophers* II, 106-112.
25   Ibid. VI. 1-19.

와 코린트에서 가르쳤다.

디오게네스는 매우 독립적이었고, 또한 인습을 무시했던 인물로 알려져 있다. 그에 관한 흥미로운 몇 가지 이야기들이 있다. 그는 커다란 욕조에서 살았고 스스로를 '개'라고 불렀다. 동물의 행동이 인간의 행위보다 더 좋다고 생각했으며 가치 있는 사람을 찾기 위해 대낮에 초롱불을 켜고 코린트의 거리를 방황했다고 전해진다. 한 가지 이야기에 따르면, 알렉산드로스 대왕이 그 기이한 철학자에 대한 이야기를 듣고 그를 방문했는데 그는 알렉산드로스에게 깊은 감명을 주었고, 가정용 욕조 옆에 서있던 그 위대한 통치자는 디오게네스에게 원하는 것은 무엇이든 들어주겠다고 제안했다. 디오게네스의 요구는 "내 햇볕에서 비켜나라!"는 것이었다.[26]

키니코스의 사상은 독립성과 자족성을 의미하는 아위타르케이아의 덕을 강조했다. 그에게 삶의 목표는 어떤 상황에서든 평정심을 갖는 것이었다. 내적 평온은 불행을 회피하는 것이었다. 나중에 스토아철학자들은 삶의 문제들에 대한 이 접근방법을 더 완전하게 발전시켰으며, 또한 그에 대한 형이상학적 토대를 제공했다.

키니코스주의자들은 플라톤 철학의 대부분을 부정하는 새로운 철학을 발전시켰다. (7장에서 논의될) 플라톤의 형상들이 부정되었다. 이와 관련하여, 안티스테네스는 "내가 보는 것은 '한 마리의 말(a horse)'이지 '말의 보편성(horeseness)'이 아니다."라고 말했다. 이것은 개별적인 각 사물의 특수성을 강조하는 것이다. 각각의 것은 당연히 하나의 집합에 속한다. 종합판단은 비논리적인 것으로 간주되며, 존재에 대해 유일하게 타당한 진술은 "그것은 그것 자체이다(it is itself)."라는 것이다.

---

26 Ibid. VI. 20-81.

또한 각각의 사람은 자신의 법칙으로 간주되었다. 모든 집합들, 기준들, 그리고 제도들은 인위적이다. 비자연적인 문명은 불행을 야기한다. 행복은 자연으로 돌아갈 때 발견된다. 결혼, 사회적 지위, 정부, 돈, 재산, 그리고 종교는 모두 인위적이며 나쁜 것이다. 그런 것들에 대한 쾌락은 나쁘다. 기본적인 자연 활동들과 연결된 모든 쾌락은 사람들의 내적 평온과 품위를 훼손한다. 안티스테네스는 "쾌락을 느끼느니 차라리 미치겠다."고 말했던 것으로 전해진다.[27]

키니코스학파는 기원전 435년에 북아프리카의 키레네에서 태어난 아리스티포스에 의해 정립되었다. 아리스티포스는 다정하고 착하고 영리한 청년이었다. 그는 쾌락을 추구하는 부자였는데, 아마도 소크라테스의 다정함에 호감을 느꼈을 것이다.[28]

소크라테스가 사망한 뒤에, 아리스티포스는 여행을 떠났다. 그는 시라쿠사의 디오니시오스 I세를 방문하여 후원자가 되어주길 원했다. 그러나 디오니시오스는 그 청년 철학자를 반기지 않았고 얼굴에 침을 뱉었다. 아리스티포스는 이 일을 침착하게 받아들였고, 나중에 그는 커다란 고기를 낚으려면 물이 튀리라 예상할 수밖에 없다고 말했던 것으로 전해진다.

아리스티포스는 쾌락이 좋은 것이라고 가르쳤다. 이 규범 원리는 심리적 쾌락주의에 대한 그의 신념에 기초했고, 사람들이 하는 것은 그들이 해야만 하는 것을 가리킨다고 말함으로써 의심스러운 단계를 취했다. 아리스티포스의 쾌락주의는 전적으로 불확정적이다. 즉, 그는 쾌락이 더 좋다거나 또는 더 나쁘다고 평가할 근거가 없다고 생각했다. 그

27　Ibid. VI. 3.

28　Ibid. II. 65.

는 또한 모든 쾌락이 물리적이라고 생각했다. 감각은 운동에 의해 야기되며, 부드러운 운동은 즐겁고 거친 운동은 고통스럽다. 도덕적인 선은 지금 이 순간의 가장 큰 쾌락이다. 부드러운 운동이 실질적으로 가장 즐겁기 때문에, 아리스티포스는 더 잔잔하고 더 반복적인 쾌락들을 옹호했다. 파나이티오스에 따르면, 아리스티포스는 쾌락이 단순히 고통을 제거하거나 불편함을 벗어나는 것이라고 생각하지는 않았다.[29]

아리스티포스는 이른바 보편자들이 단순히 피상적인 유사성만을 갖는다고 생각했다. 각 개별자는 하나의 집합에만 속하고, 그 자체의 법칙이며, 또한 사물들의 계층들의 이름은 인습적이다. 이것은 물론 플라톤적 형상들이나 본질들에 관한 모든 이론을 거부하는 것이다. 아리스티포스는 이러한 유명론을 자신의 지식이론으로 끌어들였다. 사람이 알 수 있는 전부는 그의 감각뿐이지만, 실재자에 대한 우리의 인상들(우리의 경험들)은 비교될 수 없다. 왜냐하면 하나의 존재자가 다양한 관찰자들에게 동일하게 나타나지 않을 수도 있기 때문이다. 그러므로 정의할 수 있고, 객관적이고, '공적인' 세계란 없다. 디오게네스 라에르티오스는 아리스티포스의 시대에 유통되던 일련의 책들, 즉 아리스티포스의 것이라고 알려졌고, 또한 그의 몇몇 제자들에 대해 썼던 일련의 책들을 언급했다.[30] 마침내 에피쿠로스주의자들은 키니코스주의자들이 가르쳤던 쾌락주의를 받아들여 발전시켰다.

'작은 소크라테스주의자들'은 '위대한 소크라테스주의자'인 플라톤에 대비시켜 부르는 이름이다. 우리는 소크라테스가 받아들여 가르친 것이 플라톤이 발전시켰던 이론인지 또는 다른 어떤 제자들의 이론인

---

29   Ibid. II. 87과 89.
30   Ibid. II. 84-85, 92-103.

지 알지 못한다. 소크라테스는 분명히 매우 참을성 있는 교사였겠지만, 자기 제자들에 대한 가르침을 크게 중시하지 않았을 수도 있다. 그런데도 플라톤은 철학분야를 지배하게 되었으며, 그의 철학 가운데 몇 부분들의 복잡함과 체계적 관계는 그가 위대한 소크라테스주의자로 알려질 수밖에 없었던 이유를 보여준다.

7

플라톤:
형이상학과 신학

플라톤은 기원전 427년에 귀족 집안에서 태어났으며, 그의 부친은 아테네의 마지막 왕이었던 코드로스의 후손이었고, 그의 모친은 유명한 입법자였던 솔론의 후손이었다.[1] 이처럼 그의 친가와 외가는 모두 부유했고, 사회적으로도 저명한 집안이었다. 플라톤은 훌륭한 교육을 받았으며, 젊은 시절에는 체육, 그림, 그리고 시에 관심을 가졌다. 아리스토텔레스는 그가 헤라클레이토스에게 지나칠 정도로 충실했던 제자인 크라틸로스와 만남으로써 헤라클레이토스의 철학에 친숙해지게 되었다고 말한다.[2] 플라톤은 소크라테스의 영향을 받았지만, 소크라테스학파 내에서 그의 위상이 어떠했는지는 분명하지 않다. 그는 소크라테스의 재판에는 참석했지만 임종을 지키지는 못했다.[3]

---

1 플라톤의 생애에 대한 고대의 주된 자료는 Diogenes Laertius, *Lives of Eminent Philosophers* 3, 4이다. 플라톤의 『서한(*Epistles*)』과 다른 저술들, 그리고 아리스토텔레스에도 약간의 정보가 있다. 플라톤의 생애에 대한 탁월한 자료와 그의 저술들에 대한 조사는 A.E. Taylor, *Plato: The Man and His Work*, 1-22와 다른 철학사 책들에서 찾아볼 수 있다.

2 Aristotle, *Metaphysics* I, 6, 987a 32.

플라톤의 친척들이 정치에 참여하고 있었고 그 자신도 정치에 참여하려는 의도를 갖고 있었지만, 그는 30인 참주들의 통치방식에 점차 환멸을 느끼게 되었다. 소크라테스가 사형을 당하자 그는 더욱 실망하여 정치에 참여하지 않기로 결심했다.[4]

소크라테스의 사후에 플라톤은 여행을 떠났는데, 아마도 메가라에 거주하던 유클리드를 먼저 방문했을 것이다. 그는 자신이 40세 정도가 되었을 때 이탈리아를 방문했다고 전한다. 그는 타렌툼에 있던 피타고라스학파의 지도자였던 아르키타스와 그의 동료 아르케데무스의 친구가 되었다. 플라톤의 편지들 가운데 두 통은 아르키타스에게 보냈던 것이다.[5]

플라톤은 시라쿠사의 통치자 디오니시오스 I세의 매부인 디온에게 정치적인 조언을 해주고 싶어했다. 그가 디온의 친구들에게 썼던 『제7서한』에 따르면, 그는 시라쿠사를 여러 차례 방문했는데 디오니시오스 I세나 그의 후계자인 디오니시오스 II세와는 만족스러운 관계를 갖지 못했다. 플라톤은 분명히 시라쿠사 왕정의 개혁을 돕고자 희망했으나, 몇 차례에 걸친 시라쿠사의 여행은 그를 심각한 위험에 빠뜨리고 혹사당하게 만들었다. 나중에 플라톤의 친구 디온은 플라톤 아카데메이아 구성원들의 도움을 받아 시라쿠사를 장악했다. 그런 뒤에는 아카데메이아의 일원이었던 칼리포스가 디온을 폐위시키고 일 년 동안 통치했다. 이것은 아마도 아카데메이아의 명성에 도움이 되지 못했을 것이다.

40세 정도가 되었을 때 플라톤은 '헤카데마스 파크'로 알려졌던 경기장 근처의 자기 집에 학교를 설립하고, 그 학교를 '아카데메이아'라

---

3   Plato, *Apology* 34a 1과 38b 6-9, 그리고 *Phaedo* 59b 10.

4   Plato, *Epistle* VII, 324b 8-326b 4.

5   Plato, *Epistle* VII, 324a, 338c, 339a, 350a, 그리고 IX와 XII.

고 불렀다.

근본적으로 아카데메이아는 다양한 그리스 도시의 저명한 집안에서 선발된 미래 지도자들을 위한 학교였다. 몇 차례에 걸친 철학적 입장의 변화가 있었지만, 아카데메이아는 약 천년 동안 존속했다.

플라톤은 기원전 347년에 80세의 나이로 사망했다. 그는 윤리학과 정치학에 우선적인 관심을 가졌는데, 이것들은 한 가지 관심사에 대한 두 가지 측면, 즉 인간 행위의 개인적 측면과 사회적 측면에 대한 것이다. 이러한 그의 형이상학과 인식론은 그의 윤리적 견해와 정치적 견해를 뒷받침했다. 그는 어떤 사물들을 그 사물들이게끔 만드는 본질들에 대한 신념인 본질론을 옹호했고, 또한 절대적 지식의 가능성을 믿었다. 그는 자신의 보수적인 사회적 견해들을 뒷받침하기 위해 본질론에 대한 신념과 절대적 지식에 대한 신념을 이용했다. 플라톤 사고의 각 측면이 다른 측면들과 관련된다는 점에서, 그의 사고는 체계적이었다. 그의 사고는 평생에 걸쳐 발전되었으며, 그는 초기에 형성된 신념들을 수정할 수도 있었지만 자신의 기본적인 입장들은 바꾸지 않았던 것으로 보인다.

우리는 플라톤의 대화록들을 통해 그의 업적에 대해 알게 되는데, 많은 수의 대화록들은 다른 어떤 초기 철학자의 사상보다 플라톤의 사상에 대해 더 많은 것을 알려준다. 그러나 그 대화록들은 대중적인 문학작품들이며, 아마도 플라톤은 아카데메이아에서의 토론들을 글로 쓰는 대화록들보다 더 중시했을 수도 있다. 불행하게도 우리는 그 토론들에 대해 알지 못하며, 그렇기 때문에 우리가 그 대화록들만이라도 갖게 된 것은 다행스러운 일이다. 그러나 우리는 플라톤이 어떤 주제에 대해 대화록에서 논의했던 것이 그 주제에 대한 그의 궁극적인 견해가 아닐 수도 있다는 점을 기억해야 한다.

플라톤이 받은 철학적 영향

플라톤의 철학을 형성하는 데 영향을 주었던 몇 가지 요소가 있다. 그
는 다양한 학파의 사상을 다양한 방식으로 이용하여 자신의 체계를 만
들었다. 그는 헤라클레이토스의 제자 밑에서 공부했으며, 변화하는 세
계에 관한 헤라클레이토스의 견해들을 감각적인 물질세계를 묘사하는
데 이용했다. 그는 감각경험의 대상들이 변화한다는 점에서 그것들을
비실재적이라고 생각했다. 엘레아학파의 실재자 개념에서도 대상들이
변화한다는 것은 그것들이 실재적이지 못하다는 의미를 갖는다. 감각
세계란 사물들이 다른 어떤 것으로 되는 세계이다. 플라톤은 생성과 실
재하는 존재를 구분했다.

　　그러나 이것은 그가 절대적인 의미에서 세계의 존재를 부정했음을
의미하는 것은 아니다. 실제로 세계는 감각의 대상으로서 존재한다. 그
가 그것을 비실재적이라고 생각했던 이유는 그것이 존재에 대한 엘레
아학파의 기준, 즉 영원하고, 불변하며, 하나여야 한다는 기준을 충족
시키지 못하기 때문이다. 플라톤은 실재하는 존재에 대한 파르메니데
스의 정의를 받아들였고, 또한 실재성이 감각세계의 일부가 아니라 지
성적인 형상들에 놓여있다고 생각했다. 지성적인 형상들만이 영원하
고, 불변하고, 종적으로 동일하고, 또한 하나이다. 즉, 그것들만이 실제
로 존재한다는 것이다.

　　피타고라스주의자들은 플라톤의 생각과 글을 정리하는 데 도움을 주
었다. 그는 그들이 수학의 중요성을 강조하고 있다는 점에 주목했으며,
피타고라스주의들과 마찬가지로 세계의 질료에 대한 질문보다 세계의
구조에 대한 관심이 있었다. 또한 그의 철학에서 우리는 피타고라스주
의에서 발견되는 오르페우스주의와 관련된 몇 가지 요소들을 보게 된

다. 그는 오르페우스교의 은유와 용어를 사용했을 뿐만 아니라 영혼과 신체에 대한 이원론적인 견해도 수용했다. 그러나 우리는 사실상 플라톤이 오르페우스주의의 은유를 실제로 얼마나 믿었는지 알지 못한다. 몇몇 부분에서 그는 자신이 들었던 이야기를 전하는 것에 불과하다고 말하거나, 또는 심지어 자신의 말을 곧이곧대로 받아들이지 말라고 경고하기도 하는데, 이것은 그가 일부 이야기들이나 다소 신화적인 요소들과 거리를 두려는 것처럼 보인다.[6]

플라톤은 소피스트주의를 경멸했는데도 인간사에 대한 관심을 비롯하여 대부분의 소피스트주의자들이 전념했던 문제들에 대한 관심을 공유했다. 그는 변화하는 사물들에 대한 지식은 있을 수 없다고 믿었으며, 따라서 그는 자연세계의 본성과 기원에 대해 사색하는 것을 좋아하지 않았다. 우주론을 다루는 한 대화록에서 그는 그곳에서 말한 것이 단지 있음직한 이야기에 불과하다고 경고한다.[7]

비록 보편자와 윤리적 관심사에 대한 플라톤의 강조가 소크라테스에게서 비롯되었다는 것이 전통적인 견해이지만, 그가 소크라테스에게서 어떤 영향을 받았는지 가늠하기는 어렵다. 그러나 소크라테스에 대한 크세노폰의 이야기에서는 그가 보편자에 대해 이야기했던 내용이 보이지 않으며, 그 학파의 일부가 보편자를 거부했다는 사실은 소크라테스가 실제로 보편자를 지식의 핵심이라고 가르쳤는가에 대한 논란거리를 제기한다. 크세노폰은 윤리적 문제들에 대한 소크라테스의 관심에 대해 이야기하지만, 그는 소크라테스가 덕들에 대한 보편적 정의를 추구했음을 보여주지 않는다(아래 6장 참조).

---

6   예를 들어, Plato, *Symposium* 201c–d와 *Phaedo* 114d.

7   Plato, *Timaeus* 29c–d.

플라톤의 형이상학은 물질세계에 대한 헤라클레이토스의 개념과 실재하는 존재에 대한 엘레아학파의 개념에 기초하는 것으로 보인다. 플라톤은 실재자가 세계를 구성하는 물질에 존재하는 것이 아니라 세계에 한계와 구조를 부여하는 성질들을 제공하는 형상들(또는 '관념들')에 존재한다고 생각했다. 실재하는 것들, 즉 형상들은 비물질적이고 만져질 수 없는 것들이다. 그러나 그것들은 이성을 통해 알려질 수 있다는 점에서 지성적이다. 감각적인 것과 지성적인 것의 이러한 구분은 플라톤 철학의 몇 가지 측면에서 중요한 역할을 한다.

형상이론

플라톤의 실재자는 이데아이(*ideai*) 또는 에이데(*eidé*), 때로는 에이도스(*eidos*)로 구성된다고 언급된다. 이 개념은 때때로 '관념들'이라고 번역되는데, 이것은 오해의 소지가 있다. 우리는 관념들을 심리적인 것들, 즉 사고된 어떤 것으로 생각한다. 이것은 플라톤이 생각했던 것이 아니다. 그는 실재자가 사고됨으로써 존재하는 것이 아니라고 말한다. 그것은 사고되기 이전에도 실재하고, 그것의 어떤 부분들은 한 번도 사고되지 않았을 수도 있으며, 또한 그것을 지속적으로 생각하는 사람이 아무도 없더라도 그것은 실재할 것이다. 그것과 서로 교체되어 사용되는 '이데아이'나 다른 용어들은 '형상들(forms)'로 번역될 수도 있다. '형상들'이란 용어가 더 선호되지만, 그것은 여전히 완전한 번역어가 아니다. 플라톤의 실재자를 '형상들'이라고 부를 때 제기되는 문제는 우리가 형상을 주로 형체(shape)라고 생각하는 경향이 있다는 것인데, 플라톤은 형체보다 훨씬 더 많은 것을 의미하고 있다. 형상들은 사물들

의 모든 지성적인 측면들을 비롯한 실재자의 특징을 세계의 사물들에
제공한다.

플라톤은 형상들이 '천상'이나 또는 '천상을 넘어선 곳에' 놓여있다
고 비유적으로 말한다.[8] 그는 형상들이 지상의 일부가 아니라는 것을
강조하기 위해 그런 말을 했을 것이다. 형상들은 물질적이고 공간적인
사물들이 아니기 때문에, 그것들이 어떤 곳에 있다고 말한다 해도 그것
이 문자 그대로의 의미를 갖는 것은 아니다.

플라톤은 모든 보편개념에 상응하는 형상이 있다고 생각했다. 그는
"우리가 많은 개별적인 사물들에 동일한 이름을 부여할 때" 형상이 존
재한다고 말했다. 형상은 하나의 존재(entity), 즉 단일한 것(unity)이
다.[9] '아름다움'은 모든 아름다운 것들을 아름답게 만드는 단일한 형상
이다. 플라톤은 "어떤 사물들에 대한 형상들이 있는가?"라는 질문에
대해 논의했다. 가장 쉽게 인지할 수 있는 형상들의 예는 수학에서 나
온다. 지상에서 발견되지 않는데도 대부분의 사람들은 완전한 사각형
같은 것이 존재한다고 생각한다. 플라톤은 수학적 실재자들에 관심을
가졌지만, 그가 가장 우려했던 것은 덕들에 대해서도 형상들이 존재한
다는 문제였다. 그는 자연적 존재자들이나 인공물들에 대한 보편적 용
어들의 기저에는 본질들의 형상들이 존재한다는 생각도 갖고 있었다.
그렇지만 플라톤은 형상들을 가진 사물들의 수적 한계에 관한 몇 가지
문제들이 있다는 것을 깨닫고 있었다. 그는 진흙과 머리카락의 형상들
도 있는가에 대해 확신하지 못했다.[10]

형상들은 절대적인 실재자이다. 형상은 지상의 존재자를 선하고 현

---

8   Plato, *Phaedrus* 247c–e.

9   Plato, *Republic* VI, 507b와 X, 596a.

10   Plato, *Parmenides* 130c–d.

명하고 아름답도록 규정하는 어떤 것이다.[11] 형상들은 평범한 것들이
아니라 완전하고 이상적인 원형들이다. 그것들은 우리가 말 같은 사물
을 판단하고 고양이를 보여주는 것처럼 인간의 경험에서 도출된 이상
적인 것들이 아니다. 그것들은 지성에 의해 알려지는 것들이며, 감각경
험에서 추상함으로써 알려지는 것들이 아니다.

엘레아학파 철학자들에 의하면, 실재자는 불변할 뿐만 아니라 수적
으로 하나여야만 한다. 플라톤은 다른 모든 형상들의 근원인 동시에 그
것들을 모두 지성적으로 만드는 선의 형상에 의해 형상들에게 단일성
이 제공된다고 생각했다. 그는 이 형상을 지상의 사물들에게 존재를 부
여하고 그 사물들을 가시적으로 만드는 태양에 비유했다.[12] 그러나 형
상들의 단일성, 즉 그것들이 하나라는 의미의 정확한 성격에 대해서는
분명하게 설명되지 않는다.

몇몇 후기 대화록에서, 플라톤은 형상들이 세계의 사물들과 어떤 방
식으로 연결되는가라는 질문을 다룬다. 그는 그런 관계를 표현할 수 있
는 일부 용어들에 대해 만족하지 못했다. 플라톤은 '형상들에 참여한
다'라는 개념과 '세계와 형상들이 유사하다'라는 개념에 대해 설명했
다. 참여와 유사성은 그 용어들이 당시에 사용되던 방식 때문에 문제가
제기된다. 사물들이 넓은 천으로 뒤덮인 것으로 묘사되는 '참여'는 서
로 다른 사물들이 서로 다른 방식으로 형상과 관련되며, 모든 사물들은
단지 그 형상의 일부에만 관련된다는 것을 함축했다. '유사성'이란 개
념도 플라톤에게는 문제로 여겨졌는데, 그 이유는 유사성이 '제3인간
역행(third man regress)'으로 이어지는 것처럼 보였기 때문이다. 유사

---

11   Plato, *Phaedo* 65d와 *Hippias Major* 287c–d.
12   Plato, *Republic* VI. 508–509.

성은 세 가지 사물들, 즉 '비교되는 두 가지 사물들'과 '그것들을 측정하는 적절한 성질들의 완벽한 형태'를 요구하는 것처럼 보인다. 참여와 유사성이 오늘날에는 그런 방식으로 사용되지 않지만, 플라톤에게 있어서 그것들은 심각한 문제들이었다. 한편, 플라톤은 형상들을 알기가 어렵다고 말했는데, 그 이유는 형상들이 특별한 재능을 가진 사람에게만 알려질 수 있기 때문이다.[13]

형상들의 본성에 대한 플라톤의 마지막 해석은 수학적이었던 것으로 보인다. 그는 형상들과 관련하여 제한성과 무제한성이라는 개념들을 사용했다. 『티마이오스』에서 언급되는 창조에 대한 이야기는 원소들을 수학적 형체들과 관련시키고, 신이 그 수학적 형체들에 형상과 수를 부여했다고 말한다.[14] 플라톤이 형상들을 수학화한다는 아리스토텔레스의 언급은 플라톤이 형상들을 수학적으로 이해하기 시작했다는 견해를 뒷받침하는 중요한 증거이다.[15] 우리는 플라톤이 형상들을 해석함에 있어서 수학으로 선회했던 점에 대해 아리스토텔레스가 비판적이었다는 사실을 알게 될 것이다.

플라톤이 형상과 (그 형상을 본질로 하는) 세계 내 대상과의 관계를 기술할 수 있는 방법에 대해 완전하게 만족한 적이 전혀 없었을 수도 있지만, 우리는 형상이 세계의 존재를 그런 것으로 존재하게끔, 그것이 속한 사물들의 집합에 속하게끔, 또한 알려질 수 있는 어떤 것으로 존재하게끔 해준다고 말할 수 있을 것이다.

플라톤은 물질에 대해서는 거의 아무런 존재론적 위상을 부여하지 않았다. 그는 물질을 토포스(topos), 즉 장소 또는 공간이라고 말했다.

---

13   Plato, *Parmenides* 131–132와 134b–135a.

14   Plato, *Philebus* 23c–27과 *Timaeus* 53–56.

15   Aristotle, *Metaphysics* I, 9, 991b–992b.

오직 실재하는 것만이 알려질 수 있기 때문에, 물질의 본성 그 자체는 알려지지 않는다. 우리는 일종의 거짓된 반성을 통해서만 질료 개념을 가질 수 있다.[16] 플라톤이 과학적인 문제들에 주목하지 않았다는 것이 단적으로 그가 그 주제에 대한 관심을 결여했음을 의미하지는 않는다. 하지만 그런 문제들은 알 수 없는 것들이며, 따라서 그는 그것들이 지성적인 주목을 받을만한 중요한 문제들이라고 생각하지 않았다.

플라톤의 미학

플라톤의 형이상학이 지닌 몇 가지 측면들이 그의 미학이론들에 적용된다. 몇몇 대화록들에서 아름다움은 형상 속에서 그것의 본질적인 존재를 갖는다고 언급된다. 그것은 특히 중요한 형상이다. 왜냐하면 그리스적 사고에서 아름다움과 좋음은 흔히 동일한 것들로 간주되며, 또한 플라톤은 그것들의 동질성을 받아들이기 때문이다.[17] 시, 그림, 그리고 조각이 실재자로부터 두 배나 멀리 떨어져 있다는 플라톤의 견해는 실재성이 (모든 아름다운 사물들을 아름답게 만드는 '아름다움'의 형상을 포함하는) 형상들에 있다는 그의 형이상학적 신념에 근거를 두고 있다(아래 참조).[18]

16　Plato, *Timaeus* 48e–49a, 52b.

17　Plato, *Symposium* 201c, 210b–211e; *Republic* 452e; *Gorgias* 474d; *Lysis* 216d; *Hippias Major* 297b–c.

18　Plato, *Republic* 587e; *Hippias Major* 277c–d, 289d; *Phaedo* 100c–d.

아름다움의 본성

플라톤의 『대(大)히피아스』에서 소크라테스는 아름다움의 본질적인 성격이 무엇이냐고 묻는다. 문제를 제기하고, 정의에 대한 노력을 비판적으로 조망하며, 또한 결론에 도달하지 않고 끝난다는 점에서, 이 대화록은 『라케스』, 『카르미데스』, 그리고 『에우튀프론』과 비슷하다. 이 대화록은 (존경받는 유명한 인물에 대한 묘사로는 다소 의문의 여지가 있지만) 히피아스를 아름다움이 아름다운 하녀라고 말하는 투박하고, 비철학적이며, 또한 어리석은 허풍쟁이로 묘사하고 있다. 히피아스는 암컷 말, 수금, 그리고 심지어 항아리도 아름다울 수 있다는 것과 아름다운 하녀가 신의 종족에 비하면 추하다는 것을 어쩔 수 없이 인정하며, 그런 뒤에 아름다움에 대한 질문에 대해 좀 더 일반적인 답변들이 제시되고 거부된다. 금과 상아가 적절하게 사용될 때조차 그것들이 아름답다는 것은 받아들일만한 답변이 아니며, 또한 그것들의 적합한 용도도 아니다. 장식의 적합한 용도란 아름다움의 거짓된 모습만을 드러낼 수도 있다. 때때로 아름다워 보이는 어떤 것들이 '결코 추해 보이지 않는 시험'을 통과하지 못할 수도 있기 때문이다.[19]

그 후 히피아스는 아름다움이란 부와 건강과 명예를 갖는 것이며, 또한 부모의 장례를 치른 뒤에 자기 자식들이 자신들의 장례를 치러주는 것이라는 답변을 제시한다. 그러나 그는 그런 정의가 신과 영웅에게는 적용되지 않으리라는 것을 어쩔 수 없이 인정한다.[20]

그런 뒤에 히피아스는 아름다운 것이 유용한 것이라고 주장하지만,

---

19   Plato, *Hippias Major* 287e–289b, 289e, 290b–e, 291d, 293e–294e.
20   Ibid. 291d–3, 293a–b.

유용한 권력도 잘못 사용되는 경우에는 아름답지 않다는 것을 인정하게 된다. 그 다음의 정의는 아름다운 것이 유익하다는 것, 즉 좋음의 원인이라는 것이다. 그러나 이것은 원인이 그것의 결과와 동일하지 않으며, 또한 아름다움과 좋음은 서로 다른 것들이 아니라는 반론에 부딪친다.[21]

끝으로 히피아스와 소크라테스는 많은 현대 독자들에게 그럴듯해 보일만한 답변, 즉 아름다운 것이란 청각과 시각을 통해 쾌락을 가져오는 것이라는 답변을 검토한다. 처음에 소크라테스는 법률과 같이 시각과 청각을 통해 감상되지 않는 아름다운 것들이 있다고 주장하고, 다른 감각들을 통한 쾌락이 아름다움의 한 형태일 수 있느냐는 질문을 제기하지만, 이 흥미로운 질문은 무시된다. 그 다음에 소크라테스는 자기가 중요하다고 생각하는 문제, 즉 아름다움은 그 정의상 그렇듯이 시각과 청각이라는 두 가지 감각들에 배치할 것인가 또는 한 가지 감각에 배치할 것인가라는 문제를 제기한다. 또한 그는 성질들을 자기 자신과 히피아스와 같은 단일한 개별자들에게 귀속시키는가 또는 한 쌍에게 귀속시키는가라는 문제에 대해 긴 논의를 시작한다. 그는 아름다움이 감각적인 쾌락인가 아닌가라는 문제를 명료하게 드러내기보다는 아름다움이 감각적인 쾌락이라는 정의를 거부하는 일에 초점을 맞춘다.[22]

우리는 소크라테스가 감각들을 통한 쾌락이란 용어를 통해 아름다움의 정의를 개선하리라 기대해서는 안 된다. 우리는 플라톤이 아름다움의 본성을 '아름다움'의 형상에서 발견했으며, 또한 감각들이 어떤 사물이 실제로 아름답지 않더라도 아름답게 보이도록 만듦으로써 우리를

---

21   Ibid. 295c–296d3, 296e–297c. *Lysis* 216d와 *Symposium* 201c도 참조.
22   Plato, *Hippias Major* 297e–303d.

속일 수도 있다고 그가 믿었다는 사실을 잘 알고 있다.[23]

예술의 형이상학적 위상

고대 그리스인들은 '예술(the arts)'이라는 개념, 즉 우리가 오늘날 순수예술(fine arts)이라고 부르는 것들을 통칭하는 용어를 갖고 있지 않았다. 당시에 '예술'은 수공예(manual arts)를 포함한 모든 테크네(techné), 즉 '사물들을 만드는 모든 행위'를 가리켰다.[24] 그런데 플라톤은 우리가 순수예술로 알고 있는 것의 본성에 관한 견해를 갖긴 했지만, 시와 그림과 조각 등을 개별적으로 다루었다.

일반적으로 고대세계에서 그런 순수예술들은 자연과 인간의 행위에 대한 모방으로 이해되었다. 후대에도 그렇지만, 고대의 일부 사상가들은 예술이 실재자에 관해 배울 수 있는 중요한 근원이라고 주장했다. 하지만 『국가』의 논의에서 플라톤은 순수예술에 대한 이런 열정을 공유하지 않았음을 보여준다. 오히려 그는 시, 조각, 그리고 그림의 인식적 가치에 대해 의문을 제기했다. 그는 그림이 실재자로부터 두 배나 멀리 떨어져 있는 것, 즉 모방의 모방이라고 말했다. 그림은 환영, 즉 외양을 모방하는 것이며, 그렇기 때문에 그림은 실재자에 대한 지식에 이르는 중요한 통로가 되지 못한다.[25]

플라톤은 두 가지 종류의 모방, 즉 '자연적 대상처럼 생긴 초상화를

23　　Ibid. 294b.

24　　P.O. Kristeller, "The Modern System of the Arts," in *Journal of the History of Ideas*, vol. 12(1951), 465–527, 그리고 vol. 21(1952), 17–46 참조.

25　　Plato, *Republic* 597e, 598b–c.

제작하는 모방'과 '아랫방향이나 먼 거리에서 보았을 때 적절한 외양을 부여하기 위해 형체를 왜곡하는 닮은꼴을 제작하는 모방'이 있다고 생각했다. 그는 모방을 자신이 마술사들이라고 불렀던 소피스트들의 주장, 즉 지식을 가질 수 있다는 소피스트들의 주장에 비유했다. 그는 심지어 호메로스와 헤시오드스가 말했던 것보다도 더 근본적인 의미에서 시인이나 조각가가 거짓말을 하고 있다고 말하는 것처럼 보인다.[26]

플라톤은 시인이나 조각가가 지식을 획득하는 수단이 되지 못했다고 믿었을 뿐만 아니라 순수예술이 성격 형성에 나쁜 영향을 준다고 비난했다. 그는 남성들이 여성들 가운데서도 특히 잘못 행동하는 여성들을 모방하거나 노예나 겁쟁이 또는 신앙심이 없는 사람들을 모방하는 연기를 반대했다. 그는 이런 연기가 어린아이들에게 잘못된 가르침을 준다고 생각했다. 또한 그는 일부의 음악적 양식들과 플롯 같은 일부의 악기들은 기질의 위약함으로 이어지며, 시의 운율과 독서하는 사람들의 용어 선택은 적절해야만 한다고 생각했다. 플라톤은 욕설을 사용하거나 동물 소리를 모방해서는 안 된다고 말하기도 했다.[27]

플라톤은 일부 순수예술에서 나쁜 영향을 받을 수도 있다고 생각했기 때문에, 드라마, 시, 음악, 그리고 심지어는 동화 등에 대한 엄격한 규제를 지지했다.[28]

26　Plato, *Sophist* 235a–c, 235d–236c; *Republic* 377d.

27　Plato, *Republic* III, 395c–d, 396d, 399a–400e, X, 595b.

28　Ibid. II, 377a–383c, III, 386a–400c, 401b, 402c, X, 595, 607a; *Laws* VII, 801c–d, 817d, VIII, 829d.

예술적 재능과 제작

순수예술이 지식을 획득하는 수단이 아니라는 플라톤의 부정적인 평가
와 예술의 불규칙한 사용에 대한 그의 두려움을 예술에 대한 무지로 간
주해서는 안 될 것이다. 약간의 예외는 있지만, 플라톤의 대화록들은
예술 작품들로 간주된다. 그는 젊었을 때 시들을 썼는데, 그것들이 철
학적 주제를 다루고 있진 않지만 그 가운데 일부는 여전히 전해지고 있
다. 플라톤은 호메로스와 헤시오도스의 작품들, 즉 그들의 비극시와 희
극시는 물론이고 다른 시들도 알고 있었다. 또한 그는 예술적인 제작
원리들을 이해했으며, 예술가들과 장인들이 임의적으로 재료들을 선택
하는 것이 아니라 그들의 작업에 (사물들이 조화롭게 들어맞아 정돈되
고 조절된 전체를 만드는) 일정한 질서를 부여하려 한다고 설명했다.[29]

그러나 플라톤에 따르면, 시는 수공예의 산물이 아니다. 그는 시인이
뮤즈[30] 여신에 의해 영감을 얻고 또한 심지어 소유된다고 묘사하는데,
이 뮤즈 여신은 시인으로 하여금 신들의 대리인으로 만든다. 시인은 미
친 사람, 즉 자신이 무슨 이야기를 하는지 알지 못하는 신탁의 여제사
장과 비슷하다. 플라톤은 시인을 희열감에 젖어 정신을 차리지 못하는
디오니시오스의 숭배자들에 비유했다. 시는 인간의 솜씨로 만들어진
산물이 아니라 신들의 작품이다.[31]

플라톤은 뮤즈 여신들에 의한 영감을 일종의 감염으로 묘사하거나,
또는 자석에 달라붙은 금속 반지가 다른 반지들을 끌어당기듯이 끌어

---

29 Plato, *Gorgias* 503d–504a.
30 옮긴이주: '뮤즈'는 그리스 신화에 나오는 무사이(mousai) 여신의 영어표기로
서, 시와 그림 등의 예술을 관장한다고 알려져 있다.
31 Plato, *Ion* 533c–534e; *Phaedrus* 245a, 265b; *Laws* III, 682a, IV, 719c.

당기고 자성을 띠는 자석의 능력으로 묘사한다. 시인은 물론이고, 배우나 낭송하는 사람, 그리고 심지어 듣는 사람도 신적인 광란에 사로잡힌 것이다. 플라톤의 대화록『이온』에서 이온은 소크라테스가 호메로스의 시를 낭송했던 자기 자신의 경험을 묘사하며, 또한 신적인 영감을 받았다고 간주되는 것에 기뻐했다고 전한다.[32]

플라톤의 신학

만약 우리가 유대교와 기독교 시대의 신학을 구성했던 믿음, 질문, 그리고 관심사를 통해 신학을 이해하려 한다면, 플라톤의 신학에 대해 이야기하는 것은 오해의 소지가 있을 것이다. 다른 그리스 철학자들과 마찬가지로, 플라톤도 고대 그리스의 지성적인 이교도를 통해 보아야 한다. 플라톤은 (예수 그리스도가 태어난 해를 기원으로 하는- 옮긴이) 서력 초기의 필론 유다에우스[33]와 더불어 대체로 신학자들이 가장 좋아하는 사람이었다. 로마시대 말기의 아우구스티누스, 중세시대의 프란체스코회 회원들, 르네상스 시대의 마르실리오 피치노, 그리고 현대의 많은 종교철학자들은 대부분의 고대 이교도들보다도 플라톤이 자신들의 종교와 더 잘 맞는다고 생각했다. 그럼에도 플라톤은 이교도적 배경과 비교할 때 가장 잘 이해되는데, 이것은 유대교와 기독교에서 분명히 발견되지만 아마도 거의 모든 다른 종교에서도 발견되는 몇 가지 사상들을 포함했던 종교적 접근방법이다. 유대교와 기독교는 그리스 철학

---

32   Plato, *Ion* 533d-e, 535a-536d, 542a-b.
33   옮긴이주: 기원전 20년경에 이집트의 알렉산드리아에서 태어났고, 유대교와 그리스도교에 정통했던 철학자로 알려져 있다. '(알렉산드리아의) 필론'이라고도 불린다.

에서 발견되는 사상들 위에 세워졌지만, 고대 히브리 문화의 사상들에
도 기초한다. 유대교와 기독교는 그리스의 아고라(광장)에서 많은 것
을 받아들였지만, 중동의 사막에서도 최소한 그만큼이나 많은 것을 받
아들였다.

플라톤은 기독교도나 유대교도와 똑같은 질문들에 관심을 갖지도 않
았고 똑같은 범주들 속에서 생각하지도 않았지만, 그는 종교적이었다.
우리는 그의 대화록들에서 신, 인간의 영혼과 영혼의 불멸성, 그리고
신에 대한 의무를 많이 언급하고 있음을 발견한다. 그는 신들에 대해서
도 이야기하며, 따라서 우리는 '신'이란 용어가 그에게 의미했던 것이
오늘날 서구 종교의 신도들에게 의미하는 것과 동일하리라고 기대해서
는 안 될 것이다.

플라톤은 『국가』에서 신이 선하다고 말한다. 신은 선만을 야기하고,
악을 야기하지 않는다. 시인들이 썼던 것과는 달리, 신은 변화하거나
위장을 하거나 또는 거짓말을 하지 않는다.[34]

신에 대한 일부 언급들은 "당신에게 신의 축복이 있길!"처럼 단지 형
식적인 정중한 언급들에 불과했던 것이지 철저하게 의미를 조사하려고
했던 것은 아닐 것이다. 다른 언급들은 더 중요한 신념들을 보여준다.
플라톤은 세계영혼을 스스로 움직이는 운동, 세계 존재의 최초 상황,
그리고 모든 변화와 운동의 보편적 원인인 선과 악으로 묘사했는데, 이
것은 세계영혼에 대한 일반적인 신념을 공유했던 것이다.[35] 하나의 세
계영혼은 유익하다. 하지만 그보다 덜 좋고 또한 유익하지 않은 일을
할 수 있는 또 다른 하나의 세계영혼이 더 있다.[36]

34   Plato, *Republic* II, 379b–383c.
35   Plato, *Laws* X, 896a–899e; *Philebus* 30a–c; *Timaeus* 30b, 34b.
36   Ibid. 896e–897d, 898–899.

세계 창조에 대한 플라톤의 신념은 유대교 신학이나 기독교 신학에서 말하는 '무로부터의 창조'와는 상당히 다르지만(19장 참조), 플라톤이 기독교도와 유대교도에게 호소했던 한 가지 이유가 바로 세계 창조에 대한 그의 신념 때문이었다. 『티마이오스』라는 대화록에서 티마이오스는 세계가 고정된 존재가 아니라 생성의 상태에 있다고 주장한다. 그러므로 그것은 창조이며, 모든 창조에는 창조자가 있어야만 한다. 그러나 창조는 새로운 건물을 짓는 것이 아니라 수리를 하는 것에 가깝다. 신적 창조자인 데미우르고스는 무질서하고 조화되지 않은 가시적(눈으로 볼 수 있는 또는 눈에 보이는-옮긴이) 구체를 발견했다. 선한 존재인 데미우르고스는 형상들을 모방하여 복원하는 방식으로 그것에 질서를 부여한다. 그는 세계를 영혼을 지닌 살아있는 피조물로 만들고, 그것을 신이라고 불렀다. 그러나 그는 세계가 영원하도록 만들 수는 없었고, 따라서 그는 시간을 '영원성의 움직이는 이미지(moving image of eternity)'로 만들었다.[37]

『티마이오스』는 표면적으로 자연철학에 관한 책처럼 보이지만, 사실상 그것은 종교철학에 관한 책이다. 하지만 그것은 신학에 관한 책으로는 그다지 만족스럽지 않다. 그 책은 데미우르고스의 본성을 설명하지 않고, 다만 그 '아버지이자 제작자'를 이해하기가 어렵다고 말한다. 또한 플라톤은 『티마이오스』의 내용과 이중적으로 거리를 둔다. 첫째는 플라톤의 대변인으로 우리가 기대했던 소크라테스가 아닌 티마이오스로 하여금 이야기를 진행하게 만든다는 점이며, 둘째는 티마이오스로 하여금 자신의 이야기가 단지 개연적인 이야기라고 말하게 만든다는 점이다.[38]

---

37 Plato, *Timaeus* 27d-28c, 29a-b, 29d-e, 30a-b, 34a, 37c-e.

플라톤은 말년에 종교를 강력하게 지지하는 법안인 『법률』을 집필한다. 『법률』은 무신론자들에게 상당히 엄격한 법률을 적용해야 하며, 또한 (종교를 갖고 있지 않아서 나쁜 행위를 하는 비종교인들과 도덕적인 범죄와 종교적인 범죄를 저지르는 비종교인들을 비롯한) '신을 섬기지 않는' 사람들을 혹독하게 처벌해야 한다고 주장한다. 이 법안에 대한 상세한 분석은 9장에서 논의할 것이다.[39]

죽지 않는 영혼

플라톤은 개별적인 사람 내부의 정의(justice)라는 개념을 영혼의 세 부분이라는 개념에 기초하여 설명했다. 이러한 영혼에 관한 그의 신념은 이 책의 9장에서 다루어진다. 여기에서는 근본적으로 종교적인 관심에서 비롯된 플라톤의 영혼 개념에 대해 먼저 살펴본다. 그는 영혼이 결코 죽지 않는다는 영혼의 불사성을 믿었다. 영혼이 신체에서 반복되는 부활에서 벗어나기 이전에 수천 년 동안 정신의 정화를 필요로 하는 윤회를 한다는 것이다. 그는 영혼의 불사성에 대한 몇 가지 논증을 제시했다.

플라톤은 기독교인들이 이해할만한 방식으로 불사성을 주장하지는 않았지만, 후대의 신학자들은 영혼의 불사성에 대한 그의 논증들을 받아들였다. 그는 자신의 논증들을 '영혼의 단일성'과 '삶의 원리인 영혼의 본성'이라는 개념들에 기초했다.

---

38   Ibid. 28c, 29d, 71d.

39   Plato, *Laws* 907d-910d.

　대화록 『파이돈』에서 소크라테스는 사물이 그것의 대립자로부터 생
성되기 때문에, 우리가 태어나기 이전에 영혼들은 다른 장소에 존재했
다고 주장한다. 그렇게 함으로써 생명은 죽음으로부터 생성되며, 죽음
으로부터 새로운 생명이 생성된다는 것이다.[40] 그러나 만약 사물이 더
커진다는 것은 그것이 이전에 더 작았고, 더 좋은 것은 더 나쁜 것이었
음에 틀림없다는 등의 예들은 그 논증이 의존하고 있는 그 의심스러운
형이상학적 이론을 전혀 뒷받침하지 못한다.

　상기 원리를 통한 논증이 받아들여진다 할지라도, 그것은 단지 영혼
이 미리 존재한다는 것을 입증하는 것이지, 심미아스와 케베스가 지적
했던 것처럼, 그것이 죽음 이후에도 계속해서 존재한다는 것을 입증하
지는 못한다.[41] (상기에 대한 설명은 다음 장을 참조하라.)

　영혼은 복잡하지 않은 단순 실체이기 때문에 소멸될 수 없다는 논증
은 많은 신학자들에 의해 채택되었다. 소크라테스는 육체와 달리 영혼
은 보이지도 않고 변하지도 않는다고 주장한다. 그것은 육체에 의해 오
염되기도 하고 육체 쪽으로 다시 끌려오기도 하지만, 그럼에도 그것은
육체처럼 소멸되지는 않는다. 이러한 '다시 끌려옴'이 부활의 원인이
며, 전적으로 순수하고 철학적인 영혼만이 탈출한다.[42]

　심미아스는 비록 영혼이 소멸될 수 없다 할지라도, 영혼은 실체가 아
니라 조율된 악기에서 나오는 소리와 같은 부수현상(epiphenomenon)
일 수도 있다는 반대 논증을 제시한다. 케베스는 영혼이 소멸되지 않을
지라도 결국 스스로 고갈되리라 주장한다.[43]

40　Plato, *Phaedo* 70c–72d.

41　Ibid. 76a–77c.

42　Ibid. 78b–84d.

43　Ibid. 85e–86d, 87a–88b.

심미아스와 케베스에 대해 답변하는 과정에서 소크라테스는 형상들과 목적 인과론에 호소하는데, 이 논의는 영혼이 삶의 형상과 죽음의 형상과 같은 모순된 두 형상들을 가질 수 없다는 논증으로 이어진다.[44]

가장 유명한 플라톤의 논증들 가운데 하나는 영혼의 정의에 기초한 논증이다. 소크라테스는 영혼이 스스로 운동한다고 말한다. 그것은 운동과 삶의 제일원리이며, 따라서 그것은 불멸해야만 한다. 이런 맥락의 논증은 『파이드로스』와 『법률』에서 제시된다.[45]

플라톤은 세 부분으로 나뉜 영혼이라는 개념과 인간의 행위에 대한 그 세 부분의 영향을 상당히 중시하지만, 그 부분들의 존재론적 위상에 대한 자세한 설명을 제시하지 않는다. 그 부분들은 무엇을 가리키는가? 만약 그 부분들이 실체적 단위들이 아니라 기능들이나 활동들이라면, 플라톤의 철학에 더 잘 들어맞을 것이다. 부분들을 실체적 단위들로 다루는 것은 영혼이 단일체, 즉 '죽음에 의해 소멸될 수 없는 단순 실체'라는 플라톤의 개념을 위태롭게 할 것이다. 그러나 특히 『티마이오스』의 설명들을 고려할 때, 이것이 플라톤에 대한 올바른 해석이라고 확신하기는 어렵다.

『티마이오스』에서는 영혼의 부분들이 머리(*logistikon*, 즉 이성적 부분), 가슴(*thumoeides*, 기개적 부분), 그리고 배(*epithumetikon*, 욕구적 부분)에 있다고 말한다. 이 대화록에서, 이성적 부분인 로기스티콘(*logistikon*)은 영혼의 도덕적 부분들과 구별되는데, 이것은 기개적 부분과 욕구적 부분이 불사하는 것들이 아님을 의미한다. 이것은 『파이돈』에서 제시되었던 영혼의 불사성에 대한 논증과 분명히 상반된다.[46]

---

44   Ibid. 104e-105e.
45   Ibid. 245c-e; *Laws* X, 894d-896d.
46   Plato, *Timaeus* 27c-92c.

우리는 이러한 명백한 모순을 어떻게 피할 수 있는가? 이미 보았듯이, 플라톤은 영혼에 관한 『티마이오스』의 설명과 자기 자신을 이중적으로 분리시키려는 듯이 보인다. 우리는 플라톤이 영혼에 대한 위의 설명을 승인했다고 가정해서는 안 된다. 왜냐하면 이 설명은 소크라테스가 제시한 것이 아니며, 자기가 말한 것은 다만 개연적인 이야기에 불과하다고 말했던 크레타 섬 출신의 방문객인 티마이오스의 긴 연설문 속에 들어있는 것이기 때문이다.[47] 따라서 영혼의 부분들이 모두 불사하지는 않는다는 신념은 플라톤의 견해가 전혀 아니었을 가능성도 있다.

---

47   Ibid. 29d, 71d.

8

플라톤: 지식이론

플라톤의 인식론, 즉 지식의 본성과 가능성에 관한 그의 이론은 감각적인 것과 지성적인 것의 중요한 구분을 제시한다. 동굴에 대한 유명한 우화에서, 그는 (지식은 없고 오직 의견만이 있을 수 있는) 감각적인 것과 (실재하며 알 수 있는 영역인) 지성적인 것을 구분하는 의미를 설명했다.[1] 동굴의 사람들은 동굴의 벽에 나타난 이미지들과 그것들이 나타나는 순서를 알기 때문에 어떤 것을 안다고 생각하지만, 그들이 실재하는 것들을 보는 것이 아니라 단지 그림자들을 보고 있다는 사실을 알지 못한다. 감각경험들을 다루는 동굴의 장면은 동굴 위의 햇빛 속에서 보이는 사건들과 대비된다. 우리는 유비를 사용하는 이 우화를 해석하는 데 주의를 기울여야 하며, 햇빛 속의 사건들에 대한 언급들을 문자 그대로 받아들여서는 안 된다. 플라톤의 (실재하는 것에 대한 이론인) 존재론에서, 햇빛에 비쳐진 경험들은 생성의 영역 가운데 일부로서 알 수 없는 것들을 의미한다. 반면에 동굴의 경험들은 일상적인 감각경험

---

1   Plato, *Republic* V, 509d, VII, 514–517.

들로서, 무지한 사람들이 실재한다고 생각하는 것들을 의미한다. 햇빛 속에서 보이는 사물들은 지성적으로 알려진 관념들을 가리킨다.

지식과 그 대상들

실재하는 사물들과 실재하지 않는 사물들의 차이점을 보여주는 한편, 지식과 단순한 의견의 차이점도 더 자세히 설명하기 위해, 플라톤은 신념의 단계들과 지식의 단계들을 분리하는 선에 대해 기술한다.[2] (아래에 제시된 '분리된 선'에 대한 표 참조.)

표 왼쪽 선의 두 부분은 각각 두 단계의 의견(dóxa)과 두 단계의 생성(becoming) 영역을 나타낸다. 분리된 선에 대한 다음의 표가 플라톤의 존재론(존재에 관한 그의 이론)과 그의 인식론(그의 지식이론)을 결합시킨다는 점에 주목할 필요가 있다. 실재하는 것만이 알려질 수 있으므로, 그것들은 물론 서로 연관된다. 왼쪽 끝의 최저 단계는 에이카시아(eikasía)이며, 더 나은 번역어가 없기 때문에 종종 '추측'이라고 번역된다. 이 단계는 실재하지 않는다는 것을 사실상 모든 사람들이 알고 있는 '그림자들, 거울 이미지들, 그리고 다른 이미지들에 관한 의견'을 다룬다. 모든 사람들이 실재한다고 간주하는 것들, 즉 우리가 보고 듣고 만질 수 있는 세상의 대상들도 플라톤에 따르면 실재하지 않으며, 우리는 단지 그것들에 관한 의견만을 가질 수 있다. 플라톤은 이 단계를 피스티스(pístis) 또는 신념이라고 부른다.

표의 오른쪽에 있는 두 부분에서 보듯이, 지식(epistēmē)도 두 단계

---

2 Ibid. VI, 509d–511e.

표 8.1 '지식의 정도'와 '의견과 지식의 대상들'을 나타내는 플라톤의 분리된 선 (『국가』 VI. 509d-511e)

감각적인 것		지성적인 것	
지식의 정도들			
의견(*dóxa*)		지식(*epistēmē*)	
감각세계의 사물들에 관한 의견		지성세계에 대한 지식	
추측 (에이카시아, *eikasía*)	신념 (피스티스, *pístis*)	이해 (디아노이아, *diánoia*)	변증술을 통한 지식 (노에시스, *nóesis*)

존재의 단계들

상, 그림자, 반영	세계의 실제 대상들	"지성적 특수자들"	형상들(관념들)
		정신적 이미지들	순수이성: 상이 없는 것들
		가정들	가설적이지 않은 것들
		"더할 수 있는 숫 자들"	"더할 수 없는 숫자들"
		절대적인 것이 아 니라 '발판'이나 '도약대'로 간주되 어야 함. (『국가』 VI. 511b)	

를 갖는다. 첫 번째는 사물들에 관한 지식의 단계인데, 이것들은 계산에서 사용되는 숫자들처럼 지성의 영역에 있는 것들이기 때문에 부분적으로 실재하는 것들이다. 그러나 그것들은 순수한 실재자가 아니며, 따라서 그것들에 대해 생각하는 것은 지식의 낮은 단계를 사용한다. 플라톤은 이 단계를 디아노이아(*diánoia*)라고 부르는데, 이것은 때때로 '이해(또는 오성)'라고 번역된다. 이 단계는 감각경험을 토대로 하여 만들어진 정신적 이미지들과 결부되기 때문에, 그것이 최고의 지식은 아니다. 그것은 또한 가설적이며, 추측과 결부된다. 디아노이아의 상상된 대상들은 지성적이지만 그것들은 여전히 개별적인 것들이며, 반면에 순수 지식은 완전히 보편적이다. 디아노이아의 대상들과 순수지식 또는 노에시스(*nóesis*)의 대상들을 대비시키는 한 가지 방법은 지식의 낮은 단계에 있는 더할 수 있는 숫자들과 지식의 최고 단계에 있는 대상들인 더할 수 없는 숫자들의 차이점에 주목하는 것이다. 더할 수 있는 숫자들은 덧셈, 뺄셈, 곱셈, 그리고 나눗셈에서 우리가 다루는 숫자들을 말한다. 그것들 가운데 1은 우리가 5를 얻기 위해 4에 더하는 것이며, 8은 우리가 4를 얻기 위해 2로 나누는 것이다. 더할 수 없는 숫자들은 하나임(oneness)이나 둘임(duality) 등과 같은 순수개념들이다. 1 더하기 1은 2이지만, '하나임'에 대해서는 그런 연산을 할 수 없다. 하나임을 둘임에 더한다고 해서 또 다른 숫자가 얻어지는 것은 아니기 때문이다.

플라톤은 사람들이 가질 수 있는 지식의 최고 형태라고 대부분의 사람들이 믿는 지식의 종류인 디아노이아가 제한된 의미에서 지식으로 불릴 수 있다고 생각했다. 우리의 과학적 지식과 수학적 지식의 대부분은 이런 형태의 지식에 속하지만, 그것은 여전히 불완전하다. 왜냐하면 그것은 완전히 보편적인 것이 아니라 개별적인 것이고, 절대적으로 확실한 것이 아니라 가설적인 것이며, 또한 그것은 정신적 이미지들을 포함하므로 감각경험과 결부되어 있는 것이기 때문이다. 그러나 플라톤은 그것이 완전한 지식을 위한 유용한 단계라고 생각했고, 그는 그것을 '도약대' 또는 '발판'이라고 불렀다. 대화록에서는 우리가 그런 발판에서 어떻게 순수지식(노에시스)으로 이동하는가에 대해 분명하게 설명하지 않는데, 플라톤은 아마도 모두에게 그렇지는 않겠지만 완전한 지식으로 이동하는 것이 쉽지는 않다는 것을 보여주었다.

플라톤의 우선적인 관심은 노에시스, 즉 최고 단계의 지식이자 실재하는 것에 대한 지식이자 형상들에 대한 지식에 있었다. 실재하는 것에 대한 지식은 확실하다. 즉, 그것은 어떤 경우에도 거짓일 수 없는 지식이다. 플라톤은 노에시스를 통해 영원하고 불변하는 실재자와 이 실재자에 대한 완전한 지식을 연결시키며, 그럼으로써 그의 존재론과 지식이론의 핵심을 제시한다.

분리된 선의 중요한 점에 대해 주목하자. 그 선은 실재하는 것이라는 개념과 지식의 본성이라는 개념을 모두 포함하며, 또한 그것은 감각적인 것으로부터 지성적인 것으로 (즉, 왼쪽에서 오른쪽으로) 진행할 뿐만 아니라 개별적인 것으로부터 보편적인 것으로도 진행한다. 이 점은 플라톤의 인식론적 이론들은 물론이고 그의 존재론적 이론들과 관련해서도 중요하다. 지식뿐만 아니라 실재자도 지성적이고 보편적이다. 감각적인 것과 개별적인 것은 완전한 실재성을 결여하며, 또한 그것들은 알 수 없는 것들이거나 또는 지식의 낮은 단계에 속하는 대상들이다.

형상들에 대한 지식이란 간단한 문제가 아니다. 『파르메니데스』라는 대화록에서, 늙은 파르메니데스는 젊은 소크라테스로 하여금 형상들이 세계와 완전히 다르다는 점에 동의하게 만든다. 그러므로 오직 신들만이 그것들을 알 수 있다는 것이다. 그런 뒤에 소크라테스는 신들이 세계를 알지 못하거나 또는 돌보지 않는다는 함축성에 대해서는 반대하

지만, 예외적인 사람만이 형상들을 알 수 있다는 점에서는 파르메니데 스에게 동의한다.[3]

다른 대화록들은 형상들이 충분한 변증술을 거친 뒤에 알려질 수 있 다는 신념, 즉 철학적 용어들의 의미와 관념들의 차이점들에 대해 자세 히 살피는 진지한 토론을 거친 뒤에 알려질 수 있다는 플라톤의 신념을 보여준다. 변증술의 목적은 이미 알았던 것을 기억하는 것이다. 다시 말해서, 변증술의 목적은 정신이 육체에 들어가면서 의식적인 인식에 서 상실했던 생득적(타고난) 지식을 기억하는 것이다.

상기

실재하는 것에 대한 지식을 회복하는 방법은 상기(leminiscence)를 거 치는 것이다. 플라톤은 신화적 용어들을 통해 생득적 지식과 상기에 대 한 자신의 학설을 표현했는데, 이것은 영혼이 미리 존재한다는 견해, 즉 영혼이 육체에서 태어나기 전에 지식에 접근할 수 있었다는 견해에 토대를 두고 있다. 소크라테스는 수학 문제를 전혀 배운 적이 없는 노 예 소년을 변증적 추론에 끌어들임으로써 생득적 지식을 증명한다.[4]

우리는 플라톤이 어느 대화록에서도 제시하지 않았던 생득적 지식에 대한 비신화적 설명을 주장했는지 알 수 없다. 영혼이 미리 존재한다는 신화를 그가 문자 그대로 믿었을 가능성도 있지만, 그것을 확신할 방법 은 없다. 대화록의 몇몇 부분에서, 플라톤은 신화적인 견해들을 다른

---

3   Plato, *Parmenides* 135b–135a.
4   Plato, *Phaedrus* 247c–e; *Meno* 81c–d, 82–85e.

사람들에게서 들었던 이야기들로 제시함으로써 자신을 그 견해들과 분리시키려고 하는 것으로 보이는데, 이것은 그 자료가 자기의 신념으로 보이는 것을 피하게 해주는 장치였을 것이다. 그는 『파이돈』에서 영혼에 관한 그의 설명들을 문자 그대로 받아들이지 말라고 경고한다.[5] 만약 플라톤이 실제로 생득적 지식에 대한 비신화적 설명을 주장했다면, 그 내용이 우리에게 전해지지 않고 있다는 점이 아쉬울 뿐이다.

지식이란 무엇인가?

플라톤의 인식론에서 중요한 점은 지식이란 단어를 정의하고 있다는 점이다. 후기의 중요한 대화록인 『테아이테토스』에서, 플라톤은 "지식이란 무엇인가?"라는 질문에 답변하려고 시도한다.[6] 그는 기존에 주장되었던 세 가지 정의를 모두 거부한다. 먼저 그는 지식이 지각이라는 정의를 거부하는데 이것은 놀랍지 않다. 왜냐하면 우리는 플라톤이 지식을 지성적인 문제로 간주했다는 사실을 알기 때문이다. 한 사람의 지각과 다른 사람의 지각이 서로 다르다는 점이 개별적인 지각들이 지식에 대한 주장들의 토대임을 거부하는 논리적 이유로 간주되었다. 또한 플라톤은 널리 동의되는 그러한 지각들, 즉 우리가 '상호주관적 검증'이라고 부를 수도 있는 그러한 지각들을 적합한 지식으로 간주하지 않는다. 왜냐하면 그에게 있어서 지식은 감각적인 것의 문제가 아니라 지성적인 것의 문제이기 때문이다.

---

5   Plato, *Phaedo* 114d.

6   Plato, *Theaetetus* 146c, 151e–186e, 187b–201c, 201c–210d.

다음으로 지식은 참된 판단이 아니라고 주장한다. 이렇게 거부하는 근거는 사람들이 부적절한 수단을 통해서 올바른 의견에 도달할 수도 있다는 것이다. 사람들이 적절하게 설명할 수 없는 정확한 의견들은 지식이라 불릴만한 자격이 없다.

끝으로, 지식이 로고스(logos)를 지닌 참된 신념이라는 정의가 거부된다. 본래 '단어'를 의미했지만 나중에는 설명 또는 해명을 의미했던 로고스는 '참된 신념이 왜 참인가에 대한 지식'으로 해석된다. 이 정의는 그것이 순환적이라는 이유에서, 즉 지식을 지식에 대한 정의의 일부로 사용한다는 이유에서 거부된다. 플라톤은 '지식'이란 단어의 순환적 사용을 피하기 위해 그것을 다시 정의하려고 노력하지 않았다. 왜냐하면 그는 어떤 종류의 의견도 지식이라고 믿지 않았기 때문이다. 분리된 선에 대한 그의 비유에서 보았듯이, 의견과 지식은 전혀 다르다. 지식이 정당화된 참된 신념이거나 또는 그와 비슷한 어떤 것이라는 오늘날의 대중적인 정의는 『테아이테토스』에서 제시된 세 번째 정의에 아주 가까워 보인다. 이와 같이 플라톤의 지식 개념은 몇 가지 측면에서 지식에 대한 최근의 정의들과 양립할 수 없다. 그에게 있어서, 그리고 아리스토텔레스에게 있어서, 지식은 확실할 뿐만 아니라 오류의 여지도 없어야 한다. 그것은 거짓이거나 오류일 수 없다는 것이다.

오류는 어떻게 발생하는가?

완전한 인식론은 지적인 오류를 설명할 수 있어야만 한다. 만약 우리가 지식에 대한 적절한 토대를 갖는다면, 지적인 오류가 어떻게 발생할 수 있겠는가? 플라톤은 『테아이테토스』에서 도장 반지에 대한 유비에서

처럼 자국을 받아들이는 밀랍 덩어리에 대한 유비를 검토한다. 그 자국
은 밀랍의 흠집으로 인해 손상될 수 있다. 그는 거짓된 판단에 대한 이
설명이 사고와 지각 사이에서는 적용되지 않는다는 이유에서 거부한
다.[7] 플라톤은 지각이 지식이나 오류와 관련하여 아무런 역할을 하지
않는다고 생각한다. 그런 뒤에 그는 사람들이 모든 종류의 새들을 넣은
큰 새장의 유비를 사용한다. 그는 특정한 새에게 손을 뻗치지만, 엉뚱
한 새를 잡는다. 그는 우리를 "끊임없이 순환하게 만드는..." 오류에 대
한 이 설명을 거부한다.[8]

플라톤은 『소피스트』에서 오류를 '존재하지 않는 것을 생각하는 것'
이라고 정의한다. 엘레아학파의 논리에 따르면, 존재하지 않는 것을 생
각하는 것은 불가능할 것이다. 왜냐하면 그것은 일종의 존재를 부여하
는 것이 되기 때문이다. 플라톤은 '존재하지 않는 것'이 사실상 어떤
존재를 가져야만 한다고 주장한다.[9] 그는 '존재하지 않는 것'이 어떻게
어떤 존재를 가질 수 있는가를 설명함에 있어서, 상당히 중요한 논리적
사항을 지적한다. 그것이 없었더라면, 아리스토텔레스의 논리학 체계
는 발전할 수 없었을 것이다. '존재하지 않는 것'이 가질 수 있는 존재
의 종류는 종합명제에 대한 분석에서 찾아볼 수 있다. 즉, 그런 종류의
존재는 논리적 필연성에 의해 결합된 분석이 아니라 사실적으로 결합
된 (기술되고 있는) 주어와 (그 주어에 대해 말해진) 술어를 통합하는
그런 명제들에 대한 분석에서 찾아볼 수 있다. '둥근 테니스 공'이란
문구는 분석적이다. 즉, 용어들을 분석함으로써, 우리는 그것들이 논리
적 필연성을 통해 결합되었음을 알 수 있다. 그러나 '녹색 테니스 공'

---

7   Ibid. 191c-e, 195d-196c.
8   Ibid. 197c-198b, 200a-c.
9   Plato, *Sophist* 236e-237e, 240c-e, 241d.

은 종합적인 개념이다. 그것은 논리적으로 구분되는 두 가지 개념들을 함께 제시한다. 어떤 테니스공들은 녹색이지만, 다른 것들은 흰색이다. 흰 테니스공을 녹색 테니스공이라고 부르는 것은 잘못된 주어와 술어를 함께 제시하는 것이다. 이처럼 플라톤은 어떻게 오류가 발생할 수 있는가를 설명한다. 또한 서로 다른 술어들이 동일한 주어와 연결될 수 있으며, 따라서 실재성은 변화할 수도 있고 또한 변화하지 않을 수도 있다. 이런 방법으로 오류를 설명함에 있어서, 플라톤은 엘레아학파의 기본적인 견해와 헤라클레이토스의 극단적인 견해를 거부한다. 사물들은 (엘레아학파의 견해처럼) 항상 불변하는 것도 아니고, 또한 (헤라클레이토스의 견해처럼) 모든 곳에서 변하는 것도 아니다. 이것은 운동과 정지 같은 것이 모두 세계에 존재한다는 것을 인정하는 것이다.[10] 플라톤은 알파벳 철자들이나 단어들처럼 어떤 형상들은 결합할 수 있지만 다른 어떤 형상들은 결합할 수 없다고 지적했다.[11]

플라톤의 자연과학적 견해

플라톤은 자연에 대한 지식이 가능하다고 믿지 않았다. 이것은 지식이 오직 지성적인 것과 보편적인 것에 관한 것이라는 그의 신념이 지닌 한 가지 측면이다.[12] 자연과학에 대해 플라톤이 말할 수 있는 전부는 그것이 그럴 수도 있다거나 또는 개연적이라는 것이다.[13] 우리가 소크라테

---

10   Ibid. 249c-d, 250, 254d.
11   Ibid. 253a와 d, 261, 262.
12   Plato, *Phaedo* 95-99e.
13   Plato, *Timaeus* 29d.

스 이전 철학자들의 연구에서 보았던 방식으로 자연세계에 대한 추론을 수행하는 듯이 보이는 동시에 그런 문제들에 대해 논의하는 유일한 대화록인 『티마이오스』를 자세히 검토해보면, 그것은 자연의 역사에 대한 연구보다는 신학에 대한 연구로 보인다. 그곳에서 플라톤은 신적인 '아버지이자 창조자'가 형상들을 따라 세계를 만들었다고 주장한다.[14] 즉, 천체를 '영원성의 움직이는 이미지'로 만들고 수학적 비율을 따라 전체 세계를 구성함으로써 세계를 만들었다는 것이다. 티마이오스로 하여금 자연세계에 대한 그의 이야기가 단지 그럴듯한 이야기에 불과하다고 말하게 만들 때, 플라톤은 지식이 오직 '실재하는 것', 즉 '하나이자 불변하는 것'에 대한 것이라는 자신의 신념을 일관되게 유지하고 있다. 이런 맥락에서 보자면, 자연세계는 지식의 획득에 적합한 대상이 아니다.

---

14   Ibid. 35b-37c, 39e, 41.

9

플라톤:
윤리학과 정치학

윤리학, 정치학, 그리고 영혼에 관한 플라톤의 견해들은 단순히 편의를 위해 하나의 장으로 묶인 세 가지 독립된 주제들이 아니다. 윤리학과 정치학은 국가와 개인의 덕스러운 행위를 포함한 인간 고유의 행위라는 한 가지 주제의 두 가지 측면들이다. 영혼은 플라톤의 윤리학에서 중요한 부분이었다. 그는 삶의 목적이 영혼을 보살피는 것이라고 생각했으며, 따라서 그는 정의(justice)를 영혼의 건강한 상태로 이해했다.

덕과 행복

플라톤은 정의가 없이 살아갈 수 있는 사람들에게는 불의가 정의보다 더 좋다는 주장을 옳게 만들 수도 있는 견해를 반대했다. 그는 현명한 사람이 다른 사람들보다 더 많은 권력과 이익을 추구하지는 않으리라고 생각했다. 권력과 이익이 소유하기에 가장 좋은 것들은 아니다. 플라톤은 『국가』와 『고르기아스』에서 권력이 바람직한 것이고, 법과 도덕은 약자들이 강자들로부터 자신들을 보호하는 수단이고, 강자들이 통치해야 한다는 등의 견해에 반대한다. 그는 『국가』에서 소크라테스를 처음에는 트라시마코스와, 그런 뒤에 글라우콘과, 그리고 마침내 글라우콘이 지치게 되자 논의를 이어받은 아디만토스와 논쟁하게 만든다.[1]

『고르기아스』에서 플라톤은 불의를 행하는 사람이 불의에 시달리는 사람보다 더 비참하다고 주장함으로써 폴로스에게 반대한다. 잘못을 저지르는 것보다 잘못을 당하는 것이 더 낫다는 것이다. 잘못을 저지르는 것은 영혼에 해롭기 때문이다. 플라톤은 처벌은 잘못을 저질렀던 사람을 개과천선하게 만들 수도 있기 때문에, 잘못을 저지른 사람이 잡혀서 처벌을 받는 것이 더 낫다고 주장한다. 그는 이것을 정의롭지 못한 사람이 건강을 되찾는 경우와 비교하며 처벌과 수술을 비교한다.[2] 플라톤은 『국가』에서 가장 난해한 경우를 입증함으로써 자신의 요지를 제시하려고 노력한다. 그는 고문을 당할지라도 정의로운 사람이 정의롭지 않은 사람보다 더 행복하다고 주장한다.[3]

『고르기아스』에서 칼리클레스는 플라톤(또는 소크라테스)이 통치해야 하는 강자들의 규율을 방해하려고 시도하는 약자들의 도덕을 지지한다고 비난한다. 칼리클레스는 강자가 자기 자신을 통치해야 하느냐는 소크라테스의 질문에 기분이 상했고, 강자는 자신의 열정과 욕구에 무제한의 자유를 주어야 한다고 답변한다.[4] 소크라테스는 칼리클레스

---

1   Plato, *Republic* I, 343b–344c와 348c–349a, 358b–367e.
2   Plato, *Gorgias* 4723, 473d, 475c–d, 그리고 480c–d.
3   Plato, *Republic* II, 361e.
4   Plato, *Gorgias* 483b–d, 491d–492c.

로 하여금 쾌락과 좋음이 동일하지 않다는 결론을 인정하게 만들며, 마침내 칼리클레스는 어떤 쾌락들이 다른 쾌락들보다 더 낫다는 것을 인정하게 된다.[5] 소크라테스는 이성이 쾌락들을 판단해야 하며, 영혼과 사회의 건강과 조화에 도움이 되는 것이 무엇인가를 결정해야 한다고 주장한다. 여기에서 플라톤은 덕스러운 삶이 사람에게 좋다고 주장하고 있다. 그가 『국가』에서 주장했듯이, 정의의 가치는 그것이 사람에게 좋은 영향을 준다는 데 있다. 절제하고 훈련된 사람이 가장 행복한 사람이다.[6]

플라톤이 덕스러운 사람의 행복에 대해 이야기할 때, 그는 감정의 즐거운 상태가 아니라 총체적인 상태인 동시에 복지 상태인 에우다이모니아(*eudaimonia*)를 언급하고 있다. 덕스러운 사람은 삶의 균형과 조화, 즉 영혼의 건강한 상태로 이루어진 행복을 소유한다. 우리가 존재의 건강한 상태에 있고, 다음 생에서는 덕스러운 영혼이 마침내 육체적 존재로부터 거의 해방되는 상태에 있게 된다는 점에서, 이러한 에우다이모니아의 상태는 현세에서 보상을 받고 있는 것이다. 플라톤은 영혼에 대한 보살핌을 삶의 목적이라고 생각했다.[7] 플라톤의 심리학적 이론들을 고려하는 과정에서, 우리는 영혼에 대한 보살핌이 목표로 하는 심리적 조화에 대해 좀 더 자세하게 검토할 것이다.

---

5   Ibid. 496–499e.

6   Ibid. 507c–d.

7   Ibid. 523–526d; A.E. Taylor, *Plato: The Man and His Work*, 27–28, 65–66, 145.

심리학적 쾌락주의와 이기주의에 대한 반론

플라톤은 사람들이 덕스러운 삶을 추구함으로써 자유롭게 영혼을 보살 핀다고 믿었다. 대부분의 사람들이 대체로 자신들에게 쾌락을 주고 또 한 자신들의 이익이 되리라고 기대하는 것을 실제로 추구한다 할지라 도, 그들이 자신들의 쾌락과 이익을 우선시하는 것을 피할 수 없으리라 는 심리학적 이론에 그는 반대한다. 정의로운 사람이 자신의 이익을 위 해 일하지 못하도록 하는 것, 즉 정의롭지 못하고 그것에서 이득을 얻 는 것이 힘의 결여라는 주장을 하면서, 글라우콘은 모든 피조물이 본성 적으로 자신에게 유리한 것을 추구한다고 생각한다. 그는 지진으로 인 해 땅에 틈이 생겼을 때 양치기로 일하고 있던 기게스의 조상에 대한 이야기를 해준다. 그 틈에는 많은 좋은 것들이 있었지만, 양치기는 금 반지를 끼고 있는 시신을 발견하고는 그 금반지를 차지한다. 그는 반지 의 밑을 손바닥 쪽으로 돌리면 자신이 보이지 않게 된다는 사실을 발견 한다. 그는 여왕을 유혹하고, 왕을 살해하고, 또한 왕국을 차지하기 위 해 이 힘을 사용한다. 글라우콘은 만약 그런 반지가 두 개가 있고 정의 로운 사람이 다른 하나를 끼게 된다면, 그는 필연적으로 정의롭지 못한 사람과 다르지 않게 행동하리라고 주장한다.[8] 플라톤의 견해는 정의로 운 사람이 정의롭지 않게 행동하지 않을 것이며, 또한 그렇게 할 충분 한 이유, 즉 덕스러움을 통해 자신의 영혼을 보살필 충분한 이유를 갖 고 있으리라는 것이다.

---

8   Plato, *Republic* II, 359-360.

덕과 형상

실재하는 것은 불변해야 하며, 또한 하나(또는 일자—者)여야 한다고
주장하는 자신의 형이상학적 원리에 따라, 플라톤은 덕을 일종의 지혜
로서 형상들과 연결시키면서 덕들이 단일하다고 생각한다.

　플라톤은 어떤 의미에서는 모든 덕들이 하나라고 믿었다. 소크라테
스는 『프로타고라스』에서 덕이 정의와 숭고함과 함께 하나의 전체를
이루는 한편 다른 덕들은 그것의 부분을 이루는지, "또는 그것들이 모
두 하나이자 동일한 것의 이름들인지"에 대해 프로타고라스에게 묻는
다. 이에 대해 프로타고라스는 덕은 하나이며, 얼굴의 부분들이 서로
관련되듯이 덕스러운 성질들은 서로 관련된 덕의 부분들이지만, 그 덕
들은 서로 닮지 않았다고 답변한다. 소크라테스는 프로타고라스로 하
여금 정의가 신성하며, 신성함은 정의롭다는 것에 동의하게 만들려고
노력하지만, 프로타고라스는 그것들이 서로 약간 비슷하다는 점만을
인정한다. 소크라테스는 프로타고라스로 하여금 사람들이 정의롭지 못
하게 행동하도록 절제할 수 있다고 말하는 것을 부끄럽게 생각해야 한
다는 점에 동의하게 만든다. 다른 주제들에 대한 오랜 논의 끝에, 소크
라테스는 프로타고라스의 진술들을 다시 검토하며, 프로타고라스는 대
부분의 덕들이 서로 상당히 비슷하다고 생각한다. 그러나 용기는 다르
다. 왜냐하면 사람은 정의롭지 못하고, 신성하지 못하고, 절제하지 못
하고, 또한 무지한데도 용감할 수 있기 때문이다. 용기와 어리석은 거
짓된 용기의 본성에 대한 논의에서, 소크라테스는 프로타고라스가 지
혜와 용기를 동일시하게 만들지는 못한다.[9] 이것은 소크라테스와 (덕

9　Ibid. 329c-330b, 330e-331e, 332a-b, 333b-c, 349d, 349e-351a.

들의 단일성에 대한 플라톤의 믿음을 받아들이지 못했던) 소피스트 사이의 논의였다.

덕들의 단일성은 (『카르미데스』, 『라케스』, 『에우티프론』, 그리고 『소(小)히피아스』 등과 같은) 덕들에 대한 초기 대화록들이 각 덕에 대해 받아들일만한 정의를 이끌어내지 못했던 이유 가운데 큰 부분을 차지할 것이다. 즉, 덕들은 서로 독립적으로 정의될 수 없다. 플라톤의 형이상학에 대한 장에서 보았듯이, 좋음(또는 선)의 형상은 모든 형상들을 존재하게 하고 또한 이해할 수 있게 한다. 이것은 그것으로 하여금 모든 덕들과 연결되게 만들 것이다. 따라서 그 몇 가지 덕들은 '형상들'이나 '좋음의 형상'이 없이는 정의될 수 없다.

생득적 지식으로서의 덕

플라톤은 잘못된 행위가 오류라고 생각한다. 아무도 고의로 악을 선택하지는 않는다는 것이다. 악을 행하는 사람들은 자신들이 실제로 무엇을 하고 있는지 알지 못한다. 선은 이롭고, 덕을 통해 우리는 이로움을 얻는다. 하지만 선이 어리석은 용기처럼 손해를 가져오는 것이 아니라 이로움을 가져오려면 그것은 지혜롭게 추구되어야만 한다. 그러므로 플라톤에 따르면, 덕은 일종의 지혜이며, 모든 덕들은 그와 공통적으로 대립적인 것, 즉 무지를 갖는다.[10]

플라톤은 덕을 가르칠 수 있다는 소피스트들의 주장을 받아들이지 않았다. 그는 덕이 우리가 태어나기 전에 획득된 생득적인(타고난) 것

---

10 Ibid. 329–334, 357b–358d; *Meno* 87e, 88a–d.

이며, 우리 마음속 깊은 곳에서 이미 알고 있던 것을 상기함으로써 우리가 덕에 대한 지식을 회복한다고 말한다. 덕이라는 지혜는 다른 형태의 생득적 지식과 마찬가지로 상기를 통해 나온다는 것이다.[11]

쾌락은 좋음이 아니다

플라톤은 자신의 몇몇 대화록에서 윤리적 쾌락주의를 비판한다. 그는 쾌락이 좋다는 것을 부정하지는 않지만, 그것을 유일하게(the) 좋은 것이라고 생각하지는 않는다. 지성적 사고, 옳은 의견, 그리고 추론이 쾌락보다 더 좋다. 심지어 예술에서도 쾌락은 적절한 평가 기준이 아니며, 도덕에서도 쾌락과 좋음은 서로 결합될 수 없다. 쾌락은 잘못된 행위로 이어질 수 있기 때문이다.[12]

　모든 쾌락들이 동등하지는 않다. 영혼이 세 부분들을 갖는다는 견해를 고찰하는 곳에서, 플라톤은 정신과 연결된 쾌락들이 가장 좋다고 생각한다. 그러나 모든 쾌락들이 좋은 것은 아니며, 특히 사람들이 지식이 없이 쾌락을 추구할 때, 사실상 쾌락은 때때로 나쁠 수가 있다. 그런데도 플라톤은 더 나은 쾌락들의 추구에 자신의 도덕성을 의존하지 않는다. 어떤 쾌락들이 다른 것들보다 도덕적으로 더 좋다는 말로 쾌락을 규정하려면, 우리는 쾌락주의적 기준을 넘어서야만 한다. 어떤 쾌락들이 다른 쾌락들보다 더 좋다는 것은 그것이 쾌락이기 때문이 아니라 그것들과 결부된 더 중요한 어떤 요소 때문이다. 플라톤은 만약 우리가

11　Plato, *Protagoras* 329–334, 357b–358d; *Meno* 81d–85c, 82b–85b.
12　Plato, *Gorgias* 494c–495a; *Protagoras* 358a; *Laws* II, 663a, 667b–e, IX, 863b; *Philebus* 11b, 60d, 67a; *Republic* III, 402c, VI, 505a–c.

쾌락을 가장 고귀한 것으로 간주한다면, 가장 좋음은 순수하고도 즉각적으로 유용한 쾌락에 흠집을 내는 것이 되리라고 주장했다.[13]

철학자는 육체적 쾌락을 추구하지 않을 것이다. 쾌락을 향유하는 데 헌신하는 삶은 조개의 삶이나 비슷하겠지만, 쾌락이 없는 삶이 바람직한 것은 아니다. 지혜와 쾌락을 포함하는 삶이 가장 좋다.[14]

에피쿠로스주의자들이나 스토아주의자들, 그리고 다른 사람들과 마찬가지로, 플라톤은 쾌락을 부정적으로, 즉 단순히 고통의 부재로 이해하지는 않는다. 그는 쾌락을 배가 고프거나 목마른 사람이 먹거나 마실 때처럼 균형을 회복하는 것으로 규정한다. 그는 쾌락과 고통은 선과 악처럼 대립된 것들이 아니라고 주장했다. 균형이 회복되는 동안에, 사람들은 고통과 쾌락을 동시에 경험하기도 한다. 이처럼 비록 플라톤은 자신의 가치 기준에서 쾌락을 다섯 번째 자리에 배치했을지라도, 그는 다른 많은 고대사상가들보다 쾌락에 대해 훨씬 더 긍정적이었다.[15]

플라토닉 러브

플라톤의 윤리학에서 사랑에 대한 그의 견해들은 중요한 부분이다. 그에게 있어서 사랑은 단순히 감정이 아니며, 또한 단지 다른 사람들만을 위해 좋은 일을 하는 중요한 동기도 아니다. 그것은 영혼을 돌보는 중요한 부분이다. 플라톤의 사랑은 지적으로 성장하는 삶으로 이어진다.

---

13 Plato, *Gorgias* 494c–e, 495b; *Republic* IX, 582e–583b, 586d; *Protagoras* 357b–e.

14 Plato, *Republic* VI, 485d–3; *Phaedo* 64d–65a; *Philebus* 21c, 22.

15 Plato, *Philebus* 31d–32a, 44a–d, 66c.

이것은 물론 '플라토닉 러브'라는 일반 개념보다 훨씬 더 강력한 개념이다. 그것은 성행위에 대한 절제보다 훨씬 더 많은 것을 포함한다.

플라톤은 다수의 대화록에서 사랑에 대해 이야기했다. 『향연』에서 플라톤은 사랑이 좋은 것에 대한 열망이라고 설명했고, 이것이 무엇을 의미하는가를 이해하게 되면 플라톤 윤리학의 몇 가지 중요한 관점들을 쉽게 설명할 수 있다.

『(만찬이라고도 불리는) 향연』은 가장 대중적일만한 자격을 갖춘 플라톤의 대화록들 가운데 하나이다. 그것은 주옥같은 글로 이루어져 있다. 참석자들이 사랑에 관한 논의를 하면서 가볍게 한잔 하기로 마음먹고 즐기는 저녁 만찬이 그 배경이다. 하지만 최초의 결심은 잊히고, 논의가 이어진다. 그 논의는 파이드로스와 파우사니아스가 동성애를 찬양하는 이야기로 시작되고, 어떤 의사의 현학적인 이론이 뒤따른다.[16]

성적으로 자족적이었고 본래 이중적이었던 인간 피조물들을 신들이 갈라놓음으로써, 우리가 연인들을 선택하게 되었다는 아리스토파네스의 해학적인 신화는 소크라테스의 논의를 예견하는 것일 수도 있다. 지금은 분리된 이중적인 피조물들은 더 이상 성적으로 자유롭지 못하다. 왜냐하면 그들은 남성만인 존재로 또는 여성만인 존재로 분리되었기 때문이다. 자신들의 필요로 인해, 그들은 자신들이 상실한 남성적 부분이나 여성적 부분을 추구하기 시작했다. 소크라테스는 필요라는 개념과 만족 추구라는 개념에 토대를 둔다. 소크라테스가 이야기하기 전에, 비극시인 아가톤은 사랑의 신이 지닌 아름다움, 온화함, 자제심, 그리고 일반적인 도덕적 탁월성을 찬양한다. 초기의 이야기꾼들이 말했던 사랑의 신체적 측면들을 거부함으로써, 그의 논의는 소크라테스의 논

---

16   Plato, *Symposium* 176a–188e.

의를 위한 길을 닦아놓는다.[17]

소크라테스는 논의를 시작하기 전에 아가톤과의 대화에 참여하는데, 그들은 사랑이란 연인이 결여하는 것에 대한 욕구이며, 또한 사랑이란 아름다움과 좋음에 대한 사랑이라는 점에 동의한다. 그런 뒤에 소크라테스는 (고대 그리스의 도시였던) 만티네이아 출신 여성인 디오티마에게 들었던 에로스라는 개념에 관한 신화를 연결시킨다. 에로스는 아프로디테의 생일을 축하하기 위해 열린 한 파티에서 잉태되었다. 술에 취해 잠시 쉬려고 정원에 갔던 자원(Resource)이 가난(Poverty)을 임신시킨다. 가난과 자원의 자식인 에로스는 항상 무언가를 필요로 하고 또한 항상 무언가를 추구한다. 사랑이 추구하는 것은 그가 영원히 소유하기를 원하는 좋음과 아름다움에 대한 행복이며, 따라서 사실상 사랑의 추구는 불사성에 대한 갈망이다.[18]

어떤 사람들은 자손에게서, 어떤 사람들은 명성이나 발명 또는 (호메로스와 헤시오도스와 같은) 문학 작품에서, 또는 (솔론과 리쿠르고스와 같은) 정치력에서 불사성을 추구한다. 사랑이 어떤 것이어야 하는가에 대한 플라톤의 신념은 사다리로 표현되며, 그것을 통해 사랑은 연인들을 아름다운 하나의 육체에 대한 사랑에서 아름다운 다수의 육체들에 대한 사랑으로, 그리고 또한 육체들 속의 아름다움 그 자체에 대한 사랑으로 인도한다. 그런 뒤에 그 사다리는 영혼들의 아름다움에 대한 사랑으로, 그리고 마침내 아름다움 자체에 대한 사랑으로 올라간다. 이것은 사실상 우리가 존재와 지식의 단계들에 대한 분리된 선에서 보았던 감각적인 것으로부터 지성적인 것으로, 그리고 개별적인 것으

17   Ibid. 189a–197e.
18   Ibid. 200a–207a.

로부터 보편적인 것으로의 움직여가는 경로이다.[19]

두 사람 사이의 사랑은 이런 식으로 자라나야 한다. 『파이드로스』에서 플라톤은 (더 나은 상태인 육체화되지 않았던 이성의 상태에서 육체화되는) 출생의 충격으로 인해 접촉이 끊겼던 생득적 지식에 도달하도록 연인들이 서로 돕는 연애 관계에 대해 말했다. 그는 지식의 추구를 연인들이 잃었던 날개들을 되찾는 것으로 묘사했다. 그 날개들로 인해 그들은 감각적 인식의 한계를 넘어서게 될 것이다. 지식을 추구하는 사람의 영혼이 육체라는 속박에서 벗어나는 데 3,000년이 걸리지만, 이것은 다른 사람들에게 필요한 10,000년보다는 짧다.[20]

동성애

동성애는 아테네의 상위계층 사람들에게는 흔한 일이었다. 이런 사실은 아마도 문학적인 문제들이나 지성적인 문제들에 관해 거의 배우지도 못했고 알지도 못했던 여성의 위상과 관련되었을 것이다. 플라톤은 두 남자들 사이의 감정적 관계를 반대하지는 않았지만, 육체적인 동성애 행위에 대해 긍정적으로 이야기하지는 않았다. 그는 『파이드로스』에서 육체적 관계를 갖는 젊은 사람의 단점에 대해 말한다. 플라톤은 『국가』에서 올바른 사랑이란 정돈되고 아름다운 사람들의 냉철하고 조화로운 사랑이라고 말한다. 어떤 광기나 방종함도 그것을 오염시켜서는 안 된다는 것이다. 알키비아데스는 『향연』에서 소크라테스를 유혹

19   Ibid. 207c–209e, 210a–212b.
20   Ibid. 247a–253c, 255c–256b.

하는 데 실패했던 시도에 대한 이야기를 한다. 플라톤은 『법률』에서 동성애적 행위를 비난했다.[21] 플라톤은 때때로 동성애의 지지자들 가운데 한 사람으로 열거되곤 하지만, 그는 동성 간의 육체적 관계를 쾌락에 대한 탐닉 이상의 어떤 것으로 이해하지는 못했던 것으로 보인다. 그렇지만 이성 간의 육체적 관계에서는 아이를 낳을 수 있다는 점 외에, 그가 그런 관계를 쾌락에 대한 탐닉 이상의 어떤 것으로 보았다는 증거도 없다는 점에 주의해야 한다.

정의와 이상 국가

플라톤은 『국가』에서 자신의 윤리학적 이론들과 심리학적 이론들을 통합한다. 이 대화록은 종종 정치학적 저술이나 또는 플라톤의 이상향으로 간주된다. 하지만 이런 견해들은 모두 『국가』의 본질을 이해하지 못하는 것이다. 그 대화록은 근본적으로 윤리학에 관한 것이다. II권에는 이상 국가에 대해 기술하는 목적이 명료하게 서술되어 있다. 그 대화록의 주제는 정의로운 사람의 정의를 규정하는 것이며, 국가에 대한 기술은 그것을 '뚜렷하게' 봄으로써 정의의 본성을 더욱 분명하게 파악하려는 시도이다.[22] 플라톤은 정의로운 영혼의 본성을 나타내기 위해 하나의 상상된 도시를 이용하는 유비를 채택한다. 묘사된 그 도시는 그 도시에 존재하는 계급들 간의 관계를 보여준다. 이와 동일한 관계가 정의로운 사람이 지닌 영혼의 세 부분들 간의 관계이다. 플라톤이 관심을

---

21   Plato, *Phaedrus* 238d–241d; *Republic* III, 403a–b; *Symposium* 217–219e; *Laws* VIII, 835a–841e.

22   Plato, *Republic* II, 368c–369a.

가진 정의는 우리가 정의에 대해 이야기할 때 대체로 생각하는 그런 단순한 정치적 정의가 아니었다. 그것은 일반적으로 도덕적 올바름을 지칭하는 디카이오쉬네(*dikaiosúnē*), 즉 가장 폭넓은 윤리적 의미를 지닌 정의이다. 건강한 상태를 의미하는 영혼의 정의로운 상태는 심리학적 용어들로 설명된다.

『국가』는 방대한 대화록이며, 윤리적 논점들을 제시하는 과정에서 올바른 삶과 관련된다고 플라톤이 생각했던 다수의 주제들을 다룬다. 그는 형이상학, 인식론, 교육학, 종교학 등과 관련된 많은 문제들을 다루었다. 그것이 없었더라면 우리가 플라톤의 철학을 제대로 알지 못했을 정도로, 그것은 풍부한 내용을 담고 있는 책이다. 우리는 이상 국가에 대한 내용들 가운데 중요한 철학적 문제들을 규명하는 데 별다른 도움이 되지 않는 몇 가지에 대해서는 논의하지 않을 것이다. 플라톤이 자신의 이상 국가가 앞으로 건설될 국가들의 정치적 청사진이라고 생각했다는 증거는 없다. 예를 들어, 수호자들의 성생활은 영혼의 이성적 부분이 집중되어야 하듯이 그들이 가정사 때문에 주의를 흩뜨리지 않고 통치라는 과업에 집중해야 한다는 점을 강조하기 위해 이용되었을 것이다. 더구나 플라톤이 실질적인 국가의 지도적 위치에 있는 사람들의 결혼을 반대하려고 했다는 증거도 없다. 통치자의 교육에서 체육과 음악의 중요성은 훨씬 더 큰 의미가 있다. 왜냐하면 그것들은 모든 영혼의 교육에 중요한 부분들이기 때문이다.

플라톤의 이상 국가에는 세 가지 계층이 있다. 가장 광범위한 계층은 국가의 경제적인 삶에 종사하는 사람들의 계층, 즉 소비자와 생산자 계층이다. 이것은 대체로 장인 계층으로 언급되지만, 사실상 장인들 이외의 다른 많은 사람들도 포함한다. 그것은 장인, 자영업자, 농부, 그리고 상인처럼 경제활동에 참가하는 모든 사람들을 포함한다. 또한 그 계층은 광대, 보석상인, 미용사, 간호사, 그리고 의사처럼 국민들의 필요를 충족시키고 그들의 경제적인 삶을 유지하는 모든 사람들도 포함한다.[23]

두 번째 계층은 사회를 보호하는 사람들의 계층, 즉 군인과 경찰 계층이다. 이 계층은 국가의 통치자들을 돕는 도우미들이나 보조자들을 언급한다. 보조자들은 자신들의 과업을 배우기에 바빠 농사를 짓거나, 신발을 만들거나 또는 다른 어떤 직업에 참여할 시간이 없기 때문에, 그들은 경제활동에 참여하지 않는다. 이 계층의 필요는 경제계층에 의해 충족된다.[24] 분명히 보조자들은 어린 시절에 최상위 계층인 통치자들이 받는 것과 동일한 교육을 받았을 것이다. 사실상 이 시기에 그들은 수호자들과 구분되지 않는다. (보조자와 수호자의 음악과 체육 교육에 대해 기술하는 과정에서, 플라톤은 이 젊은이들이 노출되는 예술에 대한 검열의 필요성에 대해 자세히 설명한다.[25])

최상위 계층이자 플라톤이 가장 관심을 가졌던 계층은 고급 교육을 받은 통치 계층인 수호자 계층이며, 여기에서 '수호자들'은 그 단어의 완전한 의미를 담고 있다. 수호자들은 재산을 소유하지 않고, 가족을 갖지 않으며, 또한 경제활동에 참여하지 않는다. 그들은 단지 국가의 통치에만 참여하며, 이러한 과제를 위해 준비된 교육을 받는다. 즉, 그들은 먼저 엄격하게 전통적인 체육과 음악 훈련을 받고, 그런 뒤에 수학 훈련을 받으며, 그리고 끝으로 30세의 나이가 되면 5년간 변증술 훈련을 받는다.[26]

---

23   Ibid. II, 369–371, 373.
24   Ibid. II, 374a–376c, III. 414a–b.
25   Ibid. II, 376c–IIII, 413e.
26   Ibid. III, 412d–414b, 416b–417b, IV, 424a–425e, VII, 525a–350d, 531d–539e.

두 상위계층들의 신분은 능력에 의해 결정된다. 지위는 출생에 의해 획득되는 것이 아니며, 어떤 계급에 속한 부모들이 때로는 그 계급에 적합하지 않은 자식들을 갖는 경우도 있다. 대중들은 모든 사람들이 금, 은, 또는 쇠에서 태어났으며, 따라서 자신들에게 부여된 계층을 이의 없이 받아들여야 한다는 '불가피한 거짓말'을 듣는다. 올바른 인격적 자질들과 능력들을 갖춘 여성들이 보조자나 수호자 계층의 신분을 부여받는 경우도 있다.[27]

상상된 국가에서의 정의(justice)는 각 계층이 적절한 덕에 따라 그 계층의 일을 수행하고 다른 계층의 활동에는 관여하지 않는 구성원들로 이루어진다. 수호자들은 통치해야 한다. 그것이 그들의 유일한 하나의 과제이다. 그들의 덕은 지혜이다. 보조자들은 국가를 보호해야만 하고, 다른 일에 참여해서는 안 된다. 그들의 덕은 용기이다. 모든 계층들은 절제해야만 한다. 경제 계층은 그 자체의 특별한 덕을 갖지 않았다.[28]

개인의 정의

개인의 정의라는 개념은 영혼이 세 부분들을 갖는다는 플라톤의 심리학적 이론에 기초한다. 정의는 그 자체의 역할을 수행하는 세 부분들의 각각에서 발견된다. 국가는 영혼의 세 부분들에 상응하는 세 부분들을 갖는다. 영혼의 욕구적 부분은 경제 계층에 상응하며, 격정적 부분은

27 Ibid. III, 414b–e, 415a–c, IV, 423c–d: VII, 540c.
28 Ibid. IV, 428d–432b, 433a–434c.

보조자에 상응하고, 또한 이성적 부분은 수호자에 상응한다. 영혼의 부분들은 상응하는 국가의 부분들과 동일한 덕들을 갖는다. 즉, 지혜는 이성적 부분을 지배하며, 용기는 격정적 부분을 지배하고 절제는 모든 부분들을 지배한다.[29]

플라톤은 개인의 정의를 일종의 심리적 조화로 설명한다. 그는 두 마리의 말들이 끄는 쌍두마차에 대한 유비를 통해 그 세 부분들을 도식적으로 기술한다. 첫 번째 말은 살찌고 게으르며, 도로를 물끄러미 응시하려고 멈춰서는 경향이 있다. 두 번째 말은 격정적이며, 마차를 너무 급하고 위험하게 끌어대는 경향이 있다. 마부는 먹기를 좋아하는 말에게는 더욱 박차를 가하고 다른 말은 억제하면서 그 두 마리 말들이 조화롭게 움직이게 한다. 물론 마부는 국가에 대한 유비에서 언급되는 수호자들처럼 다른 부분들을 통치해야만 하는 영혼의 합리적인 부분을 나타낸다. 플라톤은 영혼의 조화로운 상태인 정의가 건강과 유사하다고 생각했다. 악덕은 질병과 유사하다.[30]

열등한 정치제제들과 정의롭지 않은 사람들

서로 다른 계층이 지배하면서 이성적인 계층이 올바른 통치를 하지 못하게 되듯이, 플라톤은 계층들 간의 이상적인 균형이 깨짐으로써 정치체제들이 퇴보할 수도 있다고 생각했다. 사람들은 그와 동일한 방식으로 부패할 수 있다. 첫 번째 타락은 격정적인 계층 또는 영혼의 격정적

---

29   Ibid. IV, 435b–c, 437b–438a, 439e–440e, 441a–c, 441c–442b.

30   Plato, *Phaedrus* 246; *Republic* 443c–444e.

인 부분에 의해, 즉 명예 추종자에 의해 통치되는 금권정치체제이다. 이 단계의 정치체제는 부자에 의해 통치되는 과두정치체제이다. 무질 서하고 금권정치적인 영혼을 가진 사람은 야망에 의해 통치되며, 또한 분노와 격정에서 행동한다. 대중들에 의한 통치는 민중정치체제로서, 플라톤은 이것을 무질서 상태로 보았다. 폭군이 국가의 지배권을 획득 하고 자기 이익을 위해 통치하는 경우에, 이것은 독재정치체제가 될 수 있다.[31]

후기의 정치적 견해들

플라톤은 말년에 정치적 경제에 관한 두 개의 대화록을 집필했다. 『정 치가』는 플라톤이 선호했던 일종의 군주적 통치를 제공할 수 있는 군 주다운 자질을 강조했다. 그는 계몽된 폭군에 의해 집행되는 탄력적인 법률의 장점을 지지했다. 이것을 과두정치체제를 지지하기 위한 것으 로 봐서는 안 된다. 왜냐하면 플라톤은 다수의 대화록에서 과두정치체 제를 비난하기 때문이다. 『법률』에서 플라톤은 정치체제하에서 법률로 통치하는 정치가의 가치를 옹호했다.[32]

플라톤은 통치자의 수에 따라, 그리고 정부가 혁명이나 찬탈에 의한 것이 아니라 합법적이고 합헌적인 것인가에 따라 정치적 구조들을 평 가했다. 이상적인 정부는 정치술과 정치학에 익숙한 폭군에 의해 이끌 어지는 정부이다. 진정한 왕은 드문 현상이지만, 그런 왕이 없는 상황

---

31 Plato, *Republic* VIII, 545–549, 550–554, 555–560, 562–570, IX, 571–580.

32 Plato, *Laws* V, 739a–b; *Statesman* 293e–300c, 301b–c, 그리고 303a–b; *Republic* VIII, 544c, IX, 576d.

에서 최상의 정부는 한 사람의 정치가에 의해 통제되는, 즉 합헌적인 군주에 의해 통치되는 정부이다. 소수의 통치자들에 의한 통치는 '좋거나 나쁜 것에 대한 중간의 잠재력'을 갖는다. 다수에 의한 통치는 모든 점에서 가장 약한 것으로서, 다른 통치형태들과 비교해서 '어떤 진정한 좋음이나 심각한 나쁨'이 있을 수 없다. 합법적인 정부들 중에서 민중정치체제는 최악의 정부이지만, 불법적인 유형들 가운데서는 그것이 최상이다.[33]

『정치가』에서 플라톤의 대변인은 소크라테스가 아니라 『소피스트』에서 논의를 진행했던 엘레아 출신의 존경받는 이방인인데, 그곳에서 그는 정치술 또는 군주술의 본질을 규정한다. 정치가가 일종의 목동이라는 견해를 검토하고, 또한 다양한 유형의 무리들에 대한 지루한 구분들을 거친 뒤에, 그 이방인은 그 견해가 신적인 초월성을 지닌 왕에게나 적용할 수 있다는 이유에서 포기하고, 왕이 (그가 군주술을 전투능력, 법의 집행, 대중 설득술과 같은 다른 기술들과 구분할 때 그가 사용한 개념인) '베 짜는 사람'이라는 유비를 검토한다. 군주술은 상당히 높은 수준의 기술이며, 그것은 언제 어떻게 강압이나 설득을 사용할 것인지, 어떻게 재판술을 사용할 것인지, 그리고 언제 전쟁을 할 것인지, 그리고 언제 우호적인 분쟁 처리를 할 것인지에 대한 결정에 관여된다. 간단히 말해서, 왕은 이런 기술들을 공동체의 삶에서 구성한다. 그는 또한 호전적이거나 평화로운 것과 같은 인간 기질의 좋지만 상충하는 유형들을 국가에서 필요로 하는 종류의 기질이 되도록 구성한다.[34]

소크라테스가 전혀 언급한 적이 없던 아테네 사람에 의해 논의가 진

33   Plato, *Statesman* 302b–303b.
34   Ibid. 264c–285b ; 303e–309e.

행되는 『법률』에서의 질문은 좋은 법전의 본질에 관한 것이었다. 그 아
테네 사람이 지지하는 법률은 보수적이고, 근엄하며 또한 금욕적이다.
그것은 강력한 신학적 토대를 갖는다. 아마도 그 법률은 보수적이라기
보다는 복고적이라고 보아야 한다. 그것은 '계몽된 현대인'의 비종교
적 관점과는 반대 입장에 서있다. 그것은 무신론자들에 대한 법률을 요
구한다. 무신론자들은 불경함의 종류에 따라 정도가 정해지겠지만 모
든 경우에 투옥으로 처벌되어야 하는 국가의 적들로 간주된다. 사악하
지는 않지만 순전한 어리석음 때문에 무신론자가 된 사람들은 5년간
독방에 감금한다. 아주 고집스러운 무신론자들은 종신형에 처하며, 그
들의 시신은 매장하지 않고 결국 도시 밖으로 버려진다. 풍자나 조롱으
로 신들에 반대하는 잔혹한 행위, 그리고 신을 믿지 않거나 또는 신들
이 무기력하거나 인간에 대한 관심이 없다고 믿는 데서 나오는 행위를
비롯한 신성모독의 유형들이 몇 가지 언급된다. 플라톤이 반대하는 현
대적 견해들은 천체들이 바위들이며 지성적이지 않다고 생각했던 천문
학자들과 같은 몇몇 초기 철학자들을 추방되게 만들었던 믿음들과 유
사하다.[35] 종교적 사고를 통제하기 위한 한 가지 방법으로 언급된 것은
사적인 성지들을 허용하지 말아야 한다는 것이었다.

　법률의 배후에 놓인 원칙은 신적인 선들인 도덕들이 법적으로 제정
되어야 한다는 것이다. 삶의 모든 측면들이 법률로서 통제된다. 즉, 성
행위는 오직 자식을 낳기 위한 것이며, 또한 동성애 행위에 반대하는
엄격한 법률도 있다. 젊은이들은 법률에 대해 의문을 제기해서는 안 되
며, 노인들은 젊은이들이 있는 곳에서 법률을 비판해서는 안 된다.[36]

35　Plato, *Laws* X, 884–886e, 886d, 889, 그리고 907–910.
36　Ibid. I, 631b–632c, 634d, 636a–d, 839a, X, 909d–910d.

10

아리스토텔레스:
형이상학

아리스토텔레스는 (트라키아의) 스타게이로스 지역의 중산층 집안에서 기원전 384년에 태어났다. 그의 부친인 니코마코스는 마케도니아왕 아뮌타스 II세의 주치의가 되었고, 아리스토텔레스는 마케도니아의 새로운 수도였던 펠라에서 어린 시절의 대부분을 살았을 것이다. 아리스토텔레스는 17세나 18세에 플라톤의 아카데메이아에 들어갔고, 그후 20여년 동안 그곳에 머물렀다. 그는 플라톤이 사망하고 스페우시포스가 아카데메이아의 대표자가 되자 그곳을 떠났다. 그는 아타르네우스와 뮈틸레네를 여행했다. 그는 자신을 아타르네우스로 초대했던 친구인 헤르메이아스의 동생 또는 조카였던 퓌티아스와 결혼했고, 그들 사이에는 딸이 하나 있었다.[1]

아리스토텔레스는 기원전 343년에 마케도니아 왕 필리포스의 12살짜리 아들인 알렉산드로스의 가정교사가 되었는데, 나중에 알렉산드로

---

[1] 아리스토텔레스의 생애에 대한 초기 자료는 Diogenes Laertius, *Lives of Eminent Philosophers* V, 1-3이다. David Ross의 책 *Aristotle*에서는 아리스토텔레스의 생애와 저술들에 대한 좋은 자료를 제공하고 있다.

스는 위대한 정복자 알렉산드로스 대왕이 되었다. 4년 뒤에 필리포스는 알렉산드로스에게 섭정을 위임했고, 필리포스가 기원전 335년에 암살되자 알렉산드로스가 왕권을 계승했다.

그 후 아리스토텔레스는 아테네로 돌아와 '뤼케이온'이라 불린 자신의 학교를 설립했다. 뤼케이온이라는 이름은 그 학교가 뮤즈 여신들과 아폴론 뤼케이오스에게 헌정된 공원 내부의 건물들에 있었기 때문이다. 산책하면서 강의하는 아리스토텔레스의 습관 때문에, 또는 통로가 덮여있던 그 건물들의 건축학적 특징 때문에, 그 학교는 '소요학파'라고 불리기도 했다.

아리스토텔레스가 아테네로 돌아오고 얼마 되지 않아 퓌티아스가 사망했다. 그는 니코마코스라는 자신의 아들을 낳은 헤르퓔리스와 결합했는데, 그의 윤리학적 저서 『니코마코스 윤리학』이 바로 그 아들의 이름에서 비롯되었다.

아리스토텔레스는 특히 생물학을 비롯하여 당시에 알려졌던 모든 탐구영역에 대한 엄청난 양의 연구와 집필을 했다. 하지만 그의 글들은 대부분 소실되었고, 우리에게 친숙한 것은 대화록의 일부와 편집된 강의노트이다. 이것들은 아리스토텔레스의 저술 대부분에서 발견되는 참신한 문학적 형식을 반영하지 못하고 있다.

알렉산드로스는 기원전 323년에 사망했다. 당시 그리스에서는 마케도니아에 대한 저항이 있었고, 아리스토텔레스는 마케도니아와의 관련성 때문에 아테네를 떠나야 했다. 아테네를 떠나면서 그는 "아테네 사람들로 하여금 철학에 대해 죄를 두 번 지을 기회를 주지 않겠다."고 말했다고 하는데, 여기에서 그는 물론 소크라테스의 죽음을 언급하고 있다. 아낙시만드로스와 프로타고라스의 경우에서 보듯이, 당시 아테네는 그 도시를 위협한다고 여겨지는 다른 철학자들을 가혹하게 다루는 성향이 있었다.

알렉산드로스의 죽음은 아리스토텔레스를 또 다른 불편함에서 구원하는 계기가 되었을 수도 있다. 비록 그와 알렉산드로스는 스승과 제자로서 좋은 관계에 있었지만, 그것이 오래 지속되지는 않았다. 알렉산드로스가 동양 군주의 역할을 하면서, 스스로 (오늘날 아프가니스탄 지역에 세워진—옮긴이) 박트리아 왕국의 공주 한 명과 페르시아 왕국의 공주 두 명과 결혼하고, 자신의 병사들도 이민족과 결혼하도록 장려하는 것을 아리스토텔레스는 못마땅하게 생각했다. 알렉산드로스가 자신을 해치려는 역모에 아리스토텔레스의 조카가 관련되었다는 혐의를 제기하고 고문하여 죽게 만들면서, 아리스토텔레스와 알렉산드로스의 사이는 더욱 멀어지게 되었다. 나중에 알렉산드로스는 아리스토텔레스가 마케도니아를 책임지고 있는 섭정 안티파트로스와 한 통속이 되어 역모를 꾸몄다는 혐의를 제기하기도 했다.

아테네를 떠난 뒤에 아리스토텔레스는 모친 파에스티아스의 고향이었던 에우보이아 섬 연안의 칼키스에 정착했는데, 그 다음 해에 위장 질환으로 사망했다.

현명한 사람에 관한 아리스토텔레스의 견해

아리스토텔레스는 지혜가 과학적 지식과 상당히 비슷해 보이지만, 그것은 단지 지식의 일부에 불과하다고 믿었다. 기술과 과학은 경험에서 시작되지만, 경험은 사물들을 개별적으로 다루지 보편적인 원리들이나 사물들의 원인들을 다루지 않는다. 이것은 경험을 실천적 행동에 유익한 것으로 만들지만, 실천적인 사람은 어떤 것이 그렇다는 것만을 알고 그것이 왜 그런가에 대해서는 알지 못한다. 기술과 과학은 경험보다 더 참된 지식이다. 현명한 예술가들은 자신들이 무엇을 하는지 알기 때문에, 그들은 경험만 가진 사람보다 더 많은 것을 가르칠 수 있다.[2]

현명한 사람은 가장 보편적인 원리들, 즉 제일원리들을 다루는 정밀과학에 대한 지식을 추구한다. 이것은 모든 사람들에게 공통된 감각경험의 사물들보다 배우고 이해하기가 더 어렵다. 예를 들어, 실용 수학과 대비되는 이론 수학처럼 감각들에서 가장 먼 과학들이 실제로 가장 잘 알려진다. 왜냐하면 그것들은 더 적은 수의 원리들을 함축하며, 또한 그것들이 더 정확하기 때문이다. 아리스토텔레스는 제일원리들에 대한 지식, 즉 사물들의 이유들과 원인들에 대한 지식을 신적인 지식이라고 불렀다.[3]

플라톤과 아리스토텔레스

아리스토텔레스는 플라톤에게서 친구와 철학적 스승을 발견했다. 그는 처음에 플라톤의 철학을 대부분 받아들였는데, 그의 초기 저술들이 이것을 입증한다. 나중에 그는 플라톤의 견해들을 무비판적으로 수용하지 않았으며, 그가 아카데메이아를 떠났던 부분적인 이유는 플라톤의 후기 철학에서 더 강해졌고, 또한 플라톤의 사후에 아카데메이아의 사고를 지배하는 것으로 보였던 수학적 강조를 탐탁지 않게 여겼기 때문일 것이다. 그는 그렇게 수학으로 선회함으로써 "자연에 관한 모든 탐

---

2 Aristotle, *Metaphysics* I, 1, 981a 1–981b 9, 982a 1.
3 Ibid. I, 2, 982a 5–30, 983a 1–10.

구가 제거되었다."고 말했다.[4]

아리스토텔레스와 플라톤의 한 가지 차이점은 기질적 차이이다. 플라톤은 종교적이었고 감정적으로 문제들에 관여했으며, 또한 무엇보다 윤리학에 관심을 가졌다. 아리스토텔레스는 조용하고, 캐묻기 좋아하고, 체계적인 성향을 가졌으며, 어떤 면에서는 플라톤보다 '더 학구적'이었다. 아리스토텔레스는 플라톤과 달리 물리과학에 관심이 있었다. 플라톤이 영혼을 돌보는 방법으로서의 철학에 가장 많은 관심을 가졌던 반면에, 아리스토텔레스는 알고자 하는 인간의 욕구를 강조했고 또한 철학이 궁금증에서 자라나온다고 생각했다. 여가는 이론적 지식의 탐구를 가능하게 만든다. 즉, 그것은 쾌락을 주거나 또는 일상적인 생활필수품의 충족을 목표로 하지 않는 학문들의 탐구를 가능하게 만든다.[5]

그러나 플라톤과 아리스토텔레스가 완전히 대립될 뿐만 아니라 근본적으로 대립되는 철학 학파들의 창시자들이라고 보는 것은 그 두 철학자들에 대한 피상적인 해석에 기초하는 것이다. 아리스토텔레스는 플라톤의 믿음들에 동의하지 않을 때에도 자신이 플라톤과 그 제자들의 친구라고 생각했다. 어쩔 수 없이 그들에게 이의를 제기해야 할 때, 그는 유감스러운 뜻을 내비쳤다. 그는 다음과 같이 말했다.

비록 형상들이 우리 자신의 친구들에 의해 소개되었다는 사실 때문에 그런 탐구가 힘겹긴 하겠지만, 그럼에도 보편적인 좋음을 고려하고 또한 그것이 의미하는 바를 철저히 논의하는 것이 더 나을 것이다. 특히, 우리는 철학

---

4   Ibid. I, 1, 992a 32-b 9. R. Hope이 번역한 *Metaphysics*, 32에서 인용.
5   Ibid. I, 1, 980a 1, 981b 20, 982b 10.

자들 또는 지혜를 사랑하는 사람들이므로 진리를 유지하려면 우리에게 가까
운 것일지라도 파괴하는 것이 더 나은 것이며 또한 사실상 우리의 의무라고
생각될 것이다. 왜냐하면 둘 다 소중하지만, 경건함은 우리의 친구보다는 진
리를 존중할 것을 요구하기 때문이다.[6]

아리스토텔레스와 플라톤은 하나의 학파에 속한다고 보는 것이 가장
좋지만, 몇 가지 사항들에 대해서는 서로 다른 해석들도 있고 첨예한
견해 차이도 있다. 그들은 모두 본질주의자들이었다. 즉, 그들은 어떤
사물들이 그런 사물들인 이유가 지속되는 본질 때문이라고 생각했다.
가장 근본적인 차이점은 플라톤과 아리스토텔레스 사이에 있는 것이
아니라, 그 두 사람과 (그들과 동시대나 그 이후에 생존한) 실재자를
본질 개념을 통해 설명하지 않았던 다른 철학자들 사이에 있다.

플라톤의 형이상학에 대한 아리스토텔레스의 비판

아리스토텔레스가 플라톤과 함께 공부를 처음 시작했을 때, 그는 플라
톤의 종교적 접근방법뿐만 아니라 본질들이 감각세계로부터 제거된 형
상들이라는 해석도 받아들였다. 『프로트렙티코스』와 『에우데모스』는
그 시기의 것이다. 약간 후기의 대화록인 『철학에 관하여』에서 아리스
토텔레스는 플라톤의 개념들인 창조된 우주, 데미우르고스, 그리고 분
리된 형상들 등을 거부한다.

---

6   Aristotle, *Nicomachean Ethics* I, 6, 1096a 11-15. D. Ross가 번역한 *Nicomache-an Ethics*, 7-8에서 인용.

아리스토텔레스와 플라톤의 주된 견해 차이는 플라톤이 형상들을 우리 감각경험의 대상들인 세계 내 대상들로부터 분리시킨다는 점이었다. 아리스토텔레스는 세계 내 사물들로부터 분리된 형상들의 존재를 믿을만한 증거가 없을 뿐만 아니라, 분리된 형상들이라는 개념이 형상들을 갖고 있다고 우리가 믿지 않는 사물들에 대해서도 형상들을 상정하게 만든다고 생각했다. 그는 플라톤의 이론이 형상들을 또 다른 집단의 사물들로 바꾸고, 또한 보편적이고 추상적인 보편자들을 개별적인 존재자들로 만들며, 그럼으로써 그 이론에 의해 요구되는 형상들의 수를 증가시킨다고 생각했다. 플라톤의 이론은 형상들을 일련의 개별적 존재자들의 집합으로 만들 뿐만 아니라 각각의 감각적 대상에 대한 형상들의 다양성도 요구할 것이다. 소멸되었던 부정, 관계, 그리고 사물에 대해서도 형상들이 필요할 것이다.[7]

만약 형상들이 독립적으로 존재한다면, 그 형상들은 감각되는 존재자들의 존재와 그것들의 변화하는 특징들을 설명하지 못할 것이다. 이미 보았듯이, 아리스토텔레스는 형상들과 수의 동일시를 거부하며, 또한 형상들에 대한 그런 해석이 "어떻게 형상들이 원인들일 수 있는가?"를 설명할 수 있다고 생각하지 않았다.[8]

아리스토텔레스의 실체 개념

아리스토텔레스는 진정한 존재자란 보편자들이 아니라 각각의 특수하

---

7   Aristotle, *Metaphysics* I, 9, 990a 34–991a 8. 이 단락은 XIII, 4, 1078b 34–1079b 3에서 반복된다.

8   Ibid. I, 9, 991a 8–992b 13.

고 구체적이며 개별적인 사물이라고 생각했다. 개별적인 대상은 물론 본질을 갖는다. 하지만 질료와 형상의 복합물이 아리스토텔레스의 본래적이고도 가장 흥미로운 용법에 있어서 실체이다. 아리스토텔레스는 '실체'라는 용어의 몇 가지 다른 용법들을 알고 있었다. 몇몇 부분에서 그는 질료, 본질, 또는 보편자를 부를 때 그 용어를 사용하기도 하는데, 그 용어는 이미 그런 의미들로 통용되고 있었다. 보편자나 본질로서의 '실체'는 그의 논리적 저술들에서 논리적으로 우선적인 존재자를 지칭하는 중요한 역할을 하지만, 구체적이고 우선적인 존재자라는 아리스토텔레스의 개념은 그 자신의 형이상학적 발명품이다. 실체들이 형상과 질료 또는 형상화된 질료라는 구체적이고도 우선적인 존재자들이라는 그의 개념은 형상과 질료에 대한 그리스어 단어들로부터 파생되어 질료형상론이라고 불린다.[9]

형상과 질료는 서로 동떨어져 존재하지 않는다. '형상 없는 질료'나 '질료 없는 형상'이란 존재하지 않는다. 물질적이지 않은 보편자들은 오직 이차적인 의미에서만 실체들일 수 있다.[10]

지식은 보편자들에 관한 것이다

지식은 개별적인 존재자들에 관한 것이 아니다. 단순한 익숙함은 지식이 아니다. 아리스토텔레스는 지식이 보편자들에 관한 것이라고 생각했다. 우리는 보편자들, 즉 사물들의 유에 관한 지식을 도출하는 능력

---

9   Ibid. VII, 11, 1037a 29와 13, 1038b 2, VIII, 1, 1042a 27; *De Anima* II, 1, 412a 6-10.

10   Aristotle, *Metaphysics* VII, 13, 1038b 9-10, 15와 16, 1040b 27.

을 갖고 있다. 이 능력이 없더라도 사물들은 지각되겠지만, 그것들이 무엇인가에 대한 개념은 없을 것이다. 감각적인 사물들에 관한 정의들이나 논리적 증명들이 있을 수 없을 것이다. 정의와 과학적 지식이 필연적인 것에 의존하기 때문에, 과학적 지식은 가능하지 않을 것이다. 의견은 필연적이지 않고 변화하는 것에 관한 것일 수 있지만, 논리적 정의와 논증은 그럴 수 없다.[11]

지식이 불변하며 필연적으로 참된 것에 관한 것이라고 주장하는 이러한 지식 개념은 플라톤의 지식 개념과 일치한다. 이것은 플라톤과 아리스토텔레스가 동일한 학파에 속한다는 또 다른 증명이다.

형상과 질료에 관한 관점들

대상들을 두 가지 관점에서 볼 수 있는데, 하나는 그것들이 형상의 실현이라는 것과 관련되며, 다른 하나는 그것들이 또 다른 형상을 실현하려는 잠재력을 가진 질료라는 것과 관련된다. 모든 대상은 (1) 이전에 존재하던 대상들을 질료로 사용하는 '형상의 실현' 인 동시에 (2) 다른 형상들을 위한 '잠재적 질료' 이다. 아리스토텔레스는 질료를 우리가 대체로 질료라고 생각하는 무기력하고 연장성을 지니고 순수한 재료가 아니라 '형상을 수용하는 잠재태' 라고 생각했다. 그에게 있어서, 질료란 형상과 관련된 질료이다. 형상과 질료의 이러한 상관성이 세계의 대상들을 변화하게 만든다.[12]

---

11   Ibid. III, 4, 999b 1과 VII, 15, 1096b 29-1040a 2; *Posterior Analytics* I, 11, 77a 5와 II, 19, 99b 20.

12   Aristotle, *Metaphysics* VI, 6, 1045a 25-b 18, XII, 2, 1069b 14-15; *Physics*

네 종류의 원인

아리스토텔레스는 이전 철학자들이 변화에 대해 불완전한 설명을 제시했다고 생각했다. 그들이 변화의 원인들 가운데 일부만을 고려했다는 것이다. 아리스토텔레스는 네 가지 요소들이 고려되어야 한다고 생각했으며, 그것들을 네 가지 종류의 원인이라 불렀다. 첫 번째는 질료인, 즉 하나의 형상에서 다른 형상으로 변화되는 것을 말한다. 변화를 유발하는 것은 작용인(또는 능동인)이다. 변화는 어떤 양식, 즉 형상인에 따라 발생하며, 또한 그것은 어떤 목적, 즉 목적인을 위해 발생한다.

아리스토텔레스는 조각하는 것을 예로 제시하는데, 이 예에서 질료인은 대리석이고, 작용인은 조각가의 행위이며, 형상인은 유명인의 흉상처럼 특수한 유형의 욕구된 조각상이고, 목적인은 명성을 얻거나 돈을 벌고자 하는 조각가의 욕구이다. 그러나 이 예는 목적인을 인간의 욕구라는 지나치게 협소한 개념으로만 제시한다. 하지만 목적인은 인간의 욕구가 관여되지 않은 자연적인 사건들에서도 발견된다. 언덕에서 굴러 떨어지는 바위를 생각해보자. 목적인은 지지된 지점에서 정지하려는 지지되지 않은 대상들의 본성을 말한다. 물은 가장 낮은 곳을 추구한다고 표현하듯이, 그 견해는 종종 비유적으로 표현된다. 뒤에서 보겠지만, 아리스토텔레스는 본성이 이런 의미에서 목적들을 갖는 것이라고 생각했다. 폭발의 작용인이 폭발하는 사건의 형상을 결정하듯이, 특별한 경우에 그것들은 서로 중첩되기도 하지만 그럼에도 모든 변화에는 그 네 가지 인과론적 요소들이 현존한다는 것이다.[13]

III, 1, 200b 25–201b 15.

13 Aristotle, Metaphysics I, 3, 983a 22–34와 V, 2, 1013a 24–35; Physics II, 3, 195b 16–195b 30과 II, 7, 198a 12–198b 9.

목적인(과 현실태)은 몇 가지 점에서 잠재태나 작용인보다 앞선다. 존재한다는 의미에서 인간은 씨앗보다 앞서며, 또한 어른은 아이보다 앞선다. 현실적인 것은 인과적으로 앞선다. 현실적인 것의 이유 또는 지식은 잠재적인 것이 알려지기 이전에 존재하고 있어야 한다. 어떤 의미에서 현실태는 시간적으로 앞선다. 현실적인 사람이나 식물은 이미 활동적이지만 그것의 재료들은 아직 단지 잠재적이며, 잠재적인 어떤 것이 현실적인 것이 될 때 그것은 이미 현실적인 어떤 것의 작용을 통해 그렇게 된다. 아리스토텔레스는 사람들이 건축하기 위해 건축을 배우듯이, 보기 위해 시각을 갖는다고 생각했다. 사람들은 시각을 갖기 위해 보는 것이 아니다. 그러나 현실태가 앞서 존재하는 가장 중요한 방법은 그 현실태가 영원한 경우이다. 이것은 아리스토텔레스가 플라톤의 형상들을 거부했다고 말하는 것이 얼마나 잘못인가를 보여준다. 그는 형상들이 세계의 사물들로부터 독립된다고 생각하지 않았지만, 여기에서 분명히 그렇듯이 아리스토텔레스 철학의 여러 부분에서 영원하고 불변하는 형상들이 등장한다.[14]

자연에 대한 아리스토텔레스의 목적론적 견해

'목표' 또는 '목적'을 의미하는 그리스어 단어 '텔로스(telos)'로 말미암아 아리스토텔레스의 철학이 '목적론적(teleological)'이라고 불린다. 아리스토텔레스는 자연이 목적적이라고 생각했다. 그는 어떤 일도

---

14   Aristotle, Metaphysics IX, 8, 1049b 2-1051a 3 ; De Partibus Animalium I, 6, 39b 11 이하.

우연적으로 발생하지 않는다고 말했다. 인간의 행위가 그렇듯이, 자연의 모든 것들은 어떤 목적을 위해 발생한다. 자연은 헛된 일을 하지 않는다. 자연의 변화들은 필연적인 조건들 때문에 발생하는 것이 아니다. 필연성은 상황들이 아니라 목표들과 관련된다. 이 견해는 종의 진화라는 개념을 부정하는 아리스토텔레스 철학의 중요한 측면이다. 그는 황소 얼굴을 가진 자손이 환경에 제대로 적응하지 못하기 때문에 생존하지 못하리라고 주장했던 엠페도클레스의 견해를 비난했다. 그는 괴물들이 우연의 산물이 아니라 자연의 원리가 왜곡된 결과라고 생각했다. 괴물들은 좋은 것들이 아니지만, 그렇다고 해서 그것들이 우연적인 것들은 아니다.[15]

이처럼 진정한 우연적 발생들이란 없다. 우리에게 우연적 발생들처럼 보이는 사건들은 부수적인 원인들의 결과이다. 우리는 만나길 원하던 사람을 마주치고 그 만남이 우연한 운이었다고 생각하지만, 우리들 가운데 아무도 그 만남을 예측하지 못했다 하더라도 우리들 각자는 어떤 이유로 인해 그 만남의 장소에 있었던 것이다.[16]

형상의 정의: 엔텔레키

아리스토텔레스는 사물의 진정한 본성은 그것이 성장해서 이루어지는 것이며, 그것이 성장해서 이루어지는 것은 그것의 본질적 본성에 의해 결정된다고 생각했다. 그는 주어진 순간에 어떤 사물이 가질 수도 있는

---

15   Aristotle, *Physics* II, 8, 198b 10–200b 10; *Politics* 1253a 8.
16   Aristotle, *Physics* II, 4, 196a 1–6, 198a 12.

형상과 그것의 궁극적인 또는 성숙한 형상 사이에는 차이가 있다고 생각했다. 엔텔레키(*entelechy*)는 사물에게 그 사물의 정체성을 부여하는 최종적이고 완전한 형상을 의미한다. 유기체의 성장은 그것의 진정한 모습을 향해 발전해가는 것이다. 납덩어리와 같은 어떤 것들은 그것들이 항상 갖게 될 형상과 동일한 형상을 갖는다. 엔텔레키라는 개념은 발전하는 사물들의 경우에 더욱 중요성을 갖는데, 사물의 엔텔레키가 그 사물 자체의 본성에 의해 결정된다는 것을 아는 것은 중요하다. 사물에 대한 또는 사물의 부수적 용도에 대한 인간의 관심이 그것의 엔텔레키를 결정하는 것은 아니다. 베어지고 톱질되어 통나무가 되는 것이 나무의 엔텔레키는 아니다. 그것의 엔텔레키는 성숙한 나무로 성장하는 것이다. 돼지의 엔텔레키는 돼지고기가 되는 것이 아니라 한 배에서 태어난 새끼돼지들의 부모가 되는 것이다.[17]

실현의 단계들

아리스토텔레스는 다른 것들과 관련되고 실현의 단계에 따라 분류되는 다양한 종류의 엔텔레키가 있다고 믿었다. 이것은 일종의 위계로 볼 수도 있다. 상위 단계의 잠재태를 갖지만 하위 단계의 현실태를 갖는 사물들은 엔텔레키의 위계에서 아래쪽을 향한다. 그 사물들은 상위의 위계에 있는 사물들의 질료인의 일부이며, 그것들의 기능과 능력은 상위 단계의 엔텔레키에서 더욱 완전하게 실현된다. 베르너 예거는 모든 실현의 단계에서 하위 단계의 기능들이 상위 단계에서 실현되는 것을

---

17   Ibid. II. 1. 193b 12–20.

'아리스토텔레스 목적론의 근본 원리'라고 말한다.[18] 고도로 실현된 것
들은 위계의 꼭대기에 있다. 각 단계는 위계의 낮은 단계들에 있는 잠
재태들을 실현함으로써 그 단계들과 연결되며, 그 단계들은 다시 상위
단계를 위한 잠재태이다.

가장 낮은 실현의 단계는 그리스 물리학의 전통적인 다섯 가지 원소
들인 흙, 공기, 불, 물, 그리고 (지상에서는 나타나지 않는 천체의 질료
인) 에테르를 포함한다. 모든 사물들이 이 원소들로 구성되기 때문에,
그것들은 높은 단계의 잠재태를 갖는다. 지상의 네 가지 기본 원소들보
다 덜 실현된 단계에는 아무것도 존재하지 않는다. 아리스토텔레스는
형상이 없는 질료, 즉 '제일질료'가 존재한다고 생각하지 않았다. 높은
단계의 실현은 지상의 네 가지 원소들로 구성된 비유기적 물체들을 포
함한다. 이 단계는 많이 실현되지는 않지만 기본 원소들의 잠재태들을
실현하며, 따라서 이 단계에서는 기초 단계에서보다 더 많은 것들이 실
현된다. 그것은 아리스토텔레스가 영혼들이라고 부르는 잠재태를 생물
들에게 제공한다. (나중에 그는 영혼을 실체로 간주하는 플라톤의 영
혼 개념을 포기했고, '영혼'이라는 용어를 '유기적 신체의 엔텔레키'
라는 의미로 사용했다.)

가장 낮은 단계의 생물들은 영양과 생식의 기능들을 갖는 유기적 신
체들을 포함한다. 아리스토텔레스는 그것들을 영양섭취혼들이라고 부
른다. 이것은 식물 단계의 삶이다. 다음 단계는 감각적 영혼의 단계이
다. 이 단계에는 최소한 한 가지의 감각을 갖는 동물들, 그리고 이성이
나 자의식은 갖고 있지 않지만 다섯 가지 감각들과 의식을 모두 갖는
동물들이 있다. 이 단계의 유기체들은 영양섭취혼들의 잠재태를 실현

18   W. Jaeger, *Aristotle*, 66-67, 158.

한다. 가장 높은 단계에는 감각의 잠재태들과 그 아래의 다른 모든 생명 기능들을 실현하는 이성적인 영혼들이 있다. 이러한 생명의 단계들에 대해서는 11장에서 더 자세하게 설명된다.

제일원동자

아리스토텔레스는 세계의 존재를 설명하기 위해서는 운동 또는 변화의 제일원인이 있어야 한다고 믿었다. 무한히 이어지는 설명들, 즉 설명들의 무한역행은 사실상 세계를 설명되지 않은 채로 남겨둘 것이며, 우리는 아무것도 알 수 없을 것이다. 그러나 아리스토텔레스는 설명들의 역행을 끝내기 위해 최초의 질료인이나 최초의 작용인을 도입하지는 않는다. 그는 질료, 시간, 그리고 변화가 항상 존재해왔다고 믿었다. 영원한 제일천체 또는 항성들의 영역에는 일종의 제일변화, 원운동으로 발생하는 장소운동, 또는 일종의 제일장소운동이 항상 존재해왔다. 이 원운동은 영원하고 필연적이다. 사물들과 동떨어진 운동이 있을 수는 없으므로, 영원한 실체가 있어야 한다.[19] 그러나 항상 존재해왔던 질료와 운동은 아리스토텔레스가 추구했던 실재자에 대한 충분한 설명을 제공해주지 못한다.

　최초의 원인은 부동의 원동자여야 한다. 오직 목적론적 인과론만이 영원한 역행을 회피한다. 영원한 운동을 산출하는 영원한 힘, 즉 스스로 움직여지지 않으면서 운동을 추동하는 운동의 최초 근원은 그 자체

19　Aristotle, *Metaphysics* II, 2, 941a 994b 30, XII, 6, 1071b 4–11와 7, 1072a 25–1072b 10; *Physics* III, 1, 200b 31, VIII, 7, 261a 31과 8, 263a 3, 그리고 264a 7–265a 12.

가 비물질적이어야 한다. 이 제일원동자는 완전히 실현되어야 하며 또한 물질적이지 않다. 즉, '영원하고, 근본적이고, 또한 작용하는 부동의 원동자'는 완전히 실현되어야 한다. 부동의 원동자가 작용인이면서 운동의 제일원인일 수는 없다. 왜냐하면 작용인들은 운동함으로써 운동을 야기하기 때문이다.[20]

아리스토텔레스가 신적이라고 말하는 이 부동의 원동자는 무엇일까? 그것은 영원하고, 움직이지 않으며, 또한 감각적 사물들로부터 분리되어 있다. 그것은 크기를 갖지 않으며, 분리되지 않으며, 또한 부분들을 갖지 않는다. 그것은 어떤 종류의 변화도 겪지 않으며, 만약 변화를 겪는다면 그것은 제일원인이 아닐 것이다. 그것은 어떤 생성의 과정, 즉 어떤 실현의 과정에도 관여되지 않는다. 그것은 변화와 완전히 무관하다. 이것이 의미하는 바는 그것이 형상이 아니며, 또한 그것의 현실태가 다른 어떤 실체의 잠재태에도 의존하지 않는다는 것이다. 그것은 어떤 형상의 잠재태도 아니다. 제일원동자는 스스로 존재하며, 스스로 유지된다. 그것은 감각세계의 대상이 아니라 지성적이다.[21]

제일원동자는 힘을 가하지 않고도 운동을 야기하며, 또한 의지를 갖지 않고도 운동을 야기한다. 그렇다면 그것은 어떻게 운동을 야기할까? 제일원인은 욕구됨으로써, 즉 '사랑의 대상'이 됨으로써 천체들을 통제하는 지성들을 움직인다. 이처럼 부동의 원동자는 목적인으로서 제일천체들의 원운동을 야기한다.[22]

가장 좋고 가장 아름다운 이러한 욕구의 대상은 마음이다. 그것을 아리스토텔레스는 신 또는 신적 이성이라고 부르지만, 아리스토텔레스의

20   Aristotle, *Metaphysics* XII, 6, 1071b 12–22와 7, 1072a 24.

21   Ibid. 7, 1073b 3–15; *Physics* VIII, 6, 258b 10–260a 19.

22   Aristotle, *Metaphysics* XII, 7, 1072a 20–b 30과 8, 1073a 26–1073b 1.

신은 유대교의 신이나 기독교의 신과 전혀 비슷하지 않다. 아리스토텔레스는 제일원동자가 인간에 대해 알거나 또는 인간을 사랑한다고 말하지 않는다. 사람들도 제일원동자를 사랑하지 않으며, 또한 제일원동자에 의해 직접 움직여지지 않는다. 그것은 천체를 통제하는 지성들에게 매력적인 사랑의 대상이다. 왜냐하면 제일원동자는 최고 지성의 일종, 즉 순수이성(노에시스, *noesis*)이기 때문이다. 그것은 실질적인 문제를 해결하거나 논증적인 추론이 아니라 관조이다. 최고 이성의 일종인 그것은 가장 좋은 것을 생각한다. 가장 좋고, 가장 고귀하고, 가장 아름다운 것은 무엇일까? 그것은 부동의 원동자 자체, 즉 순수관조이다. 따라서 제일원동자는 그 자체의 관조 대상이기도 하다. 노에시스, 즉 최고의 관조적 이성은 관조를 관조하는 것이다.[23]

완전히 실현된 제일원동자는 다른 어떤 엔텔레키의 잠재태를 실현함으로써 존재하는 것이 아니다. 그것은 엔텔레키들의 위계 속에 있는 점진적인 변화들의 연속이 아니다. 어떤 점에서 제일원동자는 우리 감각세계의 모든 것과 다르다. 에테르로 구성된 몸통들을 가진 천상의 지성들만이 제일원동자의 사랑으로 움직인다. 이 세계의 일반적인 영혼들, 심지어 이성적인 영혼들도 존재자들 가운데 가장 탁월한 제일원동자의 사랑에 의해 움직여지지 않는다. 그러나 아리스토텔레스는 제일원동자가 세계의 엔텔레키들 속에 있는 존재의 점진적 변화들과 전적으로 무관하다고 생각하지는 않았다. 심플리키오스의 『천체에 관하여』에 포함되어 전해지는 아리스토텔레스의 『철학에 관하여』란 책의 한 단편에서, 아리스토텔레스는 "... 더 좋은 것이 있는 곳에는 가장 좋은 것이 있다. 그렇다면 존재하는 것들 중에는 하나의 것이 다른 것보다 더 좋

23　Ibid. 7, 1072b 10-30과 9, 1074b 15-35.

으므로, 신적인 것이기도 할 가장 좋은 어떤 것도 있다."[24]고 말했다.

예거는 기독교의 스콜라 철학자들이 신의 존재를 증명하기 위해 존재의 점진적 변화들에 기초한 그런 논증을 사용했었다고 지적한다. 그것은 또한 『철학의 위안』에서 보에티우스가 사용했던 논증이다.[25]

예술철학

『시학』에 나타난 아리스토텔레스의 미학이론은 근본적으로 시에 대한 것이다. 그가 극시를 일반화한 이야기들 가운데 어떤 것들은 너무 협소해서 모든 형태의 순수예술(fine art)에 적용하기는 어렵지만, 그럼에도 그의 책에서는 미학이론에 대한 일반적인 관점들을 찾아볼 수 있다. 고대에는 순수예술이란 개념이 형성되지 않았다는 점을 기억하자. 예술(art)에 대한 이야기는 사실상 공예에 대한 이야기였으며, 우리가 오늘날 아는 것과 같은 순수예술들은 개별적으로 이야기되었다.

플라톤이나 다른 고대사상가들이 일반적으로 그랬던 것처럼, 아리스토텔레스도 시와 조각과 그림을 인지적인 것으로, 즉 지식이라는 용어를 통해 생각했다. 이런 예술들이 중요한 진리를 전해줄 수 있을까?

오늘날 순수예술로 알려져 있는 예술이 고대시기에는 자연의 모방으로 생각되었으며, 이로 인해 플라톤에게 있어서 예술은 지식의 근거로서는 거의 가치가 없는 것이었다(7장 참조). 플라톤은 그랬던 것으로 보이지만, 아리스토텔레스는 예술을 '복제품의 복제품' 이라고 보지 않

---

24 Simplicius, *De Caelo* 289, 1–15. 이것은 D. Ross가 편집하고 번역한 *The Works of Aristotle*, Vol. 12 (선별한 단편들)에 들어있다.

25 W. Jaeger, *Aristotle*, 158.

았다. 그는 시가 자연적 대상들보다 더 참되게 '본질'을 드러낼 수도 있다고 생각했다. 시와 희곡은 역사보다 더 과학적이다. 즉, 그것들은 지식의 더 좋은 근거이다. 그는 역사를 특별한 사건들이 발생했던 순서대로 보고하는 연대기라고 생각했다. 시는 사건들의 진정한 중요성을 더욱 예리하게 드러내기 위해 개별적인 것들을 변형시킬 수도 있다. 그러나 시가 '가능한 사건,' 즉 '인간의 삶에 관한 일반 진리를 드러내는 사건'을 드러낸다는 점은 중요하다.[26]

아리스토텔레스는 희곡의 감정적인 역할에 관해 이야기했다. 그는 플라톤과 달리 이것을 나쁜 것으로 보지 않았다. 그는 희곡이 감정을 진정시키고 순수하게 만들 수 있다고 생각했다. 그것은 카타르시스이다. 그리스 문학에서 '카타르시스'를 번역한 용어는 거의 사용되지 않으며, 따라서 그것을 정확히 어떻게 번역해야 하는지 알기 어렵다. 어떤 해석자들은 희곡이 정화(purgation)의 역할을 한다고 생각한다. 다른 사람들은 그것이 감정의 순화(purification)라고 생각한다. 『니코마코스 윤리학』에서 아리스토텔레스는 감정이 올바른 정도로 올바른 대상들에 대해 올바른 방식으로 경험되어야만 한다고 말한다. 아리스토텔레스는 희곡이 감정의 이런 균형을 획득하고, 또한 올바른 방향을 획득하는 데 도움이 된다고 생각했을 것이다.[27]

또한 아리스토텔레스는 시의 모방이 희곡과 시의 적절한 측면인 쾌락을 준다고 말하기도 한다. 사람들은 어릴 때부터 모방을 즐긴다. 이것은 배움에 있어서 쾌락을 배우고 받아들이는 방법이다. 모방은 박자

---

26 Aristotle, *Poetics* IX, 1451a 23–1451b 48.

27 Ibid. VI, 1449b 10; *Nicomachean Ethics* II, 6, 1106b 15–24; L. Golden and O.B. Hardison, r. *Aristotle's poetics*, 133–137 참조.

나 조화와 함께 우리에게 본성적으로 주어진다.[28]

희곡이나 극시의 몇 가지 요소들, 그리고 희곡과 시의 다양한 유형들의 요건들을 비롯한 희곡구성의 원리들에 대한 견해들 때문에, 아리스토텔레스는 여전히 중요한 인물로 다루어진다. 『시학』은 여전히 희곡과 문학 전공자를 위한 기초 교재이다.

시인이 뮤즈 여신의 심부름꾼에 불과하다고 생각했던 플라톤과 달리 (7장 참조), 아리스토텔레스는 시인이 자신이 하는 일을 알지 못하며 따라서 가르칠 자격이 없다고 생각하지 않았다. 아리스토텔레스는 경험보다 예술이 더 진정한 의미의 지식이라고 말한다. 예술가는 가르칠 수 있지만, 육체노동자는 그러지 못한다. 왜냐하면 활동의 원리들을 이해하는 사람은 노동자와 달리 자신이 무엇을 하는지 알기 때문이다. 아리스토텔레스는 모든 종류의 수공예 전문가들에 대해 이야기했지만, 그렇다고 해서 그가 시인, 미술가, 조각가, 그리고 음악가를 그런 전문가들에 포함시키려 하지 않았다는 증거는 없다.[29]

---

28   Aristotle, *Poetics* IV, 1448b 1–22.

29   Aristotle, *Metaphysics* I, 1, 981a 1–981b 9.

11

아리스토텔레스:
자연학, 생물학, 그리고 심리학

과학적 주제들에 관한 아리스토텔레스의 저술들은 광범위하다. 생물학은 그의 주요 관심거리들 가운데 하나였고, 그의 저술들은 그가 약간의 생물학적 연구를 수행했음을 보여준다. 과학적 주제들에 관한 그의 많은 저술들이 철학적으로는 거의 가치가 없지만, 그 가운데 일부는 철학적으로 중요하고 또한 그의 형이상학적 관점들을 명료화하는 데 도움이 된다.

아리스토텔레스의 자연학

자연학과 천문학에 관한 아리스토텔레스의 견해들은 특히 후기 르네상스시대 이전에 많은 영향을 미쳤다. 그는 과학적인 주제들은 물론이고 다른 주제들에 대해서도 권위자로 인정받았다.

질료의 본성

아리스토텔레스에 따르면, 지상의 물체들은 네 가지 전통적 원소들인 흙, 공기, 불, 그리고 물로 만들어진다. 그리고 천체들은 좀 더 순수한 물질인 에테르로 구성된다. 이 물체들은 실현의 단계에 따라 다양하다. 10장에서 보았듯이, 단계들의 위쪽은 더 많이 실현된 존재자들의 위계로, 위계의 아래쪽은 주로 잠재태인 존재자들의 위계로 보일 것이다. 모든 질료는 어떤 형상을 갖는다. 형상을 갖지 않는 가장 기본적인 물리적 질료인 제일질료는 세계에 존재하지 않는다. 아리스토텔레스의 질료 개념은 모든 사물들을 만드는 재료로서의 질료 개념으로 환원될 수 없다. 질료 자체를 알 수는 없다. 아리스토텔레스는 대립된 성질들이 단일한 기체와 질료에 대한 다른 해석들로부터 생성된다고 설명하는 초기 철학자들의 시도에 대해 비판적이었지만, 기체가 있다는 점에 대해서는 부정하지 않았다. 우리가 10장에서 보았듯이, 그는 질료를 형상과 관련하여 잠재적인 잠재태로 보았다.[1]

질료와 공간

질료는 위치를 갖는다. 즉, 그것은 장소 또는 공간을 점유한다. 운동은 공간 속에서 발생한다. 공간은 삼차원으로 이루어져 있다. 즉, 그것은 크기는 갖지만, 무한하지는 않다. 공간은 분명히 존재하는 어떤 것이지

---

1 Aristotle, *Metaphysics* VII, 10, 1036a, VIII, 6, 1045a 25-35; XII, 2, 1069b 14-15; *Physics* I, 4-9, III, 1, 200b 25-201b 15. D. Ross, *Aristotle*, 66, 168.

만, 그것이 정확히 무엇이라고 말하기는 어렵다. 공간은 물체가 아니며, 질료처럼 물체를 구성하는 원소도 아니다. 공간은 형상도 아니고 질료도 아니다. 공간 또는 장소는 물체를 담고 있는 용기(그릇)이지 그것의 재료가 아니다. 만약 공간이 질료라면, 하나의 공간에서 다른 공간으로 움직이는 물체의 운동을 설명하기 어려울 것이다. 공간은 운동과 관련된 것이기 때문에 형상이라고 할 수 없다. 사물의 경계는 그것의 형상과 관련되지만, 공간은 하나의 사물을 그것의 표면으로 포함하는 어떤 것의 경계이며, 그곳에서 그것은 포함되어 있는 물체와 접촉하고 있다. 아리스토텔레스는 질료를 원인으로 다루었지만, 공간을 원인이라고 생각하지는 않았다. 아리스토텔레스는 공간에 대해 이런 견해를 가졌기 때문에, 질료를 공간이나 장소와 동일시하면서 '토포스(*topos*)'라고 불렀던 플라톤의 견해를 거부했다.[2]

아리스토텔레스는 물체가 전혀 들어있지 않은 장소를 의미하는 진공 개념도 거부한다. 그런 진공은 운동에 필요하지 않다. 공간 안에 있지 않은 물체들이란 없기 때문이다.[3]

시간

시간은 운동과 정지의 척도이다. 그것은 변화나 운동이 아니지만, 변화와 무관하지는 않다. 즉, 그것은 운동이 없이 존재하지 않는다. 시간은 운동의 전과 후에 지각된다. 그것은 어떤 사건의 전과 후에 관련된 운

---

2   Aristotle, *Physics* IV, 2, 4, 그리고 7.

3   Ibid. IV, 8과 9.

동의 '수'이거나, 또는 오히려 '과정 속에서 앞선 것과 뒤따르는 것의 수'이다. 그러나 아리스토텔레스는 과정의 '수없이 많은 측면'인 시간이 '우리가 수를 셀 때 이용하는 완전수가 아니라 세어지는 어떤 것임을 분명히 했다.'[4]

아리스토텔레스는 시간을 지속적인 것으로 기술한다. 그는 후대에 시간을 연속체로 기술했던 아우구스티누스보다도 더 연속적인 것으로 보았으며, 그렇게 함으로써 시간이 시작부분과 끝부분을 통해 쉽게 파악될(계산될) 수 있는 개별적이고도 분리 가능한 순간들로 쪼개질 수 있다는 견해를 피하려고 노력했던 것이 분명하다. 하지만 그와 관련된 구절을 이해하기는 어렵다.[5]

아리스토텔레스의 천문학

아리스토텔레스는 천체가 지구 둘레의 순환 궤도에서 움직이고 있다는 지구중심론을 지지했다. 그가 받아들였던 지구중심론적 접근방법은 에우독소스 출신의 크니디오스에 의해 시작되었고, 칼리포스에 의해 확장되었던 것이다. 이 이론은 알렉산드리아의 프톨레마이오스에 의해 완결되었기 때문에, 오늘날 그의 이름을 담고 있다. 그 이론은 둥지를 틀고 있는 55개의 투명 구체들이라는 개념과 결부되는데, 각각의 구체는 그것을 담고 있는 용기(container)의 회전을 통해 이동되며, 또한 그 자체도 용기가 회전하는 방향과 사선으로 회전한다. 원 운동은 다른

---

4 Ibid. IV, 10, 219b 9 (R. Hope의 번역문). 또한 IV, 10, 218b 11-19와 11, 219b 1-10도 참조.
5 Ibid. IV, 11, 219b 10-220a 27.

운동들보다 우월한 것으로 간주되며, 천체는 그것을 구성하는 우월한 재료 때문에 원 궤도에서 운동한다. 그것이 지속적이고, 균일하고, 또한 무한할 수 있는 유일한 운동이다.[6]

프톨레마이오스의 지구중심론은 르네상스시기에 코페르니쿠스, 케플러, 갈릴레오가 태양중심론적 이론을 확립할 때까지 영향을 미쳤다. 지구중심론적 접근방법은 천문학적 관찰들이 그 이론을 입증하지 못한다는 인식이 확대되고 있었는데도 지속되었고, 오직 '원들 내부의 원들'이라는 성분운동이론(theory of component motion)만이 그 관찰들을 그 이론에 들어맞게 만들 수 있었다. 교회는 지구중심론을 지지했지만, 아리스토텔레스의 견해라는 권위가 없었더라면 그것은 아마도 그것이 포기되었던 시기보다 훨씬 이전에 포기되었을 것이다.

엔텔레키의 단계들과 생물들

10장에서 보았듯이, 아리스토텔레스는 모든 종류의 사물들이 잠재태와 현실태의 정해진 단계를 갖고 있다고 이해했다. 사물들은 어떤 형상들의 현실화인 동시에 다른 어떤 형상들이 되기 위한 잠재태이다. 이것은 위에서는 많이 실현된 종과 아래에서는 덜 실현된 (그렇지만 더 많은 잠재태를 갖는) 종으로 이루어진 일종의 위계에서 사물들에게 계급 또는 등급을 부여했다.

가장 낮은 단계의 실현은 흙, 공기, 불, 물(그리고 천체의 물질인 에

---

6   Ibid. VIII, 8, 261b 27과 9, 265a 12–15; *Metaphysics* XII, 8, 1073a 30, 1073b 18–1074a 14.

테르)을 비롯한 네 가지 원소들이다. 납, 물, 그리고 석영과 같은 비유기적 물체들은 더 높은 등급을 갖는다. 왜냐하면 그것들은 원소들이 갖고 있지 않은 형상들을 실현하기 위해 지구 원소들의 잠재태를 사용하기 때문이다. 이 단계에서 잠재태의 사용은 상당히 단순하다. 원소들의 잠재태는 단지 비유기적 물체들을 만드는 재료이다.

생물들의 단계에서 하위 등급의 것이 상위 등급의 잠재태가 되는 방법은 그리 분명하지 않다. 하위 등급의 것은 상식적인 물리적 질료 개념을 질료에 제공하지 않는다. 즉, 여기에서 질료는 상위 등급에서 더 높은 단계로 실현되는 기능들을 통해 이해되어야 한다.

아리스토텔레스는 생물들을 그것들의 기능들에 따라 분류하고, 그 기능들을 영양섭취혼, 감각혼, 그리고 이성혼이라고 불렀다. 그가 의미했던 '영혼'은 플라톤이 의미했던 것과 다르다. 그리고 아리스토텔레스는 원자론자들의 영혼 개념과 피타고라스학파의 영혼 개념도 거부했다. 그는 영혼이 육체가 아니라 형상이며, 특히 생명을 가질 수 있는 육체를 규정하는 형상(엔텔레키)이라고 생각했다. 따라서 그는 영혼을 유기체의 엔텔레키, 즉 문자 그대로 신체기관들을 갖는 육체의 엔텔레키로 정의했다. 영혼은 육체와 분리되어 존재하지 않는다.[7]

영양섭취혼

생물(과 영혼)의 최하위 단계는 영양섭취혼 또는 식물혼을 포함한다. 물론 이것은 식물의 생명 단계이다. 영양섭취혼, 욕구혼, 감각혼, 장소

---

7 Aristotle, *De Anima* II, 1, 412a와 2, 414a.

운동혼, 그리고 사고혼을 포함하는 다섯 가지의 영혼 능력들 가운데,
식물들은 오직 영양섭취와 생식 능력만을 갖는다.[8] 감각혼과 이성혼에
대해 그랬던 것과는 달리, 아리스토텔레스는 영혼의 식물 단계에 대해
많은 설명을 제시하지 않았다. 그는 나중에 그것에 관한 글을 쓰겠다고
약속했으나, 그가 그 약속을 지켰는지 분명하지 않으며, 또한 그 약속
을 지켰다 하더라도 그것은 현재 남아있지 않다. 『영혼에 관하여』에서
그는 영양섭취가 생물의 생존과 활동에 필수적이라고 말하며, 영양섭
취를 불로 설명하는 엠페도클레스에게 반론을 제기한다. 아리스토텔레
스는 불보다는 영혼이 영양섭취의 원리라고 보았다. 그는 영양섭취를
'유사한 것에 의한 유사한 것'과 '대립된 것에 의한 대립된 것'으로 해
석하는 것이 부적절하다고 생각했다. 그는 '영양섭취의 잠재태'로 설
명하는 것을 선호했다.[9]

감각혼과 지각

모든 동물들은 감각들 가운데 최소한 가장 기초적인 감각인 촉각을 갖
는다. 감각들이 더 많이 실현된 그런 동물들은 다섯 가지 감각들을 모
두 갖는다. 감각과 더불어 욕구 또는 욕망이 생기며, 일부 감각혼들은
장소운동 능력을 갖는다. 아리스토텔레스는 『감각과 감각대상에 관하
여』에서 고통과 쾌락을 감각과 욕구와 관련하여 언급했다.[10] 베르너 예

---

8   Ibid. II, 2, 413b; 3, 414a 27-30; 그리고 4, 415a 20-25.

9   Ibid. II. 4.

10   Ibid. II, 2, 413b 4; 3, 414b 1-5; 그리고 3, 414b 15-20; *De Sensu et Sensibili*
I, 436a 9.

거가 '아리스토텔레스 목적론의 기본원리'라고 불렀던 더 많이 실현된 단계들이 더 낮은 단계들을 포함한다는 원리에 따르면, 감각혼들은 영양섭취혼의 기능들을 갖는다.[11] 영양섭취와 생식은 감각 기능의 실현을 위한 잠재태이다. 아리스토텔레스가 진화과정을 기술하고 있었던 것은 아니다. 왜냐하면 그는 하나의 종이 다른 종으로 진화한다고 생각하지 않았기 때문이다. 그는 다만 상위 단계의 종은 하위 단계의 종이 갖는 기능들을 더 발전된 형태로 이용한다고 말하고 있을 뿐이다.

아리스토텔레스는 감각을 '그것의 질료를 흡수하지 않고 대상의 지각된 형상 또는 감각적 형상을 수용하는 능력'이라고 기술했다. 감각은 단지 수동적인 것이 아니다. 아리스토텔레스는 동물이 작용을 받는다는 점에서, 즉 '움직여지고 영향을 받는다는' 점에서, 감각을 '일종의 질적 변화'라고 기술했다. 그것이 지각된 것과 지각하는 것의 잠재태들을 모두 실현한다는 점에서, 그것은 능동적이다. 지각된 대상은 지각되는 잠재태를 가지며, 지각하는 것은 지각하는 잠재태를 갖는다. 지각은 그 둘의 잠재태를 모두 사용하는 실현이다. 지각에 대한 이런 방식의 이해는 '유사한 것을 지각하는 유사한 것'을 또는 '대립된 것들에 의한 지각'으로 말한 이전의 설명들이 지녔던 부적절함을 벗어난다. 감각기관들은 지각된 것과 비슷하지도 않고 또한 그것과 반대되지도 않지만, 그것은 지각된 것과 마찬가지로 '중립적'인 동시에 잠재태여야 한다.[12]

감각된 대상은 감각기관에 직접 작용하지 않는다. 감각은 매개체를 통해 작용한다. 예를 들어, 시각은 빛을 필요로 하며, 청각은 공기를 필

---

11   W. Jaeger, *Aristotle*, 67.

12   Aristotle, *De Anima* II, 5, 416b, 417a, 그리고 418a; II, 10, 422b; II, 12, 424a 19; 그리고 III. 2, 425b-427a.

요로 한다. 그리고 감각의 대상은 그 지각의 고유 감각기관에 의해 지각된다. 이런 지각의 측면에는 오류가 발생하지 않는다. 감각기관은 항상 그것의 고유 대상을 지각한다. 시각은 청각과 혼동되지 않는다. 각각의 감각에 고유한 감각들의 지각은 사실상 오류를 범하지 않는다. 예를 들어, 흰색의 지각에는 결코 오류가 발생하지 않는다. 오류는 어떤 사람이 그러그러한 흰색의 사물을 본다고 판단할 때처럼 종합판단과 더불어 발생한다.[13]

아리스토텔레스는 우리가 어느 한 가지 감각에 특별하지 않은 '대상들'을 지각한다는 사실을 깨달았다. 그는 운동, 정지, 수, 형체, 크기, 그리고 단일성을 언급하며, 그것들을 공통 '감각 대상들'이라고 말한다. 그것들은 함께 작용하는 특별한 감각들에 의해 감각되는데 이 지각은 그 자체로서 특별한 감각이 아니며, 또한 그것은 시각이 눈을 갖고 청각이 귀를 갖는 것처럼 그것에 특별한 감각기관을 갖지 않는다. 각각의 특별한 대상을 갖기 때문에 사실상 오류의 여지가 없는 다섯 가지 감각들과는 달리, 공통감각은 오류를 범할 수 있다.[14]

아리스토텔레스는 감각이 통합적이며, 공통 감각대상들을 지각함에 있어서 감각들이 통합적으로 기능한다고 생각했다. 이러한 통합성의 또 다른 측면은 우리가 감각하고 있다는 사실을 우리가 인지한다는 것이다. 우리가 감각하고 있다는 것에 대한 우리의 인지를 설명하는 데는 약간의 문제가 있다. 아리스토텔레스는 개별적인 감각기관이 "식별하고 있는 것을 식별한다."라는 말은 문제가 된다고 보았다. 예를 들어, 그는 "눈은 그것이 보고 있는 것을 본다."는 가정을 거부하지만, "그것

---

13   Ibid. II, 6, 418a ; 7, 419a ; 그리고 III, 3, 428b.
14   Ibid. II, 6, 418a ; III, 1, 425a ; *De Sensu et Sensibili* I, 437a 7-9.

이 식별하고 있다는 것을 감각기관 이외의 어떤 것이 식별한다."고 말하는 것은 무한역행, 즉 그것이 무엇을 하는가를 실제로 아는 감각기관으로 이어진다.

독립된 사물들을 지각하는 독립된 감각기관들은 색깔이 맛이 아님을 우리가 아는 그런 방식으로 그것들이 독립된 것들임을 식별하지는 못한다. 우리는 지각할 뿐만 아니라 우리가 지각하고 있다는 것을 알기도한다. 아리스토텔레스가 이 문제를 설명하려고 노력하고 있는 『영혼에관하여』의 장은 잘 정리되어 있지 않지만, 우리는 그가 지각의 통합성을 옹호했음을 알 수 있다. 그는 단순히 생리학적 설명에만 의존하지않았다. 그는 "피부가 궁극적인 감각기관이 아니라는 것이 분명해진다."고 말했다. 잠재태와 현실태의 구분은 감각의 통합적 능력이 어떻게 서로 다른 일들을 할 수 있는가를 그가 이해함에 있어서 중요한 역할을 했다. 『영혼에 관하여』보다 나중에 쓰인 『감각과 감각대상에 관하여』에서, 아리스토텔레스는 몇 가지 감각들에 대해 더욱 자세히 설명한다.[15]

『영혼에 관하여』에서는 감각에 대한 논의 뒤에는 상상력에 대한 논의가 이어진다. 아리스토텔레스가 의미했던 상상은 '정신적 이미지들을 형성하는 것'이다. 그가 의미했던 것은 상상 속의 사물이나 비실재적 사물을 생각해내는 것이 아니었다. 상상은 감각과 밀접하게 연결된다. 아리스토텔레스는 영혼의 이 능력을 감각과 사고의 매개체로 보았다. 상상은 지각이 없이는 발생할 수 없으며, 사고는 상상을 필요로 한다. 그러나 상상은 몇 가지 이유에서 감각이 아니다. 오류의 여지가 없는 지각과 달리 상상은 오류의 여지가 있다. 지각을 갖는 일부 동물들

---

15   Aristotle, *De Anima* III, 2, 425b–427a.

은 상상을 하지 못한다. 우리는 눈을 감았을 때도 정신적 이미지들을 가질 수 있으며, 우리가 믿는 지각들과 우리가 의심하는 이미지들을 구분할 수 있다. 또한 상상은 사고와 더불어 발생하는 확신을 주지 않거나 또는 행동의 토대로 쓰이지 않기 때문에, 그것은 사고가 아니다. 우리는 이성을 사용하여 거짓된 상상들을 수정한다. 지각, 상상, 그리고 사고는 서로 다른 세 가지 활동들이다.[16]

아리스토텔레스는 기억을 『형이상학』에서 언급하지만 『영혼에 관하여』에서는 다루지 않는다. 기억에 대한 논의는 『기억과 상기에 관하여』에서 자세히 다루어진다. 인간과 마찬가지로 일부 하위 동물들도 갖는 기억은 정신적 이미지들이 지속되는 인상으로서 감각을 뒤따른다. 경험은 우리로 하여금 현재 사건과 유사하거나 반대되거나 또는 인접한 어떤 것에 대한 기억을 야기한다. 우리는 어떤 것을 상기하려는 노력을 통해 스스로 기억하도록 만들 수도 있다.[17]

이성혼

영혼 능력들 중에서 사고능력은 인간들(그리고 인간과 유사하거나 우월할지도 모르는 다른 피조물들)만이 소유한다. 사고는 영혼들이 획득할 수 있는 가장 높은 단계의 활동이다. 그것은 영혼들의 위계에서 꼭대기에 있다. 불행하게도 아리스토텔레스가 이성혼에 대해 말한 것이

---

16   Ibid. III, 3, 427b–429a; III, 7, 431a와 b; III, 8, 432a; *De Memoria et Reminiscentia* I, 449b 31.

17   Aristotle, *Metaphysics* I, 980a 21–981a 1; *De Memoria et Reminiscentia* I, 405a 15, 450b 12–451a 25, 451b 16–20, 그리고 451b 24.

항상 명료하거나 잘 정리되어 있지는 않다. 이것은 이성 능력들에 대해 그가 주장한 것에 대한 많은 다양한 해석들로 이어졌다.[18] 아리스토텔레스는 이성혼의 두 가지 측면들, 즉 수동지성[19]과 능동지성에 대해 이야기했다. 우리에게 불확실한 것은 대부분 능동지성에 관한 그의 견해와 관련된다.

실현의 단계들이라는 개념과 하위 단계의 잠재태들이 상위 단계들에서 실현된다는 개념에서 지성이 감각혼의 감각과 상상을 사고로 실현할 것이라는 결론이 뒤따른다. 분명히 아리스토텔레스는 감각혼의 능력들에 대한 토대에 근거함으로써 사고가 가능하다고 생각했던 것으로 보인다.

수동지성이라는 개념은 감각과 상상에 대한 아리스토텔레스의 이야기와 논리적으로 들어맞는다. 지각의 능력들로 생각될 수 있는 것과 동일한 관계에 있고, 또한 지각될 수 있는 것과 관계되어 있는 지성은 인간들이 감각과 상상의 재료들을 사고로 실현할 수 있게끔 해준다. 사고의 이미지들은 단순한 인상들이 지각에서 하는 역할과 유사하다. 아리스토텔레스가 이 기능에 대한 생리학적 설명을 제공하지 않는 것은 의도적인 생략으로 보인다. 그는 어떤 면에서는 지성을 육체로부터 분리시키길 원한다. 어떤 감각기관에도 지성의 일이 할당되지 않으며, 지성은 오직 생각함으로써만 존재한다. 즉, 그것은 생각할 때를 제외하고는 아무것도 아니라는 것이다. 그렇지만 그것은 분명히 감각지각들에 의

---

18 Aristotle, *De Anima* II, 3, 414b.

19 옮긴이주: '능동지성(active intellect)'에 상대적인 용어는 주로 '수동지성(passive intellect)'으로 알려져 있다. 그러나 이 책에서 지은이는 '수동지성(passive intellect)' 대신에 '잠재지성(potential intellect)'이라는 용어를 사용한다. 이 용어는 아리스토텔레스 전문가들이 많이 사용하지 않는 생소한 용어이므로, 여기에서 옮긴이주는 그것을 모두 우리에게 익숙한 '수동지성(passive intellect)'으로 대체했다.

존한다. 수동지성에 대한 아리스토텔레스의 설명은 그것이 어떤 방식으로든 육체의 죽음에도 살아남는다고 결론지을 근거가 되지 않는 것으로 보인다.[20]

수동지성은 감각혼의 잠재태를 실현하는 영혼의 엔텔레키들에 대한 아리스토텔레스의 위계에서 자리를 메꾸고 있다. 그러나 이것은 우리가 어떻게 추상적이고 이론적인 영원한 진리들을 알 수 있는가를 설명해주지 못하며, 또한 이러한 설명이 없이는 인간의 영혼에 대한 아리스토텔레스의 연구가 완전해질 수 없다.

능동지성은 앎의 능력을 완전하게 만들지만, 정확히 능동지성이 무엇인지 또는 그것이 어떻게 기능하는지 분명하지 않다. 허술하게 정리되어 있는 인간의 영혼에 대한 아리스토텔레스의 자료는 우리에게 일련의 의문들을 남기며, 학자들은 오랜 세월에 걸쳐 서로 상이한 방식들로 그것들에 답변하려고 노력해왔다.

능동지성이란 무엇을 말하는가? 아리스토텔레스 자신도 이 문제에 대해 분명한 생각을 갖지 못했던 것으로 보인다. 그는 "마음은 영혼에 뿌리내린 독립적인 실체이자 파괴될 수 없는 것으로 보인다."고 말했다. 그는 또한 사람의 내부에서 그것의 작용은 연로함, 취기, 그리고 질병에 의해 영향을 받지만, 마음 그 자체는 육체의 영향들로 인해 손상되지 않는다고 말했다. 또한 그는 "... 그것은 영원한 것과 소멸하는 것만큼이나 아주 다른 종류의 영혼처럼 보인다. 그것만이 다른 모든 영혼 능력들로부터 분리되어 존재할 수 있다."[21] 그는 분명히 여기에서 능동지성에 대해 이야기하고 있지만 그것에 대해 그가 말하고 있는 것은 무

---

20   Ibid. III, 4, 429a-430a와 III, 7, 431a.

21   Ibid. I, 4, 408b 18-19와 II, 2, 413b 25. R. McKeon이 편집한 *Introduction to Aristotle*에 들어있는 J.A. Smith의 번역 참조.

엇인가? 그가 영혼을 유기체의 엔텔레키라고 말하는 것처럼 보이지는
않으며, 아마도 그렇기 때문에 그는 그것이 또 다른 종류의 영혼 '처
럼' 보인다고 말했을 것이다. 그러나 분명한 것은 영혼으로부터 분리
되며, 또한 영혼과 함께 소멸하지 않는 지성이 있다고 그가 생각했다
는 것이다.

영혼에 이식되어 있는 분리 가능한 실체라고 묘사되는 능동지성은
완전하게 실현된다. 그것은 수동지성처럼 어떤 때는 생각하고 어떤 때
는 생각하지 않는 것이 아니다. 그것은 수동지성과 협력하여 일한다.
왜냐하면 사고는 능동지성과 수동지성이 모두 있어야 발생하기 때문이
다. 이처럼 능동지성은 영원한 진리들에 대한 사고를 가능하게 하지만,
어떻게 그것을 가능하게 하는지는 분명하지 않다. 아리스토텔레스는
그것을 빛에 비유한다. 이것은 능동지성이 영혼으로 하여금 그것의 사
고들 가운데 일부를 영원한 진리들로 인지하도록 만들 수 있다는 것,
즉 아우구스티누스가 신적 조명에 귀속시켰던 역할을 함축하지만(19
장 참조), 이런 내용은 분명하게 진술되어 있지 않으며, 또한 아리스토
텔레스가 생각했던 것이 아닐 수도 있다.[22]

영원한 본질들을 통해 사물들의 본성을 이해할 수 있는데, 이러한 영
원한 본질들을 지성에 제공하는 것이 전적으로 현실적인 능동지성의
역할이었을 수도 있다. 일련의 본질들이 분명히 실현될 것이고 또한 영
원할 것이므로, 이것은 매력적인 주장이다. 이러한 능동지성 개념은 플
라톤적이며, 우리는 아리스토텔레스의 사고 속에 있는 플라톤적 요소
를 간과해서는 안 된다. 하지만 안타깝게도 우리는 능동지성에 대해 명
확하게 진술된 내용을 이런 방식으로 이해할만한 근거를 찾을 수 없다.

---

22   Ibid. III. 5, 430a.

후기 철학자들의 많은 논의는 능동지성의 불사성에 대한 것이었다. 『영혼에 관하여』는 이에 관한 아리스토텔레스의 입장을 충분히 명료하게 제시하고 있다. 아리스토텔레스는 사고가 오직 두 지성들이 함께 작용함으로써만 발생한다고 말했다. 그는 능동지성은 소멸하며, 어떤 것에 의해서도 영향 받지 않은 능동지성은 우리의 개별적인 삶들에 대한 기억을 갖지 못한다고 말했다.[23] 중세시대에 '그 철학자'로 지칭되었던 아리스토텔레스가 불사성에 대한 자신들의 믿음을 지지해주길 원했던 철학자들은 그러한 설명에 만족하지 못했다. 『영혼에 관하여』는 능동지성이 단일한지, 즉 모든 인류에 대한 하나의 지성인지, 또는 각 사람이 (육체의 부활과 더불어 돌아오게 될 수동지성과 다시 일할 준비가 되어 있는) 영혼에 이식된 개별적 능동지성을 갖는지에 대해 말하지 않는다. 이것은 그 문제에 관한 논란의 여지를 제공했다.

아리스토텔레스의 자료들이 명료하지 않기 때문에 능동지성과 부동의 원동자가 어떤 연관성을 갖는가에 관한 또 다른 문제가 야기된다. 그것들은 모두 완전히 실현되며, 『형이상학』에서 아리스토텔레스는 제일원동자만을 언급할 뿐 물질적 사물들로부터 분리된 다른 실현된 존재자는 언급하지 않는다. 일부 학자들은 이것을 능동지성이 바로 제일원동자가 될 수 있음을 보여주는 증거로 간주했다. 그러나 인간의 영혼에 뿌리내린 능동지성과 제일원동자를 동일한 존재자로 보기는 어렵기 때문에, 이와 관련하여 중요한 문제들이 제기된다. 아마도 더 중요한 것은 제일원동자가 스스로를 관조하는 관조라고 묘사된다는 것이며, 또한 이런 형태의 지성이 어떻게 수동지성에게 사물들의 본성을 이해하는 수단을 제공해줄 것인지를 알기 어렵다는 것이다.[24]

---

23   Ibid. III. 5. 430a 이하.

아리스토텔레스의 저술이 다소 허술해 보이고 또한 세부 사항에 대해 무관심해 보인다는 점을 참기 어렵다면, 우리가 갖고 있는 자료들이 그가 직접 쓰지 않았을 수도 있는 대중적인 글과 전문적인 저술의 일부에 불과하다는 점을 기억할 필요가 있다. 『형이상학』, 『영혼에 관하여』, 『니코마코스 윤리학』, 『자연학』, 그리고 다른 전문적인 저술들은 강의 노트나 학생의 노트, 그리고 아리스토텔레스의 사후 수백 년 뒤에 편집된 자료이다.[25] 비록 아리스토텔레스가 중세의 종교 제일주의자들이나 심지어는 일부 현대철학자들이 그에게 묻고 싶었던 모든 질문들에 답변하지 않았다 하더라도, 그들의 관심들을 예측하고 만족시키지 못했다는 이유로 그를 비난할 수는 없을 것이다.

아리스토텔레스가 의미했던 능동지성이 무엇인가에 관한 몇 가지 질문들에 사유와 열정과 종이가 소비되었다 하더라도, 이런 논란들 때문에 그의 사고 속에 들어있는 근본적인 문제들을 놓쳐서는 안 된다. 상위에 있는 것들은 하위에 있는 것들의 잠재태를 보존하고 완성하는 한편, 상위에 있는 것들의 실현에 하위에 있는 것들이 필요하다는 엔텔레키들의 위계적 관계는 사고 작용에 관여하는 두 가지 요소들 속에서 인간의 가장 높은 단계에 도달한다. 아리스토텔레스가 능동지성을 수동지성보다 더 높고 더 가치 있는 것으로 생각했다는 것이 분명할지라도, 그는 위계의 꼭대기에 있는 존재자들만이 아니라 모든 단계의 존재자들에게 가치와 중요성을 부여했다.

24   D. ross, *Aristotle*, 152-153.
25   아리스토텔레스의 저술들이 어떻게 오늘날 우리가 아는 형태로 되었는가에 대한 간략한 역사는 D. Ross, *Aristotle*, 7-19, 또는 G.E.R. Lloyd, *Aristotle: The Growth and Structure of His Thought*, 9-18 참조.

12

아리스토텔레스:
지식과 논리학

아리스토텔레스는 지식의 대상이란 지금 그런 것 이외의 다른 것이 될 수 없어야 한다고 생각했다. 즉, 그것은 필연적으로 참이어야 한다. 이처럼 아리스토텔레스는 지식이 필연적이며 영원한 진리들이어야 한다는 플라톤의 믿음을 공유했다.[1]

또한 아리스토텔레스는 지식이 단지 개별자들에 관한 것이 아니라 보편자들에 관한 것이어야 한다고 생각했다. 많은 수의 구체적이고 개별적인 사물들 이외에 아무것도 없다면 지식은 있을 수 없다. 우리는 플라톤이 상정했던 것처럼 사물들로부터 분리된 형상들을 필요로 하지는 않지만, 사실상 개별자 이상의 어떤 것을 필요로 한다. 우리는 많은 사물들의 동일한 속성들을 서술하는 보편적인 용어인 종(species)[2]을

---

1   Aristotle, *Posterior Analytics* I, 2, 716b 14; I, 4, 73a 20–24, 그리고 I, 8, 75b 20–24.

2   옮긴이주: 일반적으로 '종(species)' 또는 '유(genus)'는 보편개념을 가리킨다. 예를 들어, 각각 A, B, C, D 등의 이름으로 불리는 10마리의 '개'가 있다고 할 때, 그것들이 '개'라고 부르는 것은 '개'로 불릴 수 있는 속성들을 갖고 있기 때문이다. 즉, A, B, C, D 등은 멍멍 소리를 내며 짖거나 네 다리로 걷는 등의 속성들을 공통적으로 갖고

필요로 한다.[3]

논리학적 주제들에 관한 아리스토텔레스의 저술들은 지식에 관한 그의 견해들을 도식적으로 설명해준다. 무엇이 알려질 수 있는가, 어떻게 알려질 수 있는가, 그리고 어떤 용어들로 제대로 사고될 수 있는가에 관한 그의 사고가 지닌 특징들이 과학적 정의에 대한 그의 개념, 그의 사고 범주들, 그리고 논리적 추론에 대한 그의 체계 속에서 드러난다.

정의와 범주들

아리스토텔레스는 사물의 존재를 보여주는 논리적 논증이 사물의 본성을 보여주는 정의와 동일하지 않다고 말했다. 그는 두 가지 유형의 정의가 있다고 말했다. 첫 번째 유형은 이름의 의미에 대한 진술이다. 이것은 사물이 존재한다는 것을 보여주려 시도하지 않고, 단지 그 이름을 통해 어떤 본성이 확인되는가를 보여주려 시도한다. 두 번째 유형의 정의는 사물의 원인을 보여준다. 아리스토텔레스는 이것을 사물의 존재에 대한 유사증명이라고 부른다. 첫 번째 유형의 정의는 아마도 아리스토텔레스의 중대한 공헌이었을 것이며, 그것은 대체로 과학적 정의의 귀감이 되었다.

이런 종류의 정의는 최하위의 종(infimae species)에서 최상위의 류

있기 때문에 개라고 불린다는 것이다. 여기에서 A, B, C, D 등의 개들을 각각 '개별자'라고 부르고, 이러한 개별자들을 포괄하는 상위개념인 '개'는 '종'이라고 부른다. 그리고 '종'보다 상위개념을 '유'라고 부르는데, '개의 종', '고양이의 종', '사람의 종' 등은 모두 '포유류'라는 상위개념에 속하며, 이 '포유류'와 같은 개념을 '유'라고 부른다.

3   Aristotle, *Metaphysics* III, 4, 999a 25–999b 24; *Posterior Analytics* I, 11, 77a 5–9.

(최고류, summum genus)까지, 즉 가장 구체적인 성질들로부터 가장
광범위한 집합 분류로 이어지는 분할 과정이다. 완벽한 정의는 어떤 하
나의 사물을 그것이게끔 만드는 성질들, 즉 가장 개별적인 것으로부터
가장 보편적인 것에 이르는 성질들을 부여한다. 정의는 하나의 존재자
가 속하는 모든 집합들을 염두에 두면서 종의 모든 성질들을 파악한다.
그것은 그것이 가진 대부분의 성질들을 다른 집합들에 속하는 구성원
들과 공유하지만, 그 전체 영역의 속성들은 정의되고 있는 종에만 존재
한다.

이런 집합들은 올바른 순서로 열거되어야 한다. 예를 들어, 이런 종
류의 정의에서 인간은 이성적이고 두 발을 지니고 포유류이며, 또한
(태아가 모체 내에서 어느 정도 성장한 뒤에 태어나는-옮긴이) 태생성
을 지니고 동물적이고 살아있는 존재자이다. 구체적인 집합들에 대한
아리스토텔레스의 생각, 특히 두 발을 가졌다는 이족성(two-footed-
ness)에 부여된 역할은 우리에게 다소 이상해보일 것이다.[4] 인간이 털
없는 이족동물이라는 표현은 상당히 세련된 철학적 즐거움을 안겨주지
만, 범주화(분류)에 대한 아리스토텔레스의 기본적인 접근방법은 건전
하며, 또한 훌륭한 사고에 중요한 공헌을 한다. 이런 유형의 정의는 엔
텔레케이들에 대한 아리스토텔레스의 위계를 상기시키지만, 우리는 그의
가치 판단들을 받아들이지 않고도 그런 접근방법을 사용할 수 있다.

인간의 사고에 관한 아리스토텔레스의 신념에 포함된 또 다른 측면
이 그의 범주들에서 발견된다. 아리스토텔레스는 올바른 사고를 하기
위해서는 어떤 범주들을 이용해야 한다고 생각했다. 언어의 품사들이

---

4   Aristotle, *Posterior Analytics* II, 3, 90a 35-91a 12; II, 10, 93b 28-94a 19; II,
13, 97a 22-38.

의사소통을 위한 것이듯이, 범주들은 올바른 사고를 위한 것이다. 최근
의 학자들은 과거의 학자들이 그랬던 것만큼 범주들에 대해 많은 관심
을 갖는 것 같진 않지만, 그것들이 아리스토텔레스의 사고 개념을 밝혀
주는 설명을 살펴보는 것은 가치 있는 일이다. 이 범주들은 『범주론』,
『변증술』, 그리고 『분석론 후서』에서 나온다. 아리스토텔레스는 모든
올바른 사고가 다음과 같은 범주들을 사용한다고 생각했다.

1. 실체 (예: 말)

2. 양 (얼마나 많이)

3. 질 (어떤 종류, 예: 색깔)

4. 관계 (예: ~와)

5. 장소 (어디)

6. 시간 (언제)

7. 장소적 위치 (예: 앉다, 눕다)

8. 조건, 상태 (예: 무장하고 있는)

9. 능동 (예: 달리는)

10. 피동 (예: 작용되는)

『분석론 후서』에서는 몇 가지 범주들이 다른 범주들에 포함되기도
한다.[5] 한편, 올바른 모든 사고를 제한하는 범주들에 관한 많은 동의를
찾기는 어려울 것이다. 아마도 우리 대부분에게 있어서 아리스토텔레
스의 방법은 제한적이고도 확정적으로 보일 것이다. 그의 범주들은 세
계에 관한 우리의 사고방식보다 고대 본질주의자의 사고방식에 더 잘

---

5   Ibid. I, 22, 83a 21-35.

들어맞는다.

논리적 논증을 통한 지식

논리학에 대한 아리스토텔레스의 광범위한 연구는 중세시대에 논증의
필수 도구였던 논리학 체계의 토대가 되었고, 20세기의 영미철학에서
많은 부분이 버려지기 전까지는 계속 표준적인 논리학 도구로 인식되
었다. 아리스토텔레스의 논리학과 그것에 기초하여 발전했던 체계는
정언적(범주적) 진술들에 근거했다. 전통 논리학의 전제들은 그러그러
한 것이 사실이라고 선언한다. 아리스토텔레스는 지식이란 하나의 존
재자가 어떤 류(class) 또는 어떤 종(species)에 속하는가를 아는 것이
라고 믿었으며, 그의 논리학은 류의 원소에 수반되는 속성들을 발견하
는 수단이었다. 영국과 미국의 전통 논리학을 대부분 대체했던 논리적
접근방법들은 전제들을 가언적(가설적) 진술들로 다루었다. 만약 그러
그러한 것이 사실이라면, 그로부터 무엇이 도출되는가라는 질문이 제
기된다. 영미철학자들이 아리스토텔레스의 논리적 도구가 지닌 측면들
을 거부했던 최초의 철학자들은 아니었다. 스토아 논리학은 가언적 진
술들과 선언적 명제[6]들을 사용했다(16장 참조). 논리적 체계의 선택은
인식론적 관점들을 반영한다. 아리스토텔레스에 따르면, 가언적 진술
에서 무언가를 배운다는 것은 불가능하다. 지식은 정언적이어야 한다.
그것은 영원한 진리와 보편 용어(term, 명사名辭)에 관한 것이다.[7]

---

6   옮긴이주: 선언적 명제는 '또는(or)'으로 연결되는 명제를 가리킨다.
7   Aristotle, *Posterior Analytics* I, 2, 716b 14; I, 4, 73a 20-24, 그리고 I, 8, 75b
20-24; *Metaphysics* III, 4, 999a 25-999b 24; *Posterior Analytics* I, 11, 77a 5-9 참

aaa PACTIONS supmay be present.

전제들

아리스토텔레스에 따르면, 논증은 부가적인 지식을 획득하기 위해 이전에 획득된 전제 형태의 지식을 이용한다. 이전에 존재했던 지식은 두 가지 종류로, '참이라고 가정되었던 사실들'과 '용어들의 의미'이다.

전제들은 참이고, 우선적이고, 결론보다 더 잘 알려져 있으며, 또한 결론보다 앞서야 한다. 아리스토텔레스는 '앞서는'과 '더 잘 알려진'이 다의적인 용어들임을 알고 있었다. 그 용어들은 존재의 순서를 언급하거나 또는 인간이 가진 지식의 순서를 언급할 수도 있다는 것이다. 감각들을 통한 지식은 인간에게 앞서며 또한 더 잘 알려져야 하지만, 사물들의 실재하는 부분들인 절대적으로 앞서고 더 잘 알려진 것들은 감각경험에서 가장 멀다. 이런 진리들은 어떤 상황에서도 참이 아닐 수 없는 영원하고도 필연적인 진리들이다. 지식은 '우선적이고도 증명 불가능한' 전제들을 요구한다.[8]

논증의 일부 전제들은 이전의 논증들로부터 도출될 수도 있지만, 궁극적으로 지식은 무한역행이나 순환논증들보다 더 건전한 어떤 것에 근거해야만 한다.

전제들의 근거들인 직관과 귀납법

아리스토텔레스는 지성이 증명될 수도 없고 어떤 증명도 필요로 하지

조.

8 Aristotle, *Posterior Analytics* I, 1, 71a 1–12, 72a 5.

않는 진리들을 직관하는 능력을 갖는다고 생각했다. 이것들은 수학의 공리들이나 일반적인 논리학적 법칙들처럼 일반적으로 자명하다고 인식되는 분석명제들로 한정되지 않는다. 어떤 직관은 오류의 여지가 없는 단순한 지각 자료들을 포함한다. 이것들은 하위동물들에 의해 직관될 수도 있지만, 동물들은 인간들처럼 그것들을 사용할 수 있는 기억을 결여하고 있다. 논증의 일부 전제들은 동일한 종류의 감각 지각에 대한 많은 경험들을 요구하는 귀납법에 의해 수용된다. 이 전제들은 생득적으로 알려지지도 않고 증명되지도 않는다. 이것들은 위에서 언급된 직관 능력의 결과들이다. 아리스토텔레스는 많은 지각들을 통해 획득되는 이 직관들을 전쟁의 혼란이 종결되는 경우에 비유하는데, 그 직관들이 처음에는 한 병사가, 그러고는 여러 병사들이, 그런 뒤에는 다수의 병사들이 복귀해 싸움으로써 전쟁의 혼란이 종결되는 것과 비슷하다는 것이다.[9]

증명(연역법)

아리스토텔레스에 따르면, 확실한 결론들을 산출할 수 있었던 종류의 논증은 증명이었다. 이런 종류의 논증은 연역법 또는 삼단논법적 논증으로 알려졌다. 그런 논증의 형태가 삼단논법으로 알려져 있다. 그것은 형식적으로 구성된 논증으로서, 결론의 원인으로 간주되는 전제들로부터 결론이 도출된다. 그것이 적절한 논증이 되려면, 아주 엄격한 어떤 원리들이 뒤따라야 한다. 부분적으로 여기에 관련된 것이 전제의 주어

---

9   Ibid. II, 19, 99b 33–100b 17.

와 술어의 논리적 관계이다.

오류가 어떻게 발생할 수 있는가에 대한 설명에서, 플라톤은 진술들이 주어와 술어를 갖는다는 점을 지적했다. 이를 통해 그는 존재하지 않는 것에 대해 생각하는 것은 불가능하다고 주장했던 엘레아학파에 의해 제기되었던 논리적 곤경을 벗어나게 되었다. 이러한 플라톤의 통찰력으로부터 혜택을 받은 것이 아리스토텔레스의 논리학이었다. 어떻게 전제들이 논증에서 기능하거나 또는 기능하지 못하는지를 보여주기 위해, 아리스토텔레스는 '주어-술어' 형태의 진술들을 사용했다. 그는 술어, 즉 주어에 대해 언급된 것이 주어와 세 가지 종류의 관계를 가질 수 있음을 보였다.

어떤 술어들은 주어와 우연적으로 연결된 우연적인 것들 또는 우연의 일치들이다. 예를 들어, '음악적임'은 모든 사람들이 아니라 이 사람에 대해 기술하고 있다. 그 술어는 주어에 대한 우리의 지식에 거의 아무런 보탬이 되지 않기 때문에, 그런 술어들을 갖는 진술들은 증명에서 사용될 수 없다. 어떤 술어들은 속성들 또는 고유한 성질들이다. 이것들은 (모든 구성원에 대해 참인) 종과 동일한 외연을 갖는 성질이며 또한 그것의 본성을 보여주지만, 그것들이 그 본성에 대한 궁극적인 정의들은 아니다. 어떤 술어들은 종의 본질적인 특성들이다. 이것들은 (예를 들어, "'선'은 '삼각형'에 속한다."처럼) 사물을 규정하는 성질들, 즉 사물의 본질적인 성질에 속하는 원소들이다.[10]

본질은 주어의 독특한 종을 구성함으로써 그 주어를 다른 것들과 구별한다. 종을 완전하게 규정하지는 못하지만, 고유한 성질들은 항상 그것과 연결되어 있을 것이다. 이것의 예로서 인간을 고려해보자. 인간의

---

10   Ibid. I, 4, 73b 1–25.

본질은 이성적이고, 대화능력은 그 종과 동연적인 속성이며, 그리스어를 말하는 것은 우연이다. 논리적 논증은 우연에 의존할 수 없다. 왜냐하면 우연들은 그 종에 속한 모든 구성원들에 대해 참이라고 말하는 것이 아니며, 또한 그 종과 본질적으로 연결되지도 않기 때문이다. 우리는 어떤 사람이 모두가 말하는 것이 아니라 그리스어로 말한다는 것을 토대로 해서 어떤 것이 인간 종에 대해 참이라고 주장할 수는 없다.[11]

삼단논법

삼단논법은 추리를 도출하는 타당한 형식이다. 전제들과 결론의 배열과 본성으로 이루어지는 그것의 구조는 매우 중요하다. 적절한 형태로 구성된 삼단논법만이 타당한 삼단논법이다.

타당성

타당성은 논리적 추론에서 중요한 점이다. 그것은 일상적인 의미보다는 좀 더 엄격한 논리학에서 전문적인 의미를 갖는다. 논리학에서 타당성이 진리와 동일한 것은 아니지만, 그것은 진리의 증명에서 매우 중요하다. 그것은 그 논증의 형식적 구조를 언급한다. 만약 그 형식이 정확하지 않다면, 그 논증은 논점을 입증하지 못한 것이다. 만약 형식이 정확하다면, 즉 형식이 타당하다면, 그리고 전제들이 참이라면, 결론은

11　Ibid. I, 6, 75a 27-36.

입증된다. 모든 진술들은 참이지만 형식이 타당하지 않은 논증의 예는 다음과 같다.

어떤 아테네인들도 스파르타인들이 아니다.
어떤 영국인들도 아테네인들이 아니다.
그러므로 어떤 영국인들도 스파르타인들이 아니다.

이것은 모두 참이지만, 부정적인 두 전제들로부터 아무것도 연역될 수 없기 때문에 아무것도 입증되지 않았다. 한편, 아래에서 보듯이, 타당한 삼단논법이지만 참이 아닌 경우도 있다.

어떤 독일인들도 맥주를 마시는 사람들이 아니다.
모든 예술가들은 독일인들이다.
그러므로 어떤 예술가들도 맥주를 마시는 사람들이 아니다.

논증이 건전하기 위해서는 그것이 타당해야 하고 또한 참된 전제들을 가져야 한다. 타당한 삼단논법의 형식적 구조는 무엇을 말하는가? 충족되어야 하는 몇 가지 규칙들이 있다. 삼단논법이란 개념에서 핵심적인 것은 매개명사이며 이것은 두 전제들에 공통된 요소를 말한다. 그것은 두 전제들을 논리적으로 연결한다. 즉, (보통 ‘M’으로 표기되는) 매개명사는 결론의 주어인 소개념과 결론의 술어인 대개념을 연결한다. 그것은 결론에 나타나지 않는다. 위 논증들 속의 중명사들은 아테네인들과 독일인들을 가리킨다. 매개명사의 중요성은 명백하다. 만약 두 전제들 사이에 아무런 관련성이 없다면, 그것들을 결합하더라도 입증할 수 있는 것은 아무것도 없을 것이다.[12]

'주연'에 관한 좀 더 복잡한 규칙들이 있다. 매개명사(middle term)는 전제들 가운데 하나에 주연되어야 하며, 만약 (결론의 주어이자 술어인) 종결명사(end term)가 결론 속에 주연된다면, 그것은 그것이 나타나는 전제 속에서 주연되어야만 한다. 그렇다면 주연이란 무엇인가? 논증은 오직 (사물들의 집합의 모든 원소들에 속하는) 술어들에만 기초할 수 있다. 하나의 명사(term)가 그 종의 모든 구성원들에게 적용되는 경우에, 우리는 그 명사가 주연된다고 말한다. 때때로 이것은 명백하다. "모든 개들은 동물들이다."는 모든 개들에 관한 것이다. "어떤 개들은 갈색이다."는 모든 개들에 관한 것이 아니다. 그러나 일부 주연들은 명백하지도 않으며, 직관적으로 인식되지도 않는다. "어떤 곰들도 반바지를 입지 않는다."는 분명히 모든 곰들에 관한 것이다. 명백하지 않은 것은 그것이 반바지도 주연시킨다는 것이다. "어떤 곰들은 초콜렛 푸딩을 좋아하지 않는다."는 모든 곰들에 관한 것이 아니지만, 그것은 초콜렛 푸딩을 주연시킨다. 이런 것들을 우리는 어떻게 알 수 있는가? 대부분의 사람들은 다음의 원리를 단순히 받아들인다. 즉, 그들은 "(어떤 것이 종의 모든 구성에게 참되다는 것을 주장하는) 보편긍정진술들은 주어 위치의 명사를 주연시키며, 부정진술들은 술어 위치에 있는 그 명사를 주연시킨다."라는 원리를 단순히 받아들인다.

　명료성과 편의성을 위해 보편긍정진술(전칭긍정진술)들은 'A' 진술들이라고 불린다. 그리고 그것들은 주어명사를 주연시킨다. 보편부정진술(전칭부정진술)들은 'E' 진술들이라고 불린다. 그리고 보편부정진술들은 보편적이기 때문에 주어명사들을 주연시키며, 또한 그것들은 부정적이기 때문에 술어명사들을 주연시킨다. (유의 일부에 관한) 특

12　Ibid. I, 6, 75a 12–15.

칭긍정진술(특수긍정진술)들은 'I' 진술들이라고 불리며, 그것들은 보편적이지도 않고 부정적이지도 않기 때문에 주어명사나 술어명사를 주연시키지 않는다. 특칭부정진술(특수부정진술)들은 'O' 진술들이라고 불리며, 그것들은 술어명사를 주연시킨다. A, E, I, O는 주어와 술어 간의 관계가 긍정적인가 또는 부정적인가에 관한 '질'과 진술이 보편적인가 또는 특수한가라는 '양'을 가리킨다. (표 12.1의 '주연에 관한 아리스토텔레스의 규칙들' 참조.)

타당한 격과 식

아리스토텔레스는 삼단논법의 전제들과 결론에 들어있는 주어와 술어의 세 가지 격들 또는 배열들을 사용한다(표 12.1 참조). 이 배열들의 형식화에서, 'S'는 주어명사, 'P'는 술어명사, 그리고 'M'은 매개명사를 의미한다. 나중에 중세학자들에 의해 네 번째 격이 첨가되었다(이 네 가지 격에 대해서는 표 12.1 참조).

　이미 보았듯이, 진술의 주어와 술어 사이에는 몇 가지 종류의 관계들이 존재할 수 있다. 술어는 주어와 긍정적 또는 부정적으로 관련될 수 있다(질, quality). 술어는 종 전체와 관련되거나 또는 종의 일부와 관련될 수 있다(양, quantity). 위에서 보았듯이, 이런 것들이 A, E, I, O 진술들의 질과 양이다. A, E, I, O와 결합된 '격(figure)'들이 '식(mood)'이라 불리는 것을 구성한다. 가능한 결합들이 많은 수의 식들로 나타나겠지만, 대부분의 가능한 배열들은 타당하지 않다. 그것들은 하나 또는 다수의 규칙들을 위반한다는 것이다. 어떤 식들이 타당한가를 결정하는 아리스토텔레스의 규칙들은 다음과 같다. (1) 매개명사가

표 12.1. 아리스토텔레스의 논리학 체계

네 가지 격:　　(1) MP　(2) PM　(3) MP　(4) PM
　　　　　　　　　SM　　　*SM*　　　*MS*　　　*MS*
　　　　　　　　　SP　　　　SP　　　　SP　　　　SP

S=주어명사; P=술어명사; M=매개명사

타당한 식:

제1격
MAP	MEP	MAP	MEP
SAM	*SAM*	*SIM*	*SIM*
SAP	SEP	SIP	SOP

제2격
(모두 부정적)
PEM	PAM	PEM	PAM
SAM	*SEM*	*SIM*	*SOM*
SEP	SEP	SOP	SOP

제3격
(모두 부분적)
MAP	MAP	MEP	MOP	MEP	MIP
MAS	*MIS*	*MAS*	*MAS*	*MIS*	*MAS*
SIP	SIP	SOP	SOP	SOP	SIP

제4격
PAM	PAM	PIM	PEM	PEM
MAS	*MES*	*MAS*	*MAS*	*MIS*
SIP	SEP	SIP	SOP	SOP

주어와 술어의 관계들은 다음에 의해 나타난다.
　　　　A = 전칭긍정진술 (모든 S는 P이다)
　　　　E = 전칭부정진술 (어떤 S도 P가 아니다)
　　　　I = 특칭긍정진술 (어떤 S는 P이다)
　　　　O = 특칭부정진술 (어떤 S는 P가 아니다)

주연(DISTRIBUTION):
　　　　전칭진술: 주어명사가 주연됨
　　　　부정진술: 술어명사가 주연됨

(아리스토텔레스가 말하는) 타당성의 규칙들
　　　　1. 매개명사가 최소한 한 번은 주연되어야 한다.
　　　　2. 만약 결론의 종결명사가 주연된다면, 그것은 전제들
　　　　　 중 하나에서 주연되어야 한다.
　　　　3. 부정적인 전제들의 수는 부정적인 결론들의 수와 동
　　　　　 일해야 한다.

최소한 한 번은 주연되어야 한다(뒤에 수정된 규칙들에 따르면, '오직 한 번만'이라고 말한다). (2) 만약 결론의 종결명사가 주연된다면, 그 것은 그것이 나타나는 전제에서 주연되어야 한다. 그리고 (3) 부정적인 전제들의 수는 부정적인 결론들의 수와 동일해야 한다. 오직 19개의 식만이 타당하다(타당한 식에 대해서는 표 12.1 참조).

최초의 격은 타당한 논증이 보편긍정결론에 도달할 수 있는 유일한 배열이기 때문에, 아리스토텔레스는 그것이 가장 과학적이라고 생각했다. 그것은 이것을 오직 한 가지 식에서만, 즉 전제들과 결론이 모두 전칭긍정진술들이기 때문에 '바르바라(Barbara, 이 단어의 'a'들에 주목하라)'라 불리게 되었던 삼단논법에서만 할 수 있다. 두 번째 격에서는 오직 부정결론들만이 도달될 수 있지만, 세 번째 격에서는 어떤 전칭결론들도 도달될 수 없다.[13]

아리스토텔레스의 지식이론과 논리학의 관계

아리스토텔레스의 논리학은 지식이 보편자들에 대한 것이며 또한 확실해야 한다는 그의 신념을 강조한다. 삼단논법은 주어가 어떤 본질적 속성을 갖는 사물들의 류의 구성원임을 선언하는 정언적 진술들에 기초한다. 아리스토텔레스는 자신의 논리학을 가언적 진술들이나 선언적 진술들에 기초하지 않는다. 지식은 오직 항상 참인 것에 대한 것이며, 또한 그것은 오직 정언적 용어들로만 진술될 수 있다.

---

13   Ibid. I, 14, 79a 15-32.

13

아리스토텔레스:
윤리학과 정치학

아리스토텔레스의 윤리학적 글들의 일부는 원저자가 의심스럽다고도 하는 초기 작품인 『에우데모스 윤리학』에 들어있다. 이것은 그가 스스로 설립했던 교육기관인 뤼케이온의 대표자였을 때 썼던 글이나 『니코마코스 윤리학』의 글보다 대체로 열등한 것으로 간주된다. 우리는 대부분의 아리스토텔레스 전문가들의 견해를 따르면서, 그가 만년에 집필한 저서를 그의 윤리학적 사고의 근거로 간주할 것이다.

아리스토텔레스는 윤리학을 학문으로 간주하면서도 정밀학문이라고 생각하지는 않았다. 그 자료들의 근거가 그것을 정밀하지 못하게 만들기 때문이다. 그는 특정한 학문에 대해 너무 많거나 너무 적은 정밀성을 요구하는 것은 잘못이라고 생각했다.[1]

---

1   Aristotle, *Nicomachean Ethics* I, 3, 1094b 11-28. 인용문들은 D. Ross의 번역문을 이용했다.

행복과 덕 (에우다이모니아와 아레테)

아리스토텔레스의 윤리학은 모든 인간 활동의 목표인 행복(에우다이모니아 *eudaimonia*)에서 시작된다. 행복만이 오직 그 자체를 위해 선택되는 것이며, 다른 어떤 목적을 위한 수단이 결코 아니다. 아리스토텔레스는 모든 활동이 어떤 좋음을 목표로 하며, 개인 활동이나 정치학에서 행복이 좋은 것이라는 점에 모두가 동의하리라고 말한다. 그러나 사람들이 행복의 구성요소가 무엇인가에 대해 항상 동의하는 것은 아니다.[2] 어떤 사람들은 쾌락에서, 어떤 사람들은 명예의 획득에서, 또한 다른 어떤 사람들은 돈을 버는 데서 행복이 발견된다고 생각한다. 하지만 아리스토텔레스는 그런 것들이 삶의 진정한 목표라고 생각하지 않았다.[3]

모든 사람들이 그 자체만을 위해 추구하는 하나의 것이 우리가 흔히 생각하는 의미에서의 행복, 즉 즐겁거나 평화로운 상태 또는 조건은 아니다. 그것은 인간에게 독특한 기능의 완성을 의미하는 영혼의 활동이다. 엄밀하게 말해서, 에우다이모니아를 '행복'으로 번역하는 것은 잘못이다. 왜냐하면 그것은 현대적인 용법처럼 어떤 감정의 상태를 의미하는 것이 아니라 인간 존재의 완성을 의미하기 때문이다. 아리스토텔레스는 인간의 기능에 대해 이야기하는 데 아무런 거리낌이 없었다. 훌륭한 플루트 연주자가 플루트 연주의 기능을 잘 수행하고, 훌륭한 눈이 밝은 시야를 가능하게 하듯이, 훌륭한 인간은 영혼의 활동인 어떤 삶을 살아가는 자신의 기능을 수행한다. 이것은 이성적 원리를 함축하며, 또

---

2   Ibid. I, 1, 1094a 1-2 ; 1094a 15-20 ; 4, 1095a 10-20.

3   Ibid. I, 5, 1095b 15-1096a 10.

한 그것은 덕, 특히 지성적인 덕에 따른다.[4]

아리스토텔레스에게 있어서, 덕(아레테 *arete*)은 현대적인 의미의 덕이 아니었다. 그리스어에서 덕은 힘과 능력에 대한 것이었다. 아리스토텔레스는 도덕적 덕을 인간의 기능 수행의 한 측면으로 보았지만, 그는 지성적 덕을 가장 중요하게 생각했다. (덕에 관한 논의는 5장 참조.)

에우다이모니아가 인간 잠재력의 완성이나 성취를 의미하므로 그 주체는 성인이어야 하며, 또한 그것은 건강, 세월의 길이, 훌륭한 가문, 도시국가의 명예와 존경 등과 같이 삶에서 좋은 어떤 것들을 필요로 한다. 아리스토텔레스는 어린아이들이 행복의 전형적인 사례라고 생각하지 않았으며, 또한 짧은 기간 동안의 행복한 삶도 고려하지 않았다.[5]

그는 인간 완성의 최고 단계는 지성적인 것, 즉 '진리에 대한 관조'라고 생각했다. 인식적 이성은 가장 완벽하지만, 실천적 이성도 필요하다. 그것들 모두 에우다이모니아의 획득에 필요하다. 도덕적 덕은 실천 이성의 산물이다. 즉, 그것은 이성의 안내를 통해서만 획득된다. 이처럼 지성적인 덕과 도덕적인 덕은 모두 인간의 기능 완성에 필요하다.[6]

쾌락

쾌락은 인간 기능의 완성에서 얻게 되는 산물이다. 그것을 좋음이나 행

---

4   Ibid. I, 7, 1097b 1–35와 1098a 7–18.

5   Ibid. I, 8, 1099b 1–10; I, 9, 1100a 1–5; X, 7, 1177a 29–30; X, 8, 1178a 21–30.

6   Ibid. II, 1–9; VI, 1, 1138b 35–2, 1139b 15; VI, 12, 1143b 15–18과 1144b 30; X, 7, 1177a 10–8, 1178b 23.

복과 동일시할 수는 없다. 쾌락은 즉각적인 만족이지만, 행복은 좀 더 장기적이고도 좀 더 완전한 만족이기 때문이다. 또한 행복은 활동이며, 그것은 많은 선택을 한 뒤에, 그리고 이성의 도움을 통해서만 획득된다. 좋은 쾌락들도 있고, 나쁜 쾌락들도 있다. 어떤 쾌락들은 인간에게 적절하지만, 어떤 쾌락들은 그렇지 않다. 아리스토텔레스는 쾌락을 비난하지 않았다. 그는 쾌락이 좋다는 것을 인정했지만, 쾌락은 **유일하게 좋은 것도 아니고 또한 삶의 목표도 아니라고 했다.[7]

덕 윤리

의무에 토대를 두는 윤리학과 달리, 아리스토텔레스의 도덕철학은 덕에 토대를 둔다. 아리스토텔레스의 윤리학은 어떤 일을 하고 다른 일을 하지 않는 도덕적 의무감에 토대를 두는 윤리학이 아니라 인간이 자신의 본성을 완성하는 데 사용하는 덕들의 획득에 토대를 두는 윤리학이다. 인간의 특수한 기능들과 관련된 활동들에 참여함으로써, 인간은 도덕적이 된다.

아리스토텔레스는 도덕적 덕이 분명히 습관적인 것, 즉 기질 상태라고 믿었다. 이 기질 상태는 훈련의 결과이다. 도덕적이 되는 방법은 덕을 반복해서 실천하는 것이다. 아리스토텔레스는 덕을 획득하는 것을 음악가가 되기 위해 배우거나 또는 운동선수가 되기 위해 훈련하는 것에 비유한다. 아리스토텔레스는 사람들이 자신들의 기질에 대해 책임

---

7 Ibid. I, 8, 1098b 10-1099a 30; X, 2, 1173a 1-X, 5, 1175a 30; X, 6, 1176a 30-1177a 10.

이 있다고 믿었다. 즉, 그들은 근면함으로 자신들의 기질을 향상시킬 수도 있지만, 태만함으로 덕을 갖지 못할 수도 있다.[8]

중용

아리스토텔레스는 덕을 '활동에 대한 과도한 탐닉이나 과도한 억제로 특징지어지는 악덕들을 피하는 것'으로 정의하기도 했다. 덕은 과도함과 부족함의 중간이다. 예를 들어, 용기와 적절한 자신감은 비겁함과 경솔함 중간에 속한다. 쾌락의 추구에서, 중용은 절제인 반면에, 과도함은 과도한 탐닉이다. (충분한 쾌락을 추구하지 않는 사람들은 아주 드물기 때문에, 그런 행위에 대한 명칭은 없다.) 돈의 사용에서 후함은 쩨쩨함과 헤픔의 중용이다. 적절한 명예 추구는 지나친 겸손과 허영의 중간이다.[9]

아리스토텔레스의 중용 또는 중도라는 개념은 상당히 대중적인 호소력을 갖고 있지만, 많은 사람들이 그 안에서 보는 '옳고 그름을 구분하는 단순하고도 명료한 방법'은 아리스토텔레스가 염두에 두었던 것이 아니다. 예전에 나는 영국인 성직자의 글을 읽었던 적이 있는데, 그는 "아리스토텔레스 윤리학의 추종자로서, 나는 세 명의 아내를 가져야 한다. 왜냐하면 하나는 부족하고, 다섯은 과도할 것이기 때문이다."라고 썼다. 만약 그가 말한 것이 진심이었다면, 그는 아리스토텔레스를 이해하지 못한 것이다. 아마도 그는 "가운데 길을 선택하라!"처럼 검토

---

8 Ibid. II, 1, 1103a 10-b 1 ; III, 5, 1114a 1-25.

9 Ibid. II, 2, 1104a 10-35 ; II, 7, 1107a 332-b 31.

되지 않은 표어를 진지한 도덕적 지침으로 받아들이는 성향을 지닌 많은 사람들을 풍자하려 했을 것이다.

아리스토텔레스는 실제로 덕이 과도함과 부족함이라는 양 극단의 중간이라고 생각했지만, 그는 그것이 산술적 중용은 아니라고 분명히 말했다. 그것은 우리에게 상대적 중용이며, 모든 사람들에게 동일한 것이 아니다. 왜냐하면 한 사람에게 과도한 것이 다른 사람에게는 충분하지 않을 수 있기 때문이다. 예를 들어, 운동선수는 사무직에 종사하는 사람보다 더 많은 음식을 필요로 한다. 아리스토텔레스는 행위의 판단이 지나치게 일반적이어서는 안 된다는 점을 인식했다. 즉, 우리는 개별적인 경우들에 대한 사실들을 검토해야만 한다는 것이다.[10]

'중용'은 무엇이 옳고 그른가를 결정하는 방법이 아니다. 그것은 덕이 무엇인가에 대한 한 가지 해석이다. 덕이 중용임을 안다고 할지라도 우리는 어떤 행동들이 중용으로 여겨지는지 알지 못한다. 중용은 기계적인 '도로의 중간'으로 환원될 수 없다. 우리는 이것이 그렇게 되는 한 가지 이유를 보았다. 중용이 개별적인 상황들을 고려해야만 하기 때문이다. 또 다른 이유는 일부 활동들의 경우에 하나의 극단이 다른 극단보다 중용에서 더 멀기 때문이다. 아리스토텔레스는 경솔함과 용기보다 비겁함과 용기가 서로 더 다르다고 생각했다.[11]

아리스토텔레스는 어떤 활동들과 감정들에는 중용이 적용되지 않는다고 생각했다. 악의적이거나, 파렴치하거나, 또는 시기하는 올바른 방법이란 없다. 간통, 도둑질, 그리고 살인은 과도한 경우에만 나쁜 것이 아니라 그 자체로서 나쁘다. 그것이 부당하거나 비겁하거나 또는 방탕

---

10   Ibid. II, 6, 1106a 30-b 8 ; Ii, 7, 1107a 26-30.
11   Ibid. II, 8, 1109a 1-19.

한 것은 언제든 잘못이다.[12]

아리스토텔레스가 덕을 중용이라고 말함으로써 단순한 규칙을 제시하려고 시도했던 것은 아니다. 올바른 행동을 한다는 것은 단순한 문제가 아니다. 그는 올바른 행동이 적절한 동기와 감정, 그리고 올바른 방법을 함축한다고 말한다. 누구든 돈을 소비하거나 화를 낼 수 있다 하지만 "이것을 올바른 사람에게, 올바른 정도로, 올바른 때에, 올바른 동기를 갖고 올바른 방식으로 하는 것은 모든 사람을 위한 것이 아니며, 또한 그것은 쉽지도 않다. 그렇기 때문에 좋음은 드물고 칭찬할만하며, 또한 고귀하다." 어떤 상황에서 도덕적인 일을 하기로 결정하는 것은 실천 이성을 사용해야 한다. 아리스토텔레스는 "... 좋게 된다는 것은 결코 쉬운 일이 아니다."라고 말했다. 중용은 세심한 사고나 판단을 불필요한 것으로 만들지는 않는다. 아리스토텔레스는 "... 중간을 발견하는 것은 결코 쉬운 일이 아니다. ..."라는 것을 알고 있었다.[13]

도덕적 책임

아리스토텔레스는 자신들이 한 일에 대해 사람들이 도덕적인 책임을 지는 것이 언제인가라는 문제에 관심을 가졌다. 그는 사람들이 고의로, 그리고 강요됨이 없이 행동할 때 책임을 진다고 생각했다. '운동 원리'가 사람들의 외부에 있으면서, 영향을 주거나 받음에 있어 그들이 아무런 기여를 하지 못할 때, 사람들은 강제적으로 활동하는 것이다. 그런

---

12   Ibid. II, 6, 1107a 8-25.
13   Ibid. II, 9, 1109a 20-29. II, 5, 1106b 17-24와 II, 6, 1107a 1-4도 참조.

데 아리스토텔레스는 사람들을 바람에 날리는 대상들에 비유한다. 큰 두려움이나 협박에서 비롯된 행동들은 분명히 자발적이거나 비자발적이지 않다. 그것들은 '혼합되어' 있다. 그러나 그것들은 자발적인 것에 가깝다. 그러므로 그것이 우리의 통제 안에 있지 않다면, 우리는 선택한다고 말할 수 없다. 오직 고의로 행한 행동들이 어떤 사람의 통제 하에 있을 때에만, 그 사람이 비난받거나 칭찬받는 것이 적절하다.[14]

아리스토텔레스는 무지로부터 비롯된 행동들과 무지 속에서 행한 행동들에 대한 중요한 구분을 한다. 무지로부터 비롯된 행동들은 비자발적이다. 그것들은 행위주체에 의해 의도되지 않은 것이며, 나중에 그 행위주체는 그것들로 인해 고통을 받거나 그것들에 대해 후회한다. 그 행동을 하는 사람은 그 상황의 특수한 어떤 사실에 대해 무지하다. 아리스토텔레스는 누군가의 자식을 적의 일원으로 잘못 생각하는 경우, 또는 단추가 떨어진 것을 알지 못하는 경우 등을 염두에 두고 있다. 또한 그는 비의도적으로 새총을 쏘는 경우와 같은 우연적인 일들을 언급했다. 또 다른 예는 아픈 사람을 치료하는 물약을 주었는데 결과적으로 환자가 죽는 경우이다. 이런 경우들의 원인들은 행동하는 사람의 외부에 있다. 그러나 어떤 사람이 무지 속에서 행동할 때, 술에 취해 있거나 또는 격분해 있을 수도 있는 그 행위자는 자신이 무슨 일을 하고 있는지를 알지 못하지만, 그 행동의 원인은 분노 또는 취기이다. 그런 행동들이 완전히 비자발적인 것은 아니다.[15] 이 구분은 로마 가톨릭의 도덕 교육에서 여전히 중요한 것으로 남아있다.

---

14   Ibid. III, 1, 1110a 1 ; III, 2, 1111a 20-25 ; V, 8, 1135a 15-35.
15   Ibid. III, 1, 1110b 25-27.

무절제

아리스토텔레스는 도덕적인 악이 항상 행동의 본성이나 결과에 대한 무지에서 비롯된다는 플라톤의 견해에 동의하지 않는다. 플라톤은 이 견해가 소크라테스의 것이라고 말한다. 아리스토텔레스는 그런 견해가 관찰된 사실들과 모순된다고 생각한다. 그는 욕구가 이성을 지배한 상태에 놓인 그런 사람들이 있다고 믿으며, 이것을 그는 무절제라고 부른다.[16] 악덕의 희생자인 사람은 악을 행하길 원한다. 아리스토텔레스는 『니코마코스 윤리학』 7권 전체에서 무절제의 문제를 탐구하며, 무절제에 관한 다양한 의견들, 무절제한 사람이 가진 지식의 종류 또는 그것의 결여, 무절제와 자기도취의 차이, 그리고 무절제한 사람의 치료 가능성을 검토한다.

정의

정의는 중요한 윤리적 관심사이자 정치적인 문제이다. 아리스토텔레스는 정의가 어떤 의미에서는 '온전한 (미)덕'인 반면에, 불의는 '온전한 악덕'이라고 말했다. 일반적으로 그는 정의와 덕을 동일시하지 않았다. 정의의 본질과 덕의 본질은 다르다. 왜냐하면 정의가 다른 사람들과의 관계를 포함하기 때문이다. 정의를 개별적 영혼의 상태로 보았던 플라톤과 달리, 아리스토텔레스는 넓은 정치적 의미에서 정의가 인간관계를 포함한다고 생각했다. 또한 그는 정의란 사람들로 하여금 "정

16　Ibid. VII, 1, 1145b 5-30.

의롭게 행동하고 정의로운 것을 소망하도록" 만드는 기질 상태라고 보았다.[17]

인간은 사회적 존재이다. 인간의 기능 발전과 덕을 위해 사회적 관계가 필요하다. 아리스토텔레스는 어느 누구도 친구가 없이 홀로 살아가는 것을 선택하지는 않으리라고 말했다. 우정은 강하거나 약한, 또는 부유하거나 가난한 모든 연령의 모든 사람들이 필요로 하는 것이다. 우정은 국가들을 단결시키는 것으로 보이며, 불만을 가진 부류들은 국가에 대한 위협으로 간주되어 추방된다.[18]

아리스토텔레스는 사람들이 세 가지 이유에서 서로 군집하며, 오직 하나에게만 그 이름이 적합한데도 그것들이 모두 우정이라고 불린다고 말한다. 어떤 관계들은 쾌락을 위해 사람들을 이용한다. 다른 관계들은 유용성을 위한 것이거나 또는 다른 사람에게서 얻는 이익을 위한 것이다. 가장 진정한 우정들은 자신의 친구들이 그들 자신을 위해 잘 되기를 소망하는 좋은 사람들 사이의 우정들이다. 이것들은 관련된 사람들의 좋은 성질들 때문에 최상의 좋음과 쾌락도 가져오는 영속적인 관계이다. 이런 우정들은 상호적인 풍요를 가져온다.[19]

친구들 사이에 정의가 필요하지는 않지만, 좋은 우정들은 드물다. 진정한 친구들이 될 수 있는 사람들은 드물며, 그런 우정을 구축하기 위해서는 시간이 필요하다.[20] 친구들로부터 쾌락이나 이익을 추구하는 사람들의 우정들은 불안정하며 단기적이다. 그런 우정들은 지속적인 좋음에 대한 사랑에 기초하지 않는다.[21] 그것들이 정의의 필요성을 대체

---

17   Ibid. V, 1, 1129a 6–10과 1130a 10–14.

18   Ibid. VIII, 1, 1155a 1–24.

19   Ibid. VIII, 3, 1156a 6–24; 4, 1157b 1–4; 5, 1157b 24–37.

20   Ibid. VIII, 1, 1155a 25; VIII, 3, 1156b 23–30.

하지는 못한다.

아리스토텔레스는 정의를 합법적이며 공정한 것이라고 규정했다. 공정성으로서의 정의는 친숙한 개념이지만, 합법적인 것을 '정의롭다'고 말하는 것은 문제를 야기한다. 아리스토텔레스는 각각의 법이 요구하는 것들을 모두 정의로운 것으로 받아들였는가? 그는 입법부에 의해 제정된 법률이 어떤 의미에서는 정의롭다고 말하지만, 우리가 단지 행복과 사회 공익을 산출하는 법률들만을 고려한다고 말할 때, 그의 주장에는 단서가 달려 있다. 그는 '옳게 규정된' 제정법과 '급히 상정된' 제정법을 구분한다. 그는 용감하고, 절제하고, 또한 선량하며, 다른 덕들에 따라 살 것을 법률이 우리에게 명령한다고 말한다. 폭정에 대한 아리스토텔레스의 반론에 따르면, 그가 모든 법률들을 정의로운 법률들로 받아들이려 하지는 않았음이 분명해 보인다.[22]

정의와 합법성에 대한 아리스토텔레스의 지적은 정의가 법률은 분리되어 존재하지 않는다는 것이다. 그는 "정의는 법률에 의해 지배된 상호적 관계를 가진 사람들 사이에서만 존재한다."고 말한다.[23] 이것은 토마스 홉스나 데이비드 흄과 같은 근대 정치철학의 설립자들에 의해 강력하게 인정되고 또한 널리 옹호되던 원리이며, 많은 철학자들은 그것을 정치이론에 대한 아리스토텔레스의 주요 업적들 가운데 하나로 인정한다.[24]

아리스토텔레스는 정의를 공정함으로 설명하면서 정의의 원리가 두

---

21   Ibid. VIII, 3, 1156a 20–36.

22   Ibid. V, 1, 1129a 33–35와 1129b 11–24.

23   Ibid. V, 6, 1134a 29–30.

24   Thomas Hobbes, *The Leviathan*, Chapter XIII; David Hume, *Enquiry Concerning the Principles of Morals*, Appendix III.

가지 다른 방식으로 적용된다고 기술했다. 그것들은 명예나 금전과 같은 이익의 분배에 관한 분배적 정의와 어떤 사람이 다른 사람 때문에 겪었던 피해를 시정하려고 하는 시정적 정의이다. 이것들은 서로 다른 상황들에 적용되며, 서로 다른 원리들을 채택한다.[25]

이익의 분배에서, 정의는 그 분배가 중간 정도이고, 동등하고, 또한 관련된 사람들의 각 공적에 따라 상대적이길 요구한다. 너무 많거나 너무 적은 것 사이의 '중간'은 우리가 이미 보았던 중용을 의미한다. '동등한 것'과 '개인의 공적에 대해 상대적인 것'은 모순처럼 보이지만, 아리스토텔레스는 동일한 할당이라는 절대적인 의미에서 동등함을 의미했던 것은 아니다. 그가 생각했던 동등성은 보상과 공적 사이의 비율이었다. 공적에 있어서 동등한 사람들은 동등한 할당을 받아야 하지만, 동등하지 않은 사람들이 동일한 보상을 받아서는 안 된다. 만약 한 사람이 다른 사람보다 두 배의 공로를 세웠다면, 그들에 대한 보상들은 동일한 비율을 반영해야 한다. 더 많은 공적을 세운 사람은 다른 사람보다 두 배를 받아야 하며, 다른 사람들은 다른 비율로 받아야 한다.[26]

시정적 정의는 고의적이든 또는 우연적이든, 다른 사람을 해쳤던 어떤 사람이 잘못을 저질렀던 상황을 교정하는 것이다. 그것은 보상적, 교정적, 또는 보충적 정의로 이해될 수 있다. 분배적 정의와는 달리, 시정적 정의의 결정에서 공적은 아무런 역할을 하지 않는다. 정의의 이런 측면은 처벌을 위한 것이 아니다. 그것은 최초의 상황과 변화된 상황 사이의 균형을 복구하는 것이다. 피해를 야기했던 것이 선한 사람인가 또는 악한 사람인가는 문제가 되지 않는다. 그 결정은 수학적이다. 가

---

25 Aristotle, *Nicomachean Ethics*, V, 2, 1130b 29-34.

26 Ibid. V, 3, 1131a 10-b 24.

해자는 이득과 손실 사이의 중간인 균형을 복구하기 위한 대가를 치러
야 한다. 다른 사람의 손해가 가해자에게 실질적인 어떤 이익이 되지
않았을 수도 있지만, 그럼에도 '이득'이라는 용어가 사용된다. 그것은
단지 가해자가 손해를 당했던 사람에게 어떤 대가를 치러야 하는가를
파악하기 위한 한 가지 방법이다.[27]

　대부분의 경우에는 보상을 위해 돈이 사용된다. 만약 어떤 사람이 다
른 사람에게 신체적 손해를 입혔다 할지라도, 가해자에게 동일한 손해
를 입히는 것은 적절하지 않을 것이다. 금전적 가치를 정해서 그 상황
을 시정하기 위해 대가를 치러야 한다. 재산상의 손해를 입힌 경우에도
동일하게 적용된다.[28]

가정과 국가의 정의

아리스토텔레스는 주인이나 아버지에게 요구되는 정의와 국민에게 요
구되는 정의가 동일하다고 생각하지 않았다. 노예들과 어린이들은 주
인의 '재산'으로 간주되었다. 그들은 주인의 부분들이다. 사람이 자기
자신에게 부당할 수는 없으므로, 주인은 그들에게 부당할 수 없다. 그
러나 국민으로서의 사람들은 통치에서 동등한 역할을 하는 다른 사람
들과의 관계 속에서 행동한다. 노예들이나 어린이들보다 한 사람의 아
내에게 더 많은 정의가 행해질 수 있다. 왜냐하면 아내와의 관계는 '가
정적 정의'를 포함하기 때문이다.[29] 비록 가정의 정의가 국민의 정의와

27　Ibid. V, 4, 1131b 25–1132b 20.
28　Ibid. V, 5, 1132b 21–1133a 25.
29　Ibid. V, 6, 1134b 7–18.

244 쉽게 쓴 서양 고대철학사

동일하지 않고, 또한 정치인의 통치가 가정 관리자의 통치와 동일하지
않지만, 아리스토텔레스는 가정의 정의를 정치적 관점에서 조망한다.
가장 초보적인 결합 형태가 가족이다. 가정은 주인과 노예, 남편과 아
내, 그리고 부모와 자식이라는 세 가지 관계를 포함한다.[30]

　가정의 통치에서 가장 기초적인 점은 주인과 노예의 관계이다. 노예
는 소유물, 즉 가정을 돕는 도구이다. 아리스토텔레스는 일부 사상가들
이 노예제도가 본성에 위배된다고 보고 있으며, 노예와 주인의 본성적
차이점이 없다고 생각한다는 것을 알고 있었다. 그들은 노예제도가 정
당한 근거 없이 단지 힘에 기초한 인습이라고 보았다.[31] 그런데도 그는
일부 노예들이 본성적으로 노예들이라고 생각했다.[32] 하지만 그는 전쟁
포로를 노예로 만드는 관행에 대해 비판적이었다. 그는 그 관행에 반대
하는 법학자들과 철학자들의 논증들을 잘 알고 있었으며, 또한 그것을
정당화하기 위해 사용된 논증들에 대해 비판적이었다. 이 노예들은 종
종 '본성적으로 노예'인 사람들이 아니라 강제적으로 노예가 된 사람
들이다.[33] 아리스토텔레스는 노예들이 본성적으로 노예들이 된 경우에
는 노예제도를 비난하지 않았다. 군주의 역할을 하는 가정의 대표자가
노예들을 지배하고 또한 그가 지배력을 갖는 자유인들을 지배하는 것
은 옳다는 것이다.[34]

　가정의 대표자는 자신의 아내와 자식들에 대해 군주적 통치를 지속
한다. 아리스토텔레스는 남성이 본성적으로 여성보다 우월하며, 따라

30　Aristotle, *Politics* I, 1, 1252a 7–17; I, 1, 1252a 24–1252b 16; I, 3, 1253 1–13.
『정치학』의 인용문들은 E. Barker의 번역문을 이용했다.

31　Ibid. I, 3, 1253b 14–22.

32　Ibid. I, 4, 1254a 13–16; I, 5, 1254b 16–39.

33　Ibid. I, 6, 1255a 3–1255b 15.

34　Ibid. I, 7, 1255b 16–39.

서 남성이 여성을 지배하는 것은 본성적이라고 믿었다. 가정의 남자 책
임자는 세 가지 종류의 규칙들, 즉 노예에 대한 자유인의 규칙, 여성에
대한 남성의 규칙, 그리고 미성년자에 대한 성인의 규칙을 소유한다.
남성은 이런 형태의 규칙을 가능하게 만드는 숙고능력을 갖는다. 노예
는 숙고능력을 갖지 않는다. 여성은 그것을 갖지만, 권위가 없다. 어린
이의 이성능력은 발전되지 않았다. 가정 구성원들의 이성능력은 서로
다르며, 또한 그들의 덕들도 서로 다르다. 주인은 완전한 형태의 도덕
적 좋음을 갖는다. 노예, 아내, 그리고 어린이에게는 그런 것이 덜 요구
된다. 남성과 여성의 정의, 용기, 그리고 절제는 동일하지 않다. 아리스
토텔레스는 여성들이 자신들의 덕을 조용하고도 순종적으로 발휘한다
고 생각했다.[35]

정치이론

아리스토텔레스는 도시, 즉 폴리스가 '궁극적이고도 완전한' 형태의
조직이라고 생각했다. 폴리스는 본성적으로 존재하며, 또한 자족적인
정치 조직으로서 그것은 정치술의 결정판, 즉 정치의 '목적인'이다.[36]
아리스토텔레스가 폴리스에서 적법하다고 생각했던 통치형태들은 가
정 대표자의 군주적 역할을 모방하지 않는다. 폴리스에서 동료들은 동
등한 사람들이며, 그리고 이미 보았듯이 정치가는 가정의 주인과 비슷
하지 않다.

35   Ibid. I, 5, 1254b 14-15; I, 13, 1260a 4-33.
36   Ibid. I, 2, 1252b 27-1253a 2.

국가의 목적은 폴리스 안에서 살아가는 사람에 의해서만 도달될 수 있는 최상의 좋음을 증진하는 것이다. 인간은 정치적 동물이며, 자신의 본성에 의해 국가를 필요로 하지 않고 폴리스에서 동떨어져 사는 사람은 가장 나쁜 종류의 동물이거나 또는 초인적인 존재, 즉 '짐승이거나 또는 신'이다. 아리스토텔레스는 자연이 "헛된 일을 하지 않는다."고 생각했으며, 또한 그는 언어능력, 인간들이 개별적으로는 자족적이지 않다는 사실, 그리고 인간들만이 갖는 정의와 불의라는 개념은 인간들이 본성적으로 정치적임을 보여준다고 생각했다.[37]

정치체제의 종류

아리스토텔레스는 이상국가라는 개념에 거의 관심을 갖지 않았다. 『정치학』의 VII권과 VIII권은 아리스토텔레스가 플라톤의 영향하에서 썼던 초기의 작품으로 생각되었다. 그는 정치체제를 갖춘 세 가지 유형의 합법적인 정부가 있으며, 또한 세 가지의 왜곡된 정부형태가 있다고 생각했다. 그는 통치자의 수에 따라 정치체제의 유형들을 규정했지만, 통치자의 수 자체가 통치를 나쁘거나 좋은 것으로 만들지는 않는다. 한 사람에 의한 통치는 합법적인 경우에는 군주제이고, 합법적이지 않은 경우에는 참주제이다. 소수에 의한 통치는 합법적인 유형인 귀족제가 되거나 또는 왜곡된 형태인 과두제가 될 수 있다. 사실상 아리스토텔레스는 다수의 중산층에 의한 통치인 폴리테이아제를 선호했다. 다수에 의한 통치의 왜곡된 형태는 민중제이다. 법률에 따르는 정치체제에서

---

37   Ibid. I, 2, 1253a 8과 29. 1253a 2–17과 25–35도 참조.

는 통치자들이 공동선을 위해 통치하며, 왜곡된 정치체제에서는 통치
자들이 자신들의 이익을 위해 통치한다.[38]

폴리테이아제

중산층에 속한 다수의 국민들을 가진 국가들을 위해 아리스토텔레스가
추천하는 통치형태를 지칭하는 전통적인 이름은 없다. 플라톤은 이런
정부형태를 언급하지 않았다. 이에 대해 아리스토텔레스는 정치체제를
통칭하는 '폴리테이아' 라는 이름을 제시한다. 폴리테이아제는 단순히
다수에 의한 통치를 의미하는 것이 아니다. 여기에는 경제적 계층이 포
함된다. 폴리테이아제에서는 중산층이 통치하며, 민중제에서는 가난한
사람들이 통치한다. 이론적으로는 대다수의 국민들이 부유할 수 있지
만, 실제로는 부유한 사람들의 수가 적고 가난한 사람들의 수가 많다.[39]
　아리스토텔레스가 폴리테이아제를 지지했던 이유는 그것의 내재적
우월성 때문이 아니다. 그는 그것이 모든 국가들에 이상적인 정부형태
라고 생각하지는 않았지만, 대부분의 국가들이 채택할 수 있는 정치체
제로 간주했다. 아리스토텔레스는 많은 중산층을 갖는 국가는 운이 좋
다고 생각했다. 이런 경제 집단에 속한 사람들은 이성에 귀를 기울일
것이며, 반면에 아주 부유한 사람들은 너무도 거만해서 설득이 되지 않
고 중범죄를 저지르기 쉽다. 가난한 사람들은 이성적으로 살아가기 힘
들다는 것을 알게 되며, 그들은 경범죄에 빠지게 된다. 중산층은 책임

38　Ibid. III, 7, 1279a 25-35; IV, 11, 1295a 25-33.
39　Ibid. III, 7, 1279a 25-1280a 1.

을 감수하겠지만, 그들은 공직을 추구하지도 않고 또한 회피하려고 하지도 않는다. 아리스토텔레스는 공직을 추구하거나 회피하는 것이 모두 국가에 위험하다고 생각했다. 중산층은 법률에 복종하지만, 사치스럽게 양육된 사람들은 복종을 배우지 않았기 때문에, 그리고 가난하게 양육된 사람들은 지나치게 무지하고, 비열하며, 심약하기 때문에, 그들은 모두 좋은 국민들이 되지 못한다. 안정적인 중산층 사람들은 다른 사람들의 재산을 욕심내거나 또는 다른 사람들에 대한 음모를 꾸미지 않는다. 중산층에 속한 사람들의 지휘하에서는 불화가 적으며, 다른 통치형태들보다 파벌싸움이 적다.[40]

군주제

아리스토텔레스가 모든 도시에 대해 폴리테이아제를 옹호했던 것은 아니다. 일부 국가는 폴리테이아제가 토대를 둔 다수의 중산층을 갖고 있지 않다. 아리스토텔레스는 정부의 형태가 특정한 국가에 적합해야 한다고 믿었다. 『정치학』 IV권의 1-10장에서 그는 다양한 정부형태들에 대해 기술한다.[41] 합법적인 정부의 주요 형태들 가운데 하나가 군주제이다. 아리스토텔레스는 다섯 가지 유형의 군주제를 언급했다. 그것들은 왕에게 군사 문제에 대한 책임을 부여하지만 국내 통치에 대한 권한은 거의 주지 않는 군주제, 일종의 선거 군주제, 그가 야만인들 사이에서 가장 흔하다고 생각했던 세습적인 절대 권력의 군주제, 영웅시대의

---

40   Ibid. IV, 11, 1295a 25-1296b 12.

41   Ibid. III, 17, 1287b 36-1288a 14; IV, 11, 1296b 2-1297a 13; IV, 1-10.

군주제, 그리고 절대 군주제를 포함한다. 그는 절대 군주제에 대해 가장 많은 글을 썼는데, 이 정치체제가 일부 국가들에 적합하다고 생각했다.[42]

절대 군주제는 완전한 정부형태가 아니다. 그것은 몇 가지 심각한 문제들을 갖고 있다. 국가들의 규모가 작았던 초창기에 군주제에 호소했던 부분적인 이유는 통치할 능력을 가진 사람들이 흔하지 않았기 때문이다. 아리스토텔레스는 자신의 시대에 능력을 가진 사람들이 더 많이 있다고 생각했다. 그러나 통치할 능력을 가진 사람들의 기질이 여전히 더 나빠지고, 일반 국민을 희생함으로써 자신들을 강화할 수 있었다. 이것은 군주제에서 과두제로의 퇴보를 가져온다. 아리스토텔레스는 세습에 의한 통치를 호의적으로 바라보지 않았다. 훌륭한 왕의 자식들이 군주제에 적합하지 않은 경우가 종종 있지만, 왕은 자기 자식들이 왕관을 물려받는 것을 거의 거부하지 않을 것이다. 또한 아리스토텔레스는 왕이 모든 사람들을 통제할 만큼의 힘을 가져서는 안 된다고 생각했다. 왕은 법률을 보호할 수 있어야 하지만, 오직 개인들과 파벌집단들을 통제할 정도의 권력만을 가져야만 한다.[43]

군주제 지지자들의 주장들 가운데 하나는 한 사람에게 법률의 적용을 해석하고 통치하도록 만드는 것이 가장 좋다는 것이다. 이미 보았듯이, 플라톤은 이 견해를 지지했다. 아리스토텔레스는 모든 경우에 적합한 법률을 만드는 것이 어렵다는 점을 이해했고, 또한 적합하지 않은 곳에 법률을 강요하는 것은 나쁘다고 생각했지만, 그는 한 사람이 법률을 가장 잘 적용할 수 있다는 주장에는 동의하지 않았다. 그는 한 사람

---

42   Ibid. III, 14, 1284b 35–1285b 32.

43   Ibid. III, 15, 1285b 33–1287a 35.

이 분노나 다른 어떤 감정에 의해 변질될 수 있다는 점에 주목한다. 아리스토텔레스는 능력있는 배심원단을 이용하는 것이 한 사람에게 모든 결정권을 넘기는 것보다 더 좋다고 생각했다.[44] 귀족제에 대한 아리스토텔레스의 글은 많이 남아있지 않다. 하지만 여기저기 흩어져 있는 글들은 아리스토텔레스가 귀족제와 군주제가 비슷한 장점과 단점을 갖는다고 생각했다는 사실을 보여주고 있으며, 그의 주된 관심사는 귀족제가 과두제로 퇴보되지 않는다는 점에 있었던 것으로 보인다. 아리스토텔레스가 결코 양보하지 않았던 한 가지의 일반적인 정치원리는 합법적인 정부가 어떤 형태의 불법적인 정부보다 더 좋다는 것이다. 아리스토텔레스는 전문가들에 의한 정부를 신뢰하지 않았다. 그는 통치를 정밀 학문으로 다루지 않았으며, 사람들의 자질이 정부의 자질을 결정한다고 생각했다.

---

44   Ibid. III, 16, 1287b 8-35.

14

헬레니즘의
문화적 배경

아리스토텔레스의 사후에 철학은 여러 가지 점에서 변화하기 시작했다. 아리스토텔레스가 철학하는 이유라고 믿었던 앎 자체를 위한 궁금증이나 알고자 하는 욕구는 이제 더 이상 철학의 동기가 아니었다. 철학의 방법도 변화했다. 아리스토텔레스의 죽음이 이런 변화를 가져온 것은 아니었다. 사회적 조건과 정치적 조건이 변했기 때문에 철학이 변했던 것이며, 또한 이러한 사실은 사람들의 요구와 관심을 변화시켰다. 그 원인은 아리스토텔레스보다는 알렉산드로스 대왕과 더 많은 관련이 있었다.

헬레니즘 시기

그리스가 독립적이었던 그리스 시대(Hellenic era)와 대조적으로, 알렉산드로스 사후의 시기가 헬레니즘 시대(Hellenistic era)라고 불린다. 후자를 헬레니즘 시대라 부르는 이유는 그리스 문화가 계속해서 순수예술과 지성적 문제를 지배했기 때문이다. 그리스의 문화적 영향은 알렉산드로스가 남긴 유산의 일부이다. 그는 그리스적이지 않은 모든 것을 파괴함으로써가 아니라 그리스 문화를 이방인들의 삶에 더함으로써 하나의 그리스 세계를 창조하길 원했다. 그는 자신이 정복했던 지역에 그리스 도시를 건설했고, 참전 병사들을 외국 영토에 정착시켰으며, 또한 인종간의 결혼을 장려했다. 결과적으로 한때 이방인의 지역이었던 곳을 그리스 문화가 지배하게 되었다.

알렉산드로스가 사망한 기원전 323년 경에, 그는 당시에 알려진 모든 세계를 정복했다. 마케도니아의 안티고노스, 이집트의 프톨레마이오스, 그리고 시리아의 셀레우코스 등과 같이 알렉산드로스가 주요 지역의 책임을 맡겼던 사람들이 이끌었던 왕국들은 그리스 문화를 받아들이는 과정을 지속했다. 정복된 도시의 부유한 사람들은 그리스 양식의 건축과 의복을 받아들였다. 그리스의 경기를 하고, 그리스의 연극을 보고, 또한 다양한 그리스의 관습을 따르는 것이 유행이 되었다. 그리스 문화의 확산은 팔레스타인에서 마카베오 전쟁을 유발하기도 했지만, 그 외의 다른 지역에서는 상당히 부드럽게 진행되었다.

알렉산드로스의 후계자들은 세계의 정치적 통합을 이루어내지 못했으며, 로마가 들어선 뒤에야 비로소 하나의 정치적 세계가 이루어졌다. 로마인들도 헬레니즘의 문화를 받아들였고, 세계는 다양한 인종과 문화 집단의 '용광로' 가 되었다.

역사학자들은 알렉산드로스가 사망했던 기원전 323년에 헬레니즘 시대가 시작된 것으로 추정하지만, 그 시기가 언제 끝났는가는 그리 명확하지 않다. 일부 역사학자들은 헬레니즘 시대가 로마제국의 멸망과 더불어 종결된 것으로 본다. 기원전 31년의 악티움 해전이 편리한 기준이다. 다른 학자들은 헬레니즘 시대라는 용어를 로마의 정치적 권력과 그리스의 문화적 영향이 남아있던 좀 더 길고도 덜 명확한 시기를 가리키는 데 사용한다. 하지만 철학사에서는 별다른 차이가 없는 것처럼 보인다. 아주 흥미로운 에피쿠로스 철학자들인 제논과 루크레티우스는 기원전 31년 이전에 생존했다. 스토아주의를 정립했던 그리스인들도 그와 동일한 시기에 속한다. 회의주의자들은 기원전 3세기의 퓌론에서 기원후 2세기의 섹스투스 엠피리쿠스까지를 포함한다. 스토아주의의 영향을 받은 로마 사상가들은 초기의 철학인 온건한 형태의 최초 철학을 아주 다양한 지적체계의 한 부분으로서 발전시켰다. 헬레니즘 시대가 언제 끝났는가에 대한 논의는 다른 사람들에게 남겨두고, 우리는 그리스와 로마 철학자들에 대해 이야기하도록 하자. 그러나 헬레니즘 시대에 발생했던 문화와 사회의 변화에 대한 이해가 아리스토텔레스 사후의 철학에 어떤 일이 발생했는가를 이해하는 데 매우 중요하다는 것은 분명하다. 이 시대에 대해 좀 더 자세히 살펴볼 필요가 있다.

헬레니즘 문화

헬레니즘 시대는 학문과 상업과 순수예술의 현격한 발전이 있던 시기였다. 역사상 처음으로 하나의 중심 언어, 즉 '코이네' 또는 '공통 그리스어'로 알려진 단순화된 형태의 그리스어가 있었다. 코이네는 외교와 무역의 언어로서 기능했는데 이것은 상업의 성장뿐만 아니라 사고와 다양한 문화의 보급을 가능하게 했다. 학문은 이집트의 알렉산드리아와 시리아의 안티오크의 크고 새로운 대학들에 의해 발전되었다. 알렉산드리아의 큰 도서관은 50만 개의 분류 항목들을 갖고 있었으며, 또한 중요한 학문의 중심지였다. 유스티니아누스 황제가 아카데메이아를 폐

쇄했던 서기 529년까지 아테네는 중요한 학문의 중심지로 남아있었다. 수학의 발전이 있었으며, 이것이 바로 유클리드와 아르키메데스의 시기였다. 에라스토테네스, 마르세유 출신의 퓌씨아스, 그리고 사모스 섬 출신의 아스타르코스는 지리학과 천문학 연구에 기여했다. 폴뤼비오스와 (카르디아 출신의) 히에로뉘모스는 저명한 역사학자였다.

무역 중심지들의 연합, 상업 신용의 성장, 그리고 발전된 항해술과 지도 제작술로 말미암아 세계 전역에서 무역의 성장이 활발해졌다.

이 시기는 도시 계획과 훌륭한 공공건물 설립의 시기였다. 세계는 과거의 어느 때보다도 아름다운 장소라고 말해졌다. 많은 사람들이 순수예술을 접하게 되었다. 오늘날 많은 사람들이 그리스 예술로 알고 있는 일부 예술 작품들, 특히 밀로의 비너스, 사모트라케의 승리의 여신, 빈사의 갈리아인과 같은 조각 작품들은 사실상 헬레니즘 시대의 것들이다.

위대했던 아테네의 '황금시대'와 대비하여, 헬레니즘 시대는 '은시대'라고 불린다. 여기에 함축된 것은 헬레니즘 시대의 순수예술들이 이전 시기보다 열등하다는 것이다. 또한 은과 금을 언급하고 있다는 점도 과거 어느 때보다 더 많은 사람들이 순수예술을 접할 수 있었음을 의미한다. 은시대에 대한 이야기는 어떤 편견이나 우월의식을 드러낼수도 있지만, 그것에는 더 많은 의미가 들어있다. 많은 사람들이 즐긴다고 해서 항상 좋은 것만은 아니라고 생각하는 사람들이 있다는 것을 부정하지 않을지라도, 우리는 헬레니즘 예술에 대한 평가절하가 위대한 예술에 대한 기본적인 어떤 믿음들에 의존하고 있음을 이해해야 한다. 그 후의 예술은 자연주의적이었다. 그것은 고전예술에서는 그림의 대상이 결코 되지 않았을 사람들을 그리며, 또한 (황금시대에 신들과 여신들, 그리고 두어 명의 영웅적인 인물들을 그릴 때 사용했던 형식적 균형이 없이) 사람들을 현실적으로 그린다. 대부분의 사람들은 헬레니즘 시대의 조각들이 흥미롭고도 인본주의적이라는 이유에서 그것들을 좋아한다. 이 조각들은 몇몇 예술 역사학자들이 초기 작품들의 예술적 장점이라고 생각했던 형식성을 결여한다는 점에서 호소력을 갖는다.

그 두 시기의 예술에 관한 미학적 논란을 제외한다면, 우리는 철학사에 중요한 어떤 것을 볼 수 있다. 헬레니즘 시대의 예술 작품들은 당시 사람들의 흥밋거리와 관심사를 반영한다. 종종 이 작품들은 사람들의 열망, 자기 탐구, 그리고 간절한 소망을 담고 있다. 이 작품들이 '황금시대'의 것이든 '은시대'의 것이든(어쨌든 그것들 가운데 어떤 것도 비금속[1]이 아니다), 그것들은 사람들의 본성, 그들이 살아가는 삶 그리고 철학이 충족시키려고 노력했던 요구들을 향한 하나의 창문일 것이다.

헬레니즘 시대의 사회적 조건

학문, 상업, 그리고 순수예술의 성장에도 불구하고, 헬레니즘 세계는 모든 사람들의 마음을 기쁘게 하지는 못했다. 다수의 일반인들은 힘겨워했다. 가난과 노예제도가 많은 사람들의 불행과 불만족스런 삶의 한 원인이었다. 많은 소규모 농부들이 몰락하여 도시 빈민층으로 전락했다. 실질적으로 이 시기에는 노예들에 대한 주인들의 권한은 무제한이었다. 만약 아리스토텔레스가 이 시기에 살았더라면, 그는 로마인들이 그랬던 것처럼 노예제도의 정당성을 제공하느라 힘든 시간을 보냈을

---

1   옮긴이주: 공기 중에서 쉽게 산화하는 금속.

것이다. 많은 노예들이 군인들에 대한 포상으로 주어졌다. 다른 노예들은 노출된 아이들,[2] 포기된 아이들, 또는 아주 가난한 집안의 아이들이었으며, 일부 노예들은 그들의 주인들보다 더 교양있고 더 좋은 교육을 받았다. 노예들의 고통과 많은 사람들의 가난은 그들에게 더 나은 삶을 위해 싸울 결심과 힘을 주지 못하곤 했다. 때때로 로마권력에 대한 무장봉기가 있었지만, 이것은 대체로 제국의 변두리에 있는 완전히 정복되지 않은 지역에서 발생했다.

사람들에게 무슨 일이 발생했던 것일까? 그들의 비도덕화에서 발견되는 한 가지 특징은 군사적 정복자들이 낡은 정치적 구조들을 파괴했고, 사람들을 이전의 지지 근거로부터 쫓아냈다는 것이다. 개인의 신분, 안전, 가치 규준들, 그리고 행위 통제의 근거들이 사라졌다. 집이라는 것이 존재한다 할지라도, 그것은 먼 나라 이야기이고, 더 이상 획득할 수 없는 것이었다. 많은 사람들에게 이것은 절박한 요구의 시기였고, 그들은 자신들이 어디로 가야할지 또는 무엇을 믿어야 할지를 알지 못했다.

과거의 종교들은 외국의 신앙들이나 새로운 믿음 체계들에 직면했다. 사람들이 상반된 관습과 믿음을 경험하면서, 종교적 확실성과 민족의 결속력은 사라졌다. 이러한 불편한 상황에서, 개인들은 자기 자신의 자산에 의지할 수밖에 없었다. 즉, 공동체 의식은 거의 모두가 대비하지 못했던 개인주의에 굴복하고 말았다. 또한 편하게 생각했던 지역주의와 지방주의는 대부분의 사람들이 대비하지 못했던 세계주의에 굴복하고 말았다. 세계는 너무도 넓고 다양해서 '집'으로 이해할 수 없

2 옮긴이주: '노출된 아이들'은 근본적으로 부모로부터 버려짐으로써 비바람에 노출된 아이들을 의미한다. 원하지 않는 아이들을 내다버리는 것은 로마시대에 성행했던 행위로, 노예를 원하는 집에서는 버려진 아이들을 데려다 키워서 노예로 이용하기도 했다.

었다.

대부분의 사람들은 일부 궤변적인 소피스트들이 문제시했던 세계시
민이라는 개념이 정확히 무엇을 의미하는지 이해하지 못했지만, 그들
의 과거 시민권은 파괴되어 갔다. 이것은 내적평화와 안전에 대한 탐색
으로 이어졌고, 또한 사후세계에 대한 관심이 증가했다는 것은 놀라운
일이 아니다. 이 시기에는 종교가 부족하지 않았다. 새로운 종교들이
발전했고, 과거의 종교들은 새로운 문제들을 해결하기 위해 진화했다.

철학이 새로운 문화적 조건들에 의해 변화되는 것은 불가피했다. 길
버트 머레이는 기원전 4세기의 철학 학파들인 에피쿠로스주의와 스토
아주의가 종교의 역사에 포함된다고 말한다.[3] 비록 에피쿠로스주의와
스토아주의가 종교처럼 보이지 않고, 또한 에피쿠로스주의가 종교에
대한 반발로서 발생했지만, 그것들은 모두 긴급하게 필요한 개인적 요
구들을 충족시키려고 노력했다. 아리스토텔레스 이후의 그리스 철학
들은 일종의 세속적인 구원을 제공했지만, 그것들은 길버트 머레이가
"금욕주의, 신비주의, 어떤 의미에서는 염세주의의 발흥: 자신감의 상
실, 현세의 삶에 대한 희망의 상실과 일반적인 인간의 노력에 대한 믿
음의 상실; 끈기 있는 탐구의 포기, 오류의 여지가 없는 계시의 요청;
국가 복지에 대한 무관심, 신에 대한 영혼의 교화" 등으로 묘사하면서
"신념의 상실(failure of nerve)"의 시대로 불렸던 다음 시기로 이어졌
다.[4]

---

3   Gilbert Murray, *Five Stages of Greek Religion*, 17.
4   Ibid. 155.

철학에 미친 영향

지식 그 자체를 위한 탐구로서의 철학은 너무도 넓고 너무도 이상한 세계 속에서 방황하는 사람들의 요구를 더 이상 충족시킬 수 없었고, 다양한 철학들은 구원을 위한 다양한 탐구들이 되었다. 스토아주의와 에피쿠로스주의와 같은 일부 초기 헬레니즘 철학들에서는 이런 탐구가 신피타고라스주의와 중기 플라톤주의와 같은 종교철학에서 그랬던 것만큼 분명하지 않았다. 그러나 스토아주의와 에피쿠로스주의가 단순히 호기심을 충족시키는 데 그쳤던 것은 아니다. 그것들은 개인적인 요구들에 응답하고 있었다. 어떤 의미에서 스토아주의와 에피쿠로스주의는 종교들을 대신하는 세속적 대안들로 기능하고 있었다. 회의주의도 어떤 의미에서는 사람들이 직면하는 불안감에 대해 약간의 안정감을 제공하고 있었다. 철학자들이 수백 년 전에 논의되었던 문제들과 동일한 문제들을 다룬다 할지라도, 그 탐구의 배후에 놓인 목적은 과거의 목적과 동일하지는 않다.

이후 수백 년 동안 철학에 가장 많은 영향을 줬던 로마 후기의 이교도 철학인 신플라톤주의는 지성주의적인 종교였으며, 아우구스티누스는 일차적으로는 신학자였고 이차적으로는 철학자였다.

당시 철학의 또 다른 특징은 절충주의였는데, 이것은 다양한 철학들로부터 재료를 선택하고 그것이 하나의 체계 속에서 서로 넉넉하게 잘 들어맞도록 섞었다. 이것은 대부분의 철학자들이 그렇듯이 이전 사상가들에 의해 영향을 받는 것과 같은 것이 아니다. 예를 들어, 플라톤은 자신의 사고 형성에 있어서 다양한 영향을 받았고, 그것들을 소화하여 잘 짜인 자신만의 사고체계를 만들어냈다. 그러나 절충주의 철학은 이전의 사고체계에서 사용된 크고 작은 요소들을 때때로 받아들였는데,

그것은 단지 그 요소들이 그것들을 사용하는 철학자의 주장들을 어떤 방식으로든 뒷받침했기 때문이었다. 종종 과감하게 그들의 원문에서 뽑아낸 재료들은 실제로는 그것들로부터 도출되지 않은 철학에 "주입되었다."

에피쿠로스주의와 그리스의 스토아주의는 각각 데모크리토스와 헤라클레이토스의 형이상학을 상당히 많이 차용했다. 에피쿠로스주의자들은 데모크리토스의 사상을 단순히 받아들여서 그것을 그의 정신과 이질적인 혼합물에 넣었던 것이 아니다. 그들은 정직하고, 학구적이고, 창의적인 제자들이었다. 인간의 자유에 대한 데모크리토스의 결정론이 미칠 영향에 대해 반대했던 에피쿠로스의 경우에서 볼 수 있듯이, 그들은 비판적이고 판별력이 있는 사람들이었다. 스토아주의자들은 자신들이 상당히 존중하면서 다루었던 헤라클레이토스의 형이상학을 포함하는 기념비적인 철학을 만들어냈다. 그들은 여기저기에서 무분별하게 단순히 어떤 논점을 뒷받침하기 위해 헤라클레이토스 사고의 단편들을 이용했던 것은 아니었다. 에피쿠로스주의와 스토아주의는 헬레니즘 시대의 위대한 철학파들이었지만 이 위대함이 오히려 많은 사람들에 대한 그들의 호소력을 제한했으며, 사람들의 요구에 부응하여 더 적은 규모이지만 더 절충주의적인 철학들이 등장했다. 이 학파들에 속한 철학자들은 재생된 체계들의 일관성이나 진실성에 대해 항상 적절한 주의를 기울이지 않으면서 이론들과 개념들을 받아들였다.

아카데메이아는 여전히 중요한 철학 교육기관이었다. 처음에 그것은 플라톤의 종교적 관심사에 더욱 많은 흥미를 가졌고, 또한 실재자에 대한 수학적 해석을 강조했다. 아카데메이아는 기원전 3세기에 놀라운 변화를 겪었고 회의적으로 변했다. 그것은 중기 플라톤주의를 수용했고, 그 후 그것은 다시 중기의 회의주의를 수용했다. 이후 아카데메이

아는 절충주의적인 성향을 가졌고, 비록 일부 중기 플라톤주의자들이
아리스토텔레스주의의 영향력에 저항하긴 했지만, 일반적으로 플라톤
과 아리스토텔레스를 하나의 체계로 다루었다.

아리스토텔레스가 죽고 난 후 처음에는 테오프라스토스 나중에는 스
트라토 등의 유능한 사상가들이 뤼케이온을 이끌었는데, 그들은 아리
스토텔레스의 방법을 이어나갔을 뿐만 아니라 그의 논리학도 발전시켰
다. 뤼케이온은 더 자연주의적인 성향을 가졌으며, 특히 목적론과 부동
의 원동자를 강조했다. 그러나 스트라토 이후의 아카데메이아는 아리
스토텔레스의 도덕적 교육을 제공한다는 특징만을 가졌으며, 실질적으
로 나중에는 신플라톤주의적 사고에 의해 흡수되었다.

15

에피쿠로스주의

에피쿠로스주의, 스토아주의, 그리고 회의주의는 헬레니즘 시대의 사람들이 일종의 구원을 갈망했던 요구에 부응한 철학들이라고 볼 수 있다. 이 철학들은 대부분의 헬레니즘과 로마 철학들의 철학적 종교들을 만들어냈던 그러한 "신념의 상실"에 완전히 굴복하지 않았다. 그러나 그 철학들이 현세의 힘겨운 삶이 끝나고 나면 더 나은 삶이 이어지리라는 희망에서 불사성을 제시했던 것은 아니다. 그것들은 사실상 현세의 삶에서 나타나는 난관들을 극복하는 방법들을 삶에 대한 철학과 사고방식을 통해 제시했다.

에피쿠로스주의자들

에피쿠로스는 사모스 섬에서 거주했던 아테네 출신의 집안에서 기원전 341년에 태어났다. 디오게네스 라에르티오스는 그가 14세의 나이에 철학 공부를 시작했다고 말했다. 에피쿠로스는 18세의 나이에 아테네로 갔으며, 그때 아리스토텔레스는 칼키스로 이주한 뒤였고 크세노크라테스가 아카데메이아의 대표자로 있었다. 그는 한동안 콜로폰에서 생활했으며, 교사로서 여행했다. 그가 문학 연구에서 철학에 대한 진지한 연구로 돌아섰던 이유는 문학에 대한 불만족과 데모크리토스의 저술들에 대한 발견 때문이었음에 틀림없다. 그가 아테네로 돌아가서 아테네의 한 정원에 자신의 학교를 설립했기 때문에 그의 철학은 때때로 "정원"이란 이름으로 불리기도 한다. 그는 아테네에서 계속 거주했고 기원전 270년에 사망했다.

에피쿠로스는 많은 집필을 했지만, 그의 저술들은 대부분 남아있지 않다. 디오게네스 라에르티오스는 많은 제목들을 언급했으며, 에피쿠로스의 저서인『주요 원리들』과 그가 세 명의 제자들(헤로도토스, 피토클레스, 그리고 메노이케우스)에게 보냈던 편지들을 전해주고 있다. 바티칸에 소장된 단편들이 있는데, 그 가운데 일부는 특정한 책에서 나온 것으로 생각되며, 다른 일부는 출처가 확인되지 않았고, 또한 다른 일부는 서신에서 나왔다.

디오게네스 라에르티오스에 의하면, 에피쿠로스는 과도한 탐닉과 쾌락 추구, 위선, 무지, 그리고 다른 성격적 결함들을 갖고 있다는 이유로 일부 스토아주의자들과 다른 저술가들로부터 비난받았다고 한다. 디오게네스 라에르티오스는 이런 비난을 했던 사람들은 제정신이 아니었다고 말하면서, 그들의 주장을 거짓이라고 일축했다.[1] 그 비난의 일부는

---

1   Diogenes Laertius, *Lives of Eminent Philosophers* X, 3-11. 에피쿠로스의 생애와 성품에 대해서는 R.D. Hicks, *Stoic and Epicurean*, 153-162 참조. 에피쿠로스와 루크레티우스에 대한 유용한 작품들 가운데 두 가지 편리한 자료들이 있다. W.J. Oates에 의해 편집된 *The Stoic and Epicurean Philosophers*는 현존하는 작품들에 대한 번역을 제공한다. A.A. Long and D.N. Sedley의 *The Hellenistic Philosophers*, vol.1은 주제에 따라 배열된 주요 작품들에 대한 번역을 제공한다. 구체적인 단락들을 위해서는 492

아마도 에피쿠로스의 철학에 대한 오해에서 비롯되었을 것이다. 다른 비판들은 아마도 그의 쾌락주의, 신에 대한 그의 견해, 그리고 그가 부정하는 불사성에 대한 강한 반발 때문에 제기되었을 것이다.

디오게네스 라에르티오스는 에피쿠로스의 많은 제자들을 언급했지만, 대부분은 거의 알려지지 않은 인물들이다. 유일하게 잘 알려진 제자는 루크레티우스였지만, 그가 기원전 99년에서 55년까지 생존했던 로마 시인이라는 점을 제외하고는 그의 생애에 대해 거의 알려져 있지 않다. 그는 세상을 버리고 은둔하면서 살아가는 병약자였으리라고 생각된다. 에피쿠로스주의 철학을 변론하는 『사물들의 본성에 관하여』라는 그의 시는 라틴 문학의 걸작으로 간주된다.

에피쿠로스주의적 삶의 방식: 철학을 통한 구원

포르퓌리오스는 "철학자의 말이 인간의 고통을 덜어주지 못한다면 그것은 공허한 것"이라는 에피쿠로스의 말을 인용한다. 철학이 영혼의 고통을 제거하지 못한다면, 그것은 질병을 치료하지 못하는 약과 같다는 것이다.[2] 에피쿠로스주의는 헬레니즘 시기에 간절했던 요구들을 충족시키려 했던 개인적인 구원의 방법으로 철학을 사용했지만, 그 방법은 매우 세련된 사상가들을 위한 것이었다. 그것은 어떤 시대에도 흔하지 않은 지적인 예리함과 마음의 개방성을 요구했다. 에피쿠로스주의 철학의 목표는 죽음에 대한 두려움과 신적인 존재자들의 행동에 대한

쪽에서 시작되는 자료색인(Index of Sources)을 사용하면 좋다. 에피쿠로스주의와 스토아주의 저술가들에 대한 인용문들은 Long and Sedley의 번역문들이다.

2   Porphyry, *To Marcella* 31.

두려움을 제거함으로써 행복을 보존하는 것이었다. 그것은 죽음 이후
의 삶을 약속하지는 않았지만, 죽음이 두려움의 대상이 아님을 보여주
려고 했다. 신들에 대한 에피쿠로스주의 철학의 태도는 상당히 모호해
서, 에피쿠로스와 루크레티우스가 신들이 사람들의 마음속에서 이상화
된 것들이 아니라 실질적인 존재자들로서 실제로 존재한다고 믿었는가
에 대해서는 여전히 불분명하다.

신과 죽음

에피쿠로스주의자들은 "모든 고민과 걱정거리에서 해방되며 결코 소
멸하지 않는 축복받은 존재자들에 대한 사람들의 꿈에서 신들에 대한
믿음이 비롯된다."고 생각했다.[3] 신들이 이상화된 인간들이라는 믿음
에 대한 이런 설명이 실제로 신들이 존재한다는 것을 부정하기 위한 것
인지는 분명하지 않다. 에피쿠로스주의자들은 신들이 단순한 이미지
이상의 것들이라고 생각했는가? 우리는 이에 대해 분명히 답변할 수
없다. 에피쿠로스와 루크레티우스는 자신들이 신앙인들이라고 주장했
다. 에피쿠로스는 신들이 존재하며 그들에 대한 지식은 자명하다는 편
지를 메노이케우스에게 썼다. 그러나 그는 신들이 "많은 사람들이 그
러리라고 믿는 것처럼 그렇게 존재하지는 않는다."고 메노이케우스에
게 말했다. 그는 일반적인 믿음들이 해롭다고 믿었다. "불경한 사람은
많은 사람들의 신들을 부정하는 사람이 아니라 신들에 관한 많은 사람

---

3   Lucretius, *De rerum natura* 5, 1161-1225. 루크레티우스에 대한 모든 문헌들은
이 자료를 가리킨다.

들의 믿음들을 신들과 연결시키는 사람이다."[4]

에피쿠로스와 루크레티우스의 목적은 신들이 존재한다는 것을 부정하려는 것이 아니라 그들을 두려워할 필요가 없다는 것을 설명하려는 것이었을 수도 있다. 신들은 인간들에게 화를 내지 않는 축복받은 불멸적인 존재자들이다. 그 신들은 고민이나 걱정거리를 갖고 있지 않으며, 따라서 그들은 사람들에게 아무것도 기대하지 않는다. 멀리 떨어져 있으며 우리가 접촉할 수도 없다. 따라서 사람들의 꿈속에서 나타나는 것을 제외하고는 인간사에 관여하지 않는다. 우리가 신들을 두려워하고 그들을 불쾌하게 만들지 않으려고 신경을 쓰는 것은 신들에 관한 잘못된 믿음의 결과이다.[5]

에피쿠로스주의자들은 죽음이 우리에게 아무것도 아니기 때문에 두려움의 대상이 될 수 없다고 생각했다. 죽음은 사후에 우리를 처벌하지 않으며, 또한 케로베로스(여러 개의 머리, 뱀의 꼬리, 사자의 발톱을 갖고서 지하세계를 지키는 개-옮긴이), 복수의 여신들, 그리고 타르타로스(죽은 자들이 심판이나 형벌을 받는 지하세계의 깊은 장소-옮긴이)처럼 죽음과 관련된 무서운 신화적 존재자들이나 장소들은 어디에도 존재하지 않는다.[6] 에피쿠로스는 "모든 선과 악은 감각에 있는 반면에, 죽음은 감각의 결여이다."라는 편지를 메노이케우스에게 썼다. 또한 그는 사멸성에 대한 올바른 이해가 우리에게서 불사에 대한 욕구를 제거해준다고 메노이케우스에게 말했다. 자연철학이 우리로 하여금 신화적 개념들에 근거한 두려움들을 극복하게 해준다는 것이다.[7]

4   Epicurus, *Letter to Menoeceus* 123-124.
5   Epicurus, *Letter to Menoeceus* 76-77; Lucretius, *De rerum natura* 5, 146-155 와 1161-1225.
6   Lucretius, *De rerum natura* 3, 830-911과 966-1023.

쾌락주의 윤리학

삶의 방법에 대한 에피쿠로스적 윤리학은 쾌락주의적이다. 에피쿠로스
는 쾌락이 어떤 것이 좋은지 아닌지를 판단하는 척도라고 생각했다. 그
러나 그는 억제되지 않은 쾌락의 추구를 승인하지 않았고, 단순한 음식
을 먹으면서 사는 단순한 삶을 지지했다. 어떤 쾌락도 그 자체로서 나
쁘지는 않지만, 어떤 쾌락들은 그것들이 주는 쾌락보다 더 큰 부담감을
야기하기도 한다. 방탕함과 과도함은 역효과를 낳는다. 모든 욕망들이
나쁜 것은 아니다. 어떤 것들은 행복에 필수적이고, 어떤 것들은 부담
감에서 벗어나기 위해 필요하고, 또한 어떤 것들은 삶 자체를 위해 필
요하다. 에피쿠로스적 삶의 목표는 신체적 고통과 정신적 혼란에서 벗
어나서 '아타락시아(*ataraxia*)' 라고 불리는 일종의 평정심을 찾는 것
이다.[8]

　에피쿠로스주의자들은 쾌락이 고통의 부재라는 부정적인 개념을 주
장했다. 디오게네스 라에르티오스에 따르면, 모든 쾌락들이 운동들이
고 따라서 동적이라고 생각했던 키레네학파와 달리, 에피쿠로스주의자
들은 동적인 쾌락과 정적인 쾌락을 모두 인정했다고 한다. 즐거움과 기
쁨은 동적인 쾌락들로 보였다. 이것들의 예로 제시된 것은 고통의 제거
로 볼 수도 있는 갈증의 제거와 상쾌한 음료이다. 고통과 혼란의 해방
은 정적인 쾌락들이다. 가장 큰 고통은 두려움과 같은 정신적인 것이
다. 두려움의 원인들을 이성화함으로써 쾌락이 가능해진다.[9]

7　Epicurus, *Letter to Menoeceus* 124–127 ; *Principle Doctrines* 11–13.

8　Epicurus, *Letter to Menoeceus* 127–132 ; *Principle Doctrines* 8–10, 29 ; Vatican
Collection Part A 71, 73, 81 ; Lucretius, *De rerum natura* 2, 1–61.

9　Diogenes Laertius, *Lives of Eminent Philosophers* X, 136–137 ; Epicurus, *Princi-*

에피쿠로스는 부, 지위, 또는 권력의 추구와 반대되는 의견을 제시했다. 그는 정치를 피하라고 권했고 우정에 큰 가치를 부여했다.[10] 에피쿠로스주의는 정적이고, 윤리적이고, 거의 금욕적인 삶을 추구했다. 에피쿠로스는 가정사에 대한 어떤 열정도 드러내지 않았다. 디오게네스 라에르티오스는 에피쿠로스가 현명한 사람이라면 결혼해서 자식을 갖더라도 사랑에 빠지지는 않으리라는 견해를 가졌다고 전한다. 에피쿠로스는 성적 쾌락들이 결코 이롭지 않으며, 만약 그런 쾌락들에 의해 해를 당하지 않는다면 운이 좋은 것이라고 말했다.[11] 이것은 '에피쿠로스적인' 이라는 용어의 ('쾌락적인' 으로 이해되는–옮긴이) 현대적 의미와는 상당히 다르다. 고대시기에 에피쿠로스의 쾌락주의는 오해될 수밖에 없었으며,[12] 그 후로 에피쿠로스라는 이름은 그런 오해와 결부되어 왔다.

에피쿠로스주의의 형이상학적 토대

에피쿠로스는 신들에 대한 두려움과 죽음에 대한 두려움을 증가시키는 종교를 평정심(아타락시아)의 가장 큰 적이라고 생각했다. 그는 신들

ple Doctrines 3-4, 8-13; Vatican Collection Part A 4; Lucretius, De rerum natura 2, 1-61.

10   Epicurus, Principle Doctrines 7, 14, 15, 21; Vatican Collection Part A 23, 27, 34, 52, 58, 68.

11   Diogenes Laertius, Lives of Eminent Philosophers X, 118-120; Epicurus Exhortation: Vatican Collection Part A 51. 4. (W.S. Oates, The Stoic and Epicurean Philosophers의 번역문 참조.)

12   예를 들어, Athenaeus 546 이하, Plutarch, Against Epicurean happiness 1089D, and Ciceron, Tusculan Dsputations 3, 41-42 참조.

이 인간사에 대해 관심을 갖지 않는다고 주장했으며, 또한 죽음을 감각의 부재로 해석했다. 따라서 죽음 이후에는 두려워할 것이 전혀 없다는 것이다. 그가 단순히 죽음이나 신들에게서 두려워할 것이 아무것도 없다는 주장만 했던 것은 아니다. 그는 자신의 믿음들에 대한 토대를 설명하기 위해 데모크리토스의 원자론을 이용했다.

데모크리토스의 형이상학에 따르면, '물체들'과 '운동이 발생하고 있는 진공'만이 존재한다. 물체들은 제일실체들, 즉 원자들의 집합체들이다. 진공은 엘레아학파의 논리에 의해 부정된 절대적인 결핍을 의미하는 것이 아니라 물체에 의해 점유되지 않은 공간, 즉 물체가 들어가거나 통과할 수 있는 공간을 의미한다. 섹스투스 엠피리투스는 그것을 '만질 수 없는 실체'라고 불렀다. 원자들과 진공은 항상 존재해왔다. 그 어떤 것도 아무것도 없는 것에서 생성되지 않으며,[13] 원자들은 결코 아무것도 없는 것으로 사라지지 않는다.[14]

모양, 색깔, 그리고 무게처럼 관찰 가능한 사물들의 속성들 자체가 실체들 또는 비물질적 사물들은 아니다. 그것들은 물체들의 속성들이며 유일하게 실재하는 것들은 원자들, 그리고 그것들이 운동하는 공간이다. 시간은 그 자체로서 어떤 것이 아니라 관찰 가능한 물체들의 속성이다. 섹스투스 엠피리쿠스는 시간이 속성들의 속성으로 간주된다고

---

13   옮긴이주: 이 문장의 영어원문은 "Nothing comes into being from nothing."으로, 옮긴이는 "그 어떤 것도 아무것도 없는 것에서 생성되지 않는다."로 번역했다. 하지만 위 문장의 'nothing'을 '무'로 옮기면, 위 문장은 "무는 무에서 생성된다."로 번역될 수도 있으며, 이 번역은 "무"를 실체화함으로써 생성의 근거인 동시에 생성된 산물로도 이해하게 된다. 이와 관련하여, 유원기(2009), 『자연은 헛된 일을 하지 않는다－아리스토텔레스의 자연철학』, 파주: 서광사, 72쪽 각주 68 참조.

14   Epicurus, *Letter to Herodotus* 38–40; Lucretius, *De rerum natura* 1, 334–390, 419–482; Sextus Empiricus, *Adversus mathematicos* X, 2.

말했다.[15]

원자들은 모양, 무게, 그리고 크기를 제외한 다른 어떤 성질들도 갖지 않는다. 관찰 가능한 사물들의 성질들, 즉 그것들의 모양들과 색깔들, 냄새들과 맛들은 원자들이 배열된 방식에서 유래한다. 원자들은 "상상할 수 없을 정도로 많은" 다양한 모양을 가질 수 있지만, 모양의 종류들이 무한하지는 않다. 원자들이 다양한 크기를 갖지만, 원자들의 크기도 위의 한계와 아래의 한계를 갖는다. 그것들은 원자들이므로 당연히 "잘라지지 않는(a-tomē)"다. 심지어 이론적으로도 그것들은 무한하게 분할되지 않는다. 물체 내부에 있는 원자들의 수는 방대하지만, 그것은 무한하지 않다.[16] 그러나 실재자 자체는 무한하다. 에피쿠로스주의자들은 실재자가 끝을 가질 수도 없고, 경계선도 가질 수 없다고 생각했다. 물론 실재자의 무한함 속에는 무한한 수의 원자들이 있어야 할 것이다.[17]

원자들이 무게를 갖는다는 에피쿠로스의 주장은 개념적 문제로 간주되어 왔다. 무게라는 개념은 원자들 자체의 속성으로서 어떤 의미를 갖는가? 뒤에서 보겠지만, 원자들이 그것들의 무게 때문에 아래로 떨어진다는 개념은 에피쿠로스가 인간이 운명에서 자유롭다는 주장을 옹호할 때 사용되었다. 그 개념은 단지 그의 윤리적 관심사에 의해 야기된 사고의 오류에 불과한가? 이것은 논란의 여지가 있다. 에피쿠로스는 위와 아래라는 개념이 "어떤 지점과 관련된다는" 의미를 가지며, 또한

15   Epicurus, *Letter to Herodotus* 68-73; Lucretius, *De rerum natura* 1, 445-482; Sextus Empiricus, *Adversus mathematicos* X, 219-227.

16   Epicurus, *Letter to Herodotus* 40-43, 54-59; Lucretius, *De rerum natura* 1, 503-598, 599-634; 2, 381-407, 478-531와 750-833.

17   Epicurus, *Letter to Herodotus* 41-42; Lucretius, *De rerum natura* 1, 958-997.

'위'는 "무한을 향해 우리 머리 뒤로 줄을 던지기 위해" 사용된다는 것을 알고 있었다.[18] 아마도 그는 우리의 위와 아래에 대해 상대적인 무게를 갖는 원자들을 생각하고 있었을 수도 있다. 그는 원자들과 진공이 항상 존재한다고 생각했고, 또한 원자들로 구성된 물체들, 즉 위와 아래의 기준점이 되는 물체들이 존재하지 않았던 때는 결코 없었다고 생각했을 것이다. 물체들의 존재와 운동의 상대성을 고려할 때, 무게를 갖는 원자들이란 개념이 명확한 의미를 가질 수 있을 것이다.

에피쿠로스주의자들은 원자들이 항상 존재했으며, 또한 "영원히 지속적으로" 진동하고, 서로 부딪치고, 또한 반동하면서 항상 운동할 것이라고 생각했다. 그것들이 다른 것들과 서로 충돌하지 않는 진공에서, 원자들은 크기와 관계없이 모두 동일한 속도로 움직이며, 또한 그것들은 태양광선의 속도보다 더 빠르게 움직인다.[19]

루크레티우스는 두 가지 종류의 운동을 말했다. 하나는 원자들과 부딪쳐 어느 방향으로든 보낼 수 있는 원자들의 충돌 결과이다. 이것을 "유발된 운동"이라고 부르자. 또 다른 운동의 형태는 다른 어떤 유발된 운동이 없이 원자들 자체의 본성에 따라 움직이는 것들의 운동이다. 에피쿠로스주의자들에 따르면, 이 운동은 항상 밑을 향하며, 결코 사선 방향을 향하지 않는다. 루크레티우스는 원자들이 사선 방향으로 움직이려는 본질적인 힘을 갖지 않으며, 이것은 그것들의 본질적인 힘이 아래로 움직이는 것임을 함축한다고 말했다. 이것을 "본질적인 운동"이라고 부르자. 이미 보았듯이, 어떤 합리적인 가정들을 고려할 때, 본질적인 운동이라는 그 개념이 의미를 갖는다.

---

18 Epicurus, *Letter to Herodotus* 60.
19 Epicurus, *Letter to Herodotus* 43-44, 61-62; Lucretius, *De rerum natura* 2, 80-124와 142-164.

에피쿠로스주의자들은 유발된 운동의 부재 시에 발생하는 아래를 향한 원자의 본질적인 운동이라는 설명에서 멈추지 않았다. 그들은 원자들이 그것들의 폭 정도의 적은 거리만큼 방향을 약간 전환하기도 한다고 생각했다. 이 방향전환은 그 원자들을 다른 원자들의 통로에 밀어 넣음으로써 충돌하게 만든다. 방향전환이라는 이 개념은 그것의 원인이 제시되지 않았다는 이유에서 비판되지만, 그것이 심각한 문제일 필요는 없다. 그것은 단지 원자들의 본성일 것이다. 다양한 모양들과 무게들로 나타나는 그 원자들은 아마도 그것들의 본성적인 회전이나 진동하면서 떨어짐으로써 불안정해진다. 루크레티우스는 자신이 그 방향전환의 증거로 간주했던 것을 제시했다. 만약 모든 원자들이 동일한 속도로 떨어짐으로써 후미의 충돌 가능성을 배제하기 때문에, 그것들이 수직으로 떨어졌다면 충돌은 발생하지 않았을 것이다.[20]

루크레티우스의 설명에는 문제가 있다. 만약 원자들이 "지속적이고도 쉴 새 없이" 충돌하여 공간의 측면이나 위쪽 또는 아래쪽으로 튀어 들어간다면, 루크레티우스가 제시하는 방향전환의 증거는 약화될 것이다. 그가 본질적인 운동만이 있던 시기, 즉 유발된 운동들이 시작되기 이전의 최초 상태를 생각했을 수도 있지만, 이것은 무게를 갖는 원자들이란 개념이 상당히 의심스러운 상태로 우리를 이끌어갈 것이다. 상당히 이론적인 그런 물리이론에는 약간의 불일치가 쉽게 스며들 수 있다. 그러나 방향전환과 관련된 더 심각한 문제는 에피쿠로스주의자들이 의지의 자유를 설명하기 위해 그것을 사용했다는 점이다. 이에 대한 그들의 주장은 적절하게 비판되고 있다.

---

20   Lucretius, *De rerum natura* 2, 216–250.

의지의 자유

에피쿠로스주의 철학은 데모크리토스의 결정론적 형이상학에 토대를 두고 있지만, 에피쿠로스는 모든 사건들이 결정되어 있기 때문에 아무도 자신의 행동에 대한 책임이 없다는 함축을 거부했다. 그는 인간이 "'운명'의 노예"라는 신념, 즉 그가 자연철학자들의 것으로 간주했던 신념을 강하게 반대했다. 그는 어떤 사람에게 필연적이면서도 그에게 도덕적 책임이 없는 어떤 일들이 발생하며, 어떤 사람의 삶 속에서 발생하는 어떤 사건들은 행운이나 불운때문이라고 생각했다. 그러나 어떤 행동들은 "우리에게 달려있다."[21]

에피쿠로스는 사람들이 자신들의 행동에 책임이 있으면서도 원자들을 탓한다고 생각했다. 즉, "그들의 원자들이 갖는 본성이 그들의 일부 행동이나 행동과 기질의 정도에 전혀 기여하지 않으며, 어떤 것들에 대한 모든 책임이나 대부분의 책임을 지는 것이 그것들의 발전들인" 경우에도,[22] 그들은 원자들을 탓한다는 것이다.

에피쿠로스의 표현은 난해하지만, 그가 말하고 있는 것은 오늘날에도 예외 없이 적용될 것이다. 즉, 비록 물리세계의 인과법칙을 갖는 것으로 이해되는 우리의 원자들이 어떤 행동을 야기하고 또한 우리로 하여금 다른 활동들을 하게 만들지라도, 우리는 오랜 시간에 걸쳐 우리의 기질을 발전시키며, 따라서 우리를 이루는 것이 우리가 하는 대부분의 행동을 우리 스스로 책임지도록 만든다는 것이다.

우리의 신념들은 우리가 결코 벗어나지 못하는 환경적 영향에 대한

---

21   Epicurus, *Letter to Menoeceus* 133-134.

22   Epicurus, *On Nature* 34, 21-22.

우리의 반응들을 결정한다. 에피쿠로스는 "마치 책임이 우리에게도 있는 것처럼, 우리가 서로를 꾸짖고, 반대하고, 또한 개혁할 때," 우리가 우리의 자유를 경험한다고 생각했다. 에피쿠로스는 이론을 경험보다 중시하는 것을 거부했고, 각각의 행동이 물리적 인과관계에 의해 필연적으로 요구된다고 끝없이 주장하는 것은 자기 모순적이며 또한 경험적으로 추론하지 않는 것이라고 말했다.[23] 이것은 우리 대다수가 공감하는 접근방법이지만, 에피쿠로스주의자들은 단순히 자유에 대한 이런 변론에 만족하지 않고, 자신들의 변론을 물리적 본성의 불확정성 이론에 기초했다. 그 자체로서 의심스러운 방향전환이란 개념은 훨씬 더 의심스러운 용도로 사용되었다. 어떻게 해서 "정신이 그것의 모든 행동에 대한 내적 필연성을 스스로 소유해서는 안 되고, 극복되어야 하는지, 즉 말하자면 ...를 겪어야 하고 작용되어야 하는지"를 설명하기 위해, 에피쿠로스주의자들은 하향 운동하는 원자들의 방향전환이란 개념에 호소했다. 여기에서 주장하는 것은 "원자들의 미세한 방향전환"이 의지의 자유를 야기했다는 것이다.[24]

자유의지에 대한 이런 변론은 고대시기에도 비판되었다. 예를 들어, 키케로는 에피쿠로스주의자들이 자유의 원인을 정신 자체의 내부에서 찾지 않고 외적 원인을 찾으려 한 것은 잘못이라고 생각했다.[25] 에피쿠로스주의자들은 다른 것에 의해 야기되지 않은 방향전환이라는 개념이 결정된 원인들이라는 확고한 사슬을 부수었고, 그럼으로써 정신으로 하여금 자연의 나머지 부분을 통제하는 물리적 인과론과 상관없이 작용하도록 했다고 생각했다. 여기에 어떤 오류가 있는가를 아는 것은 어

23 Ibid. 34, 26–30.
24 Lucretius, *De rerum natura* 2, 251–293.
25 Cicero, *On Fate* 21–25.

렵지 않다. 만약 우리의 정신들이 작용하도록 야기되지 않고도 작용한다면, 이것은 우리에게 자유와 도덕적 책임을 주지 않을 것이다. 그것은 우리를 우연적인 속성들의 희생자들로 만들 것이다. 즉, 그것은 마치 예측할 수 없는 강풍이 우리 자신의 마음속에 있음에도 다른 어떤 변덕스러운 바람에 의해 휩쓸리고 있는 것과 비슷할 것이다.

목적론의 부정

루크레티우스는 무한히 많은 수의 세계들이 존재하지 못하게 방해하는 것은 아무것도 없다고 생각했다. 만약 다른 세계들이 존재한다면, 그것들은 설계나 목적의 결과가 아니라 단지 "개별적인 얽힘들"의 결과, 즉 원자들이 서로 충돌하도록 함께 갇혀 있기 때문이다. 다양한 원인들이 해소된다면 이 세계들은 영원하지 않을 것이다. 우리 자신의 세계도 비목적적으로 형성된 세계에 불과하다.[26]

목적론의 부정은 에피쿠로스 철학에서 중요한 역할을 했다. 신들에 대한 두려움으로부터 자유로워지기 위해서는 신들이 세계를 창조하거나 통제하지 않는다는 생각이 필요했다. 루크레티우스는 세계가 설계되지 않았으며, 또한 그것을 돌보는 신의 섭리도 없다고 생각했다. 어떤 사람들은 이것이 자신들에게 위안을 주었던 어떤 것을 부정하는 것으로 여겼지만, 에피쿠로스주의자들이 제공했던 위안의 절묘한 토대는 "기계적 법칙들이 생성되는 것을 통제한다."는 원자론적 철학에 기초했다. 이 철학에 따르면, 세계의 다양한 사물들은 설계의 산물들이 아

---

26   Epicurus, *Letter to Herodotus* 45, 73–74.

니다. 루크레티우스는 "우리 몸속의 어떤 것도 우리가 그것을 사용할 수 있도록 하려고 생겨난 것은 아니다. 그것의 용도를 만들어내는 것은 그것이 생성되었다는 사실이다."라고 말했다. 예를 들어, 눈은 우리가 무언가를 볼 수 있도록 하려고 만들어진 것이 아니다. 세계는 신들의 산물이 아니며, 세계 내부의 그 어떤 것도 신들의 산물이 아니다.[27]

에피쿠로스주의의 심리학과 인식론

데모크리토스의 형이상학은 에피쿠로스주의자들에게 구원철학의 역할을 잘 수행했으며, 데모크리토스의 심리학도 그와 마찬가지로 잘 수행했다. 물체들과 진공만이 존재하며, 물체들은 원자들의 합성물들이라는 원리에 따라, 루크레티우스는 영혼(정신)이 "전체 복합물, 즉 인간의 육체에 퍼져있는 잘 구성된 육체"라고 생각했다. 영혼은 자발적인 운동뿐만 아니라 감각, 감정, 그리고 사고에 대해 주된 책임이 있다. 정신 또는 영혼은 사람이 발전함에 따라 발전하며, 또한 그것은 사람과 더불어 나이를 먹는다. 또한 그것은 질병과 퇴화에 의해 영향을 받는다. 육체가 해체될 때, 영혼도 해체되고 흩어진다. 이미 보았듯이, 두려워할 것은 아무것도 없다. 모든 감각의 끝인 죽음은 무서운 것이 아니라 사후세계의 끔찍한 경험들로부터 우리를 구하는 역할을 한다.[28]

---

27   Lucretius, *De rerum natura* 2, 1052-1104; 4, 823-857; 5, 156-234.

28   Epicurus, *Letter to Herodotus* 63-67; Lucretius, *De rerum natura* 3, 136-176; 4, 877-891.

감각

에피쿠로스주의자들은 데모크리토스가 설명했던 것처럼 감각경험을 설명했다. 그것은 지각된 몸통들의 작은 원자 복제품들의 형태로 몸통들이 유출 또는 발산됨으로써 야기된다는 것이다. 유출은 몸통과 동일한 배열구조를 갖는다. 우리의 감각기관에 작용하는 이 유출의 과정은 거의 즉각적이다. 그것은 사고만큼 빨리 발생한다. 에피쿠로스주의자들은 데모크리토스가 말했던 것처럼, 때때로 작은 이미지(image)들이 다른 원자들과 충돌함으로써 왜곡된다고 믿었다. 그러나 데모크리토스는 아무리 미세한 이미지들일지라도 이런 왜곡을 벗어나며, 세계에 관한 올바른 정보를 우리에게 준다고 생각했다. 그는 자신의 주장을 정당화하거나 이것이 어떻게 작동하는지에 대한 명확한 설명을 제시하지 않았다. 심지어는 그가 이성이 아니라 지각에 대해 이야기하는 것인지조차 명확하지 않다.

에픽테토스는 지각에 대한 좀 더 명료한 설명을 제시했다. 우리에게 온전하게 도달하는 이미지들은 특별한 종류의 유출이 아니다. 그것들은 단지 충돌에서 손상되지 않은 것들에 불과하다. 성공적으로 전송된 이미지들이 많이 있지만, 실패한 것들이 있다 할지라도 빈번히 전송된 것들은 인상들의 단일성과 지속성을 보존하고 있다. 그러므로 우리의 감각 인상들을 참된 것으로 받아들일 수 있다. 오류와 거짓은 "항상 우리가 덧붙이는 의견 속에 위치하고 있다."[29] 루크레티우스는 우리로 하여금 대상들을 보게 만드는 개별적인 이미지들을 우리가 지각하지 못한다 할지라도, 지각된 대상들에 대해 당황해서는 안 된다고 말했다.

---

29   Epicurus, *Letter to Herodotus* 46–53.

그는 이것을 바람의 모든 입자를 느끼는 것이 아니라 우리를 세게 때리는 바람을 느끼는 것에 비유한다. 우리가 돌을 만질 때, 우리는 색깔이 칠해진 돌의 표면을 느끼는 것이 아니라 "돌 내부의 깊은 곳에 있는" 단단함을 느낀다.[30]

더 풍부한 상상력을 가졌던 루크레티우스는 "눈을 채우고 시각을 자극하는 것들보다 더 섬세한 질감이 나는" 많은 이미지들이 우리 주변에 있다고 생각했다. 그것들은 "모든 방향으로 다양하게 움직인다." 이 이미지들은 우리가 상상적인 사물들을 보는 원인이다. 이것은 특히 기억이 깨어있지 않을 때 발생하는데, 그렇기 때문에 그것은 꿈속에서 자주 발생한다. 이미지들을 즉각적으로 이용할 수 있는 것도 "왜 정신은 그것이 기억하길 원하는 것을 생각할 수 있는가?"를 설명하는 데 도움이 된다.[31]

에피쿠로스주의 인식론은 감각들에 대한 신뢰에 기초하고 있다. 감각들보다 더 신뢰성을 갖는 것은 아무것도 없다. "… 감각들이 얻는 인상은 언제든지 참이다." 삶은 감각들에 대한 신뢰에 의존한다. 루크레티우스는 시각적 착각을 감각들이 우리를 오도한다는 것을 말해주는 증거라고 생각하지 않았다. 그는 감각들이 개별적으로 작용하며, 서로를 거부할 수 없다고 말했다. 그는 나중에 아우구스티누스가 취했던 접근방법, 즉 감각들은 그것들이 지각해야 할 것을 지각한다는 접근방법을 취했다. 멀리서 볼 때 네모난 탑이 둥글게 보인다면, 그것은 이미지들이 먼 길을 여행해서 모퉁이들의 날카로움이 무뎌졌기 때문이다. 이미지는 가까이에서 본 둥근 탑의 이미지만큼 날카롭지는 않다. 눈은 먼

30   Lucretius, *De rerum natura* 4, 256–268.
31   Ibid. 4, 722–822.

곳의 탑에 의해 현혹된 것이 아니다. 만약 누군가가 먼 곳에 있는 탑을 둥글다고 판단한다면, 그것은 정신이 제대로 추론하지 못한 것이다. 눈이 정신의 일을 하길 기대해서는 안 되지만, 이성은 감각들에 의존하며, 따라서 만약 감각들이 신뢰될 수 없다면, 그것은 이성이 거짓이기 때문이다.[32]

에피쿠로스는 "만약 그대가 모든 감각들과 싸운다면, 그대는 그대가 잘못이라고 말하는 것들에 대해 판단할 기준조차 갖지 못할 것이다."라고 말했다. 아마도 그는 우리가 다른 감각경험들에 기초하지 않고는 어떤 감각경험도 판단할 방법을 갖지 못한다고 생각했을 것이다.[33]

에피쿠로스주의자의 감각경험에 대한 강조가 사소한 것으로 간주되거나 또는 그 자체보다 덜 정교한 것으로 간주되어서는 안 된다. 감각경험에 대한 논의는 프로타고라스가 말했던 것으로 알려진 개념에서 유래한다. 에피쿠로스와 루크레티우스가 모든 감각 인상이 우리에게 세계의 본성을 드러내준다고 말했던 것은 아니다. 루크레티우스는 "눈은 사물들의 본성을 발견하지 못한다."고 말했다. 에피쿠로스는 의견들을 시험해보는 것이 필요하며, 또한 진리를 시험하기 위한 어떤 기준들이 필요하다고 생각했다. 에피쿠로스주의자들에게 있어서 진리의 기준들은 감각, 선입견, 그리고 감정이다. 감각은 기억의 정신적 이미지들을 통해, 그리고 사물들에 대해 우리가 갖는 일반 개념들, 즉 선입견들을 통해 시험될 필요가 있다. 그런 뒤에 의견들은 또 다른 경험적 시험에 직면하게 되는데, 그것은 행위의 방향과 관련된다. 이 시험은 감정, 특히 쾌락과 고통을 포함한다. 이 감정들은 어떤 사람이 옳은가 또

---

32   Ibid. 4, 353-363, 379-386, 그리고 469-521; Saint Augustine, *Contra academicos* 3, 11, 26.

33   Epicurus, *Principle Doctrines* 23.

는 잘못인가에 대한 실질적인 시험들이다. 쾌락의 감정들은 사람들이 무엇을 해야 하는가를 보여주며, 반면에 고통의 감정들은 무엇을 회피해야 하는가를 보여준다.[34]

진리

섹스투스 엠피리쿠스는 참된 의견들이란 입증된 것들이며 또한 명확한 증거를 통해 반박되지 않는 것이라고 말하면서, 에피쿠로스주의자의 진리 기준을 명확하게 설명했다. "입증이란 의견의 대상이 믿어왔던 그런 것이라는 사실에 대한 자명한 인상들을 통한 지각이다." 그는 플라톤이 멀리서 접근하고 있다고 믿는 경우를 예로 사용했는데, 이것은 여전히 "추측적인 의견"이다. 플라톤이 더 가까이 접근할 때, 접근하는 것이 플라톤이라는 또 다른 증거가 있다. 끝으로, 이것이 플라톤이라는 것이 입증된다. "반박되지 않음"은 운동을 가능하게 만드는 공간속의 믿음과 같은 자명하지 않은 어떤 것에 대한 믿음과 관련된다. 자명한 그 어떤 것도 그 믿음과 충돌하지 않는 경우에, 그 믿음은 반박되지 않는다. 이 경우 운동은 존재하지 않는다. 입증과 반박되지 않음은 참된 믿음들을 가리키며, 그것들의 반대는 거짓된 믿음들을 가리킨다.[35]

---

34 Epicurus, *Letter to Herodotus* 37–38; Lucretius, *De rerum natura* 4, 379–386; Diogenes Laertius, *Lives of Eminent Philosophers* X, 34.
35 Sextus Empiricus, *Adversus mathematicos* VIII, 211–216.

사회이론

에피쿠로스주의자들은 사회가 서로에게 피해를 주지 않으려는 사람들 사이의 합의에 기초한다고 믿었다. 에피쿠로스는 정의가 피해를 주거나 피해를 당하지 않겠다는 계약에 불과하다고 말했다. 계약을 지키려는 동기는 형벌에 대한 두려움이며, 계약을 깨뜨린 사람은 누구라도 그사실이 발견되지 않으리라 자신할 수 없다. 에피쿠로스는 "만약 그대의 이웃에게 알려지게 되는 경우 그대에게 두려움을 안겨줄 그 어떤 것도 그대의 삶에서 행해지게 허용하지 말라."고 말했다.[36]

정의는 사회관계에서 유용하지만, 모두에게 동일하지는 않다. 정의는 변화하며, "지역의 특수한 상황에 따라" 달라진다. 법률들은 그것들의 사회적 유용성에 기초하여 판단되어야 한다.[37]

루크레티우스는 자연 상태와 사회계약이란 현대 사회이론의 개념을 예견했다. 그는 사람들이 유혈과 혼란을 피하기 위해 법률, 헌법, 판사 등에 호소한다고 말했다.[38] 사회의 사회적 유용성은 에피쿠로스주의적 삶의 목표에 잘 들어맞는다. 에피쿠로스는 정의로운 삶이 "혼란에서 가장 자유롭고, 정의롭지 못한 삶은 가장 큰 혼란으로 가득하다."고 말했다. 아타락시아의 사회적 관점이 분명히 인식되었다.[39]

---

36   Epicurus, *Principle Doctrines* 31-35 ; Vatican Collection Part A 70.

37   Epicurus, *Principle Doctrines* 36-38.

38   Lucretius, *De rerum natura* 5, 1105-1157.

39   Epicurus, *Principle Doctrines* 17.

16

스토아주의

에피쿠로스주의가 그랬듯이, 스토아주의도 철학으로 뒷받침된 삶의 방식을 통해 인간의 욕구들을 충족시키려 했다. 그것은 어떤 면에서는 에피쿠로스주의보다 더 복잡했으며, 그리스의 초기 스토아주의가 키케로, 세네카, 마르쿠스 아우렐리우스 등의 절충주의적 사고의 일부가 되고 또한 로마에서 유명해짐에 따라 더 많은 변화를 겪게 되었다.

스토아주의에 적대적이었던 사람들을 일부 포함하는 비-스토아주의적(non-Stoic) 사상가들의 글 속에 단편들이나 인용문들로 남아있는 경우를 제외한 그리스 스토아주의자의 글들은 대부분 소실되었다. 영어를 읽을 수 있는 학생들에게는 롱과 세들리가 편집한 『헬레니즘 철학자들』 I권이 단편들에 대한 가장 귀중한 자료일 것이다.

초기 스토아주의

그리스 스토아주의의 창시자들은 기원전 4세기와 3세기에 활동했다.

창시자는 기원전 340년에서 265년경에 생존했던 키티움 출신의 제논이었다. 그는 기원전 315년경에 아테네로 이주했고, 그곳에서 그는 처음에 견유학파 철학자인 테베스 출신의 크라테스와 함께 공부했다. 디오게네스 라에르티오스는 제논이 기원전 339년에서 314년까지 아카데메이아의 대표자였던 크세노크라테스의 강의에 참석했으며, 그의 후계자인 폴레모스 문하에서 공부했다고 적고 있다. 제논은 아카데메이아의 회의주의적 지도자인 아르케실라오스와 갈등을 겪기도 했는데, 그 이유는 아르케실라오스가 제논을 경쟁자로 간주하면서 비판했기 때문이다.[1] 또한 제논은 논리적 문제들과 오류들에 대한 관심으로 알려진 변증술학파의 지도자였던 디오도로스 크로노스의 문하에서 공부하기도 했다. 디오도로스의 변증술 사용은 논쟁적이라고 불렸는데, 종종 단순히 논쟁에서 이기기 위해 논리학을 사용할 정도로 매우 경쟁적이었다. 이런 논쟁의 양상이 스토아주의에 영향을 주었다고 생각되어왔다. 디오게네스 라에르티오스는 제논이 디오도로스와 함께 공부했다고 전하면서, 재치 있는 제논의 말재주에 대한 많은 예들을 인용했다. 이 가운데 일부는 대체로 예리하면서도 심지어 신랄한 독설을 보여준다.[2]

제논은 "채색된 복도(채색주랑, *poikilē stoâ*)"로 알려진 콜로네이드(지붕을 떠받치는 일련의 돌기둥으로 이루어진 기다란 복도-옮긴이)에서 강의했다. 그의 학파는 '스토아'라고 불리었기 때문에, 스토아주의라는 이름이 붙게 되었다. 그의 추종자 집단도 "복도(주랑)"라고 불

1　Diogenes Laertius, *Lives of Eminent Philosophers* VII. 1-4; Cicero, *Academica*, 1, 43; 2, 16; 2, 76-78; Eusebius, *Praeparatio Evangelica* 14, 6, 12-13. R.D. Hicks, *Stoic and Epicurean*, 4-6 참조.

2　Diogenes Laertius, *Lives of Eminent Philosophers* VII. 16-26; A.A. Long and D.N. Sedley, *The Hellenistic Philosophers*, Vol.1, 189와 504.

리었다.[3]

제논은 도덕적 진실성 때문에 존경을 받았다. 그는 아테네와 키티움에서 모두 명성이 높았다. 80세가 되었을 때, 그는 자기를 방문해서 철학을 가르쳐달라는 마케도니아의 왕 안티고누스의 초대를 받았다. 그는 노령과 질환을 이유로 거절하고 두 명의 제자들을 보냈는데, 이것이 만족스러운 조치였던 것으로 보인다. 디오게네스 라에르티오스는 제논과 그 왕이 주고받았던 서신을 전해주고 있다.[4]

제논은 검소한 삶을 살았는데, 특히 간단한 식습관을 가졌던 것으로 유명했다. 그는 아주 오래 살았으며, 어떤 기록에 따르면 98세까지 살았다고 한다. 그는 넘어져 뼈가 부러졌던 적이 있는데, 이것을 자신이 죽을 때가 되었다는 신의 전언으로 해석했을 것이다. 그가 정확히 어떻게 죽었는지에 대해서는 분명하지 않으며, 즉사했다는 이야기로부터 단식 중에 죽었다는 이야기까지 다양하다. 디오게네스 라에르티오스는 제논에 의해 집필된 저서들을 거의 20여 편이나 열거했지만, 그것들은 모두 남아있지 않다. 그는 제논의 제자들을 다수 열거하기도 했다.[5]

제논의 사후에 처음으로 스토아학파의 대표자가 된 인물은 기원전 331년에서 232년까지 생존했던 아소스 출신의 클레안테스였다. 디오게네스 라에르티오스는 클레안테스가 권투선수였으며, 약간의 푼돈만을 갖고 아테네에 도착했다고 전한다. 클레안테스는 몸집과 힘으로 유명했고, 정원사로서 생계를 이어갔다. 그는 대단한 지적능력으로 유명하지는 않았지만, 탁월한 익살스러움과 가난 속에서도 품위있게 산다는 점에서 존경을 받았다. 디오게네스 라에르티오스는 클레안테스가

3   Diogenes Laertius, *Lives of Eminent Philosophers* VII. 5.
4   Ibid. VII. 6-12.
5   Ibid. VII. 27-28, 31, 그리고 36-38.

집필했던 작품들의 제목을 50여 개 언급하고는 그것들이 "매우 아름다
운 글들"이었다고 기술했다. 클레안테스는 잇몸의 질병을 고치기 위해
단식을 시작했지만, 다시 평상시의 식사를 하라는 말을 듣고도 죽을 때
까지 계속 단식을 했다.[6]

클레안테스는 스토아주의에 종교적 표현을 부여했지만, 스토아주의
의 종교적 접근방법은 자연스러웠다. 클레안테스는 스토아주의 저술가
의 작품으로 유일하게 현존하는 『제우스 찬가』로 유명하다. 힉스는 이
작품을 "시의 형태로 된 자연종교의 진리"라고 부른다.[7] 스토아주의자
들은 신들을 언급했지만, 그들을 자연의 다양한 측면들을 보여주는 상
징들로 간주했다.

클레안테스의 뒤를 이어, 기원전 282년에서 206년까지 생존했던 솔
리(또는 솔로이)의 크뤼시포스가 대표자 자리를 계승했다. 디오게네스
라에르티오스는 그가 철학자였고, 특히 변증술의 실천으로 명성이 높
았다고 전한다. 크뤼시포스의 "유도질문 논증(catch-question argu-
ment)"들에 대한 이야기들이 있다. 또한 크뤼시포스는 자기 자신을
높이 평가했다고 알려져 있다. 크뤼시포스는 부지런한 저술가였다. 디
오게네스 라에르티오스는 크뤼시포스가 저술가로서 많은 명성을 얻었
고, 700개가 넘는 작품들을 남겼다고 전한다. 디오게네스 라에르티오
스는 그것들을 주제별로 정리하여 자신의 책에서 언급하고 있다. 일부
비평가들은 그의 글이 내용이 빈약할 뿐만 아니라 종종 동일한 주제를
반복하여 다룬다고 비판했다. 외설적이고 거친 말을 사용한다는 비난
을 받았다. 또한 그는 식인행위와 근친상간을 인정했다는 비난을 받기

---

6 Ibid. VII. 168-176.

7 R.D. Hicks, *Stoic and Epicurean*, 16-17.

도 했다. 그를 부정적으로 묘사하는 이야기 속에 얼마나 진실성이 있
는가를 아는 것은 불가능하다. 스토아주의를 반대하는 사람들과 크뤼
시포스를 질투하는 경쟁자들이 그의 외모와 행실과 한계에 대한 이야
기들을 과장했을 수도 있다. 그의 죽음에 대해서도 서로 상충되는 많
은 보고들이 있는데 그는 두 사람의 선임자들처럼 자살했을 수도 있
다.[8]

　크뤼시포스는 독창적인 사상가가 아니었을 수도 있지만, 그가 방대
한 저술가였을 뿐만 아니라 스토아주의 이론을 탁월하게 체계화하고
옹호했던 사람이었음은 분명하다. 그는 논증술에 있어서도 제논이나
클레안테스보다 더 뛰어난 능력을 가졌던 것으로 보인다.

중기와 후기의 스토아주의

스토아주의를 로마에 수입한 사람들은 초기 스토아주의가 지녔던 지나
치게 강한 측면들을 일부 완화시킨 탁월한 학자들과 정치가들이었다.
중기 스토아주의라 불리는 이 시기의 스토아주의를 대표하는 인물들은
다른 학파들에 의한 영향을 받았으며, 또한 스토아주의에 매력을 느꼈
던 로마인들이라 할지라도 초기 스토아주의의 모든 이론들이 호소력을
갖는다고 생각하지는 않았다.

　중기의 스토아주의자들 가운데 세 사람이 잘 알려져 있다. 기원전 2
세기에 생존했고, 바빌로니아 사람으로 불렸던 셀레우케이아의 디오게
네스는 크뤼시포스의 제자였고, 그를 계승하여 스토아학파의 대표자가

8　Diogenes Laertius, *Lives of Eminent Philosophers*, VII. 179-202.

되었다. 디오게네스는 특히 언어와 논리학을 연구한 작품으로 유명하
다. 그는 기원전 155년에 로마를 방문했다.[9] 기원전 185년경에 태어났
던 로도스의 파나이티오스는 디오게네스의 학생이었다. 로마를 방문했
을 때, 그는 귀족들 사이에서 영향력이 있었다. 파나이티오스는 견유학
파의 영향을 받은 엄격함을 다소 줄이고 삶의 쾌적함에 더 많은 가치를
부여함으로써, 스토아주의 이론들을 온건하게 만들고 스토아주의 윤리
학을 인간적으로 만들었다. 그는 덕의 목적이 행복이라고 생각했는데,
본성에 따른 삶이 인간의 본성적 성향을 충족시키는 것이며, 사람들은
본성에 따라 다양한 방식으로 산다는 것이다.[10] 기원전 135년경에 태어
났던 로도스의 포세이도니오스는 재능 있고 영향력 있는 저술가였다.
그는 천체와 지구의 관계를 보여주는 천문학적 장치인 혼천의를 만들
었다고 알려져 있다. 그는 플라톤의 철학을 찬양했고, 그의 (영혼이 세
부분으로 이루어져 있다는-옮긴이) '영혼 삼분설'을 받아들였다. 포
세이도니오스는 스토아주의 이론들을 부드럽게 만드는 당시의 성향을
거부하는 한편, 신이 세계의 실체라고 주장함으로써, 스토아 사상의 종
교적 측면들을 강조했다. 그는 크뤼시포스와 다른 사람들이 쾌락이나
고통으로부터의 자유를 삶의 목표로 간주하게 만들었다는 이유에서 그
들의 윤리 이론들을 비판했다. 그는 우리가 영혼의 비이성적 부분들로
인한 영향을 받아서는 안 된다고 생각했다.[11]

---

9 Ibid. VI. 81, VII. 39, 55–56, 그리고 71–74; Cicero, *On the Orator* 2, 157–158;
A.A. Long and D.N. Sedley, *The Hellenistic Philosophers*, 504.
10 Stobaeus, *Anthologium* 2, 63, 25–64, 12; Clement, *Miscellanies* 2, 21, 129,
4–5; A.A. Long and D.N. Sedley, *The Hellenistic Philosophers*, 506.
11 Cicero, *On the Nature of the Gods* 2, 88; Galen, *On Hippocrates' and Plato's
doctrines* 4, 3, 2–5; 4, 7, 24–41; 5, 5, 8–16; Clement, *Miscellanies* 2, 21, 129,
4–5; A.A. Long and D.N. Sedley, *The Hellenistic Philosophers*, 507.

후기 스토아주의는 호라티우스, 베르길리우스, 키케로, 스키피오 아
프리카누스, 그리고 하드리아누스처럼 스토아 사상의 영향을 받았던
절충주의적인 로마 사상가들로 구성되었다. 이들 가운데 스토아주의자
에 대한 정보 자료로 가장 중요한 것은 세네카, 에픽테토스, 그리고 마
르쿠스 아우렐리우스이다. 서기 1세기에 활동했던 세네카는 온건 스토
아주의의 영향을 받았던 절충주의적이며 독립적인 사상가였다. 기원전
50년경에 태어났던 에픽테토스는 많은 교육을 받은 노예였다. 그는
『담화록』과 『편람(엥케이리디온)』을 썼다. 그는 윤리적 관점과 종교적
관점에 대해 우선적인 관심을 가졌으며, 모든 인류에 대한 사랑은 물론
이고 독립성과 자기조절 그리고 세상의 성쇠에 대한 무관심 등의 덕들
을 강조했다. 서기 121년에 스페인의 영향력 있는 집안에서 태어났던
마르쿠스 아우렐리우스는 하드리아누스 황제의 소망에 따라 그의 왕위
계승자로 지정되어 있던 안토니누스 피우스의 양자로 입양되었다. 마
르쿠스 아우렐리우스는 좋은 교육을 받았으며, 에픽테토스와 다른 스
토아주의자들의 영향을 받기도 했다. 그는 서기 161년에 황제가 되었
고 180년에 사망했다. 마르쿠스 아우렐리우스는 변형된 스토아주의를
실천했으며 신적 이성에 의해 인도된 이성적 세계질서를 믿었다. 그는
개인의 불사성을 믿지 않았지만, 육체가 소멸될 때 그것의 이성이 세계
이성과 재결합한다고 생각했다. 그는 대체로 절충주의적인 사상가였지
만, 마르쿠스 아우렐리우스는 오랫동안 유명한 고전작품이었던 『명상
록』으로 가장 잘 알려진 스토아주의자들 가운데 한 사람이다.[12]

---

12 A.A. Long and D.N. Sedley, *The Hellenistic Philosophers*, 502, 504, 그리고 507.

스토아주의적 삶의 방식

스토아주의는 자기조절과 독립성(autárchia)을 강조했는데, 이것들은 모든 그리스 도덕 철학자들이 지지했던 덕이었다. 그들은 개인이 통제할 수 없는 것에 대한 무관심을 의미하는 '아파테이아(apátheia)'를 통해 자기조절을 획득하겠다는 목표를 세웠고, 세상의 좋거나 나쁜 운에 직면해서 평정심을 유지하고자 했다. 우리는 '아파테이아'를 '냉담함(apathy)'으로 옮기고 싶은 유혹을 떨쳐내야 한다. 그것은 냉담함이라는 부정적인 함축을 갖지 않기 때문이다. 디오게네스 라에르티오스는 스토아주의자들이 냉혹한 악인들에게 전형적인 냉담함의 의미를 알았지만 탐탁찮게 여겼다고 지적했다.[13] 스토아주의자들이 옹호했던 태도는 우리가 예방하지 못할 것에 대한 불필요한 불안감과 우리가 의존할 수 없는 것에 대한 불필요한 갈망을 회피하는 것이다.

스토아주의자들은 사람들에게 발생하는 일이 좋지도 않고 나쁘지도 않고, 중립적이라고 생각했다. 중요한 것은 그것에 대한 사람들의 태도이다. 현명한 사람이나 현자는 좋은 것이 예를 들어, 정의, 신중함, 용기, 절제를 의미하는 덕이라는 것을 안다. 나쁜 것은 불의와 어리석음을 의미하는 악덕이다. 건강, 쾌락, 아름다움, 힘, 부 등은 이익을 가져올 수도 있고 피해를 가져올 수도 있다. 죽음, 질병, 고통, 가난 등이 항상 피해를 끼치는 나쁜 것들이라고 생각해서는 안 된다. 동기만이 도덕적 의미를 갖는다.[14]

아파테이아에 대한 스토아주의의 태도는 처음에 보이는 것처럼 극단

---

13 Diogenes Laertius, *Lives of Eminent Philosophers*, VII. 117.

14 Ibid. VII. 101–103; Stobaeus, *Anthologium* 2, 96, 18–97, 5.

적이지 않았다. 일부 스토아주의자들은 도덕적으로 중립적인 어떤 것들이 선호될 수도 있다고 말했다. 만약 상황이 허용된다면, 사람들은 질병보다 건강을 선호한다. 만약 어떤 것이 자연에 따른 것이라면, 스토아주의자라 할지라도 일종의 자연적 충동으로 인해 그것을 선호한다. 그러나 키오스의 아리스톤은 중립적인 어떤 것들이 선호되어야 한다는 주장, 즉 현명한 사람은 악덕과 미덕 이외의 모든 것에 대해 전적으로 중립적일 것이라는 주장에 반대했다. 그러나 그는 이 접근방법을 상당히 엄격하게 적용했던 것으로 보인다.[15]

현명한 사람의 고유한 기능들은 자연에 따른 것이고 이성에 의해 요구된다. 부모와 형제를 공경하고, 애국적으로 행동하며, 친구들을 잘 대하고, 개인의 건강을 보살피는 것과 같은 그러한 행동들은 합리적이며 자연에 따른 것이다. 그것들을 수행하는 정확한 방법은 환경에 달려 있다.[16]

덕과 좋은 삶

스토아주의자들은 덕의 추구를 부담스럽게 생각하지 않았다. 스토아주의적 삶의 방식은 행복을 삶의 목표로 간주하는 것과 동일하다. 제논은 "행복이란 삶의 좋은 흐름이다."라고 말했다. 이 좋은 흐름은 덕에 따

---

15   Epictetus, *Discourses* 2, 6, 9; Stobaeus, *Anthologium* 2, 76, 9-15; 2, 83, 10-84, 2; Sextus Empiricus, *Adversus mathematicos* XI. 64-67; Diogenes Laertius, *Lives of Eminent Philosophers*, VII. 160.

16   Diogenes Laertius, *Lives of Eminent Philosophers*, VII. 107-109; Stobaeus, *Anthologium* 2, 85, 13-86, 4, 그리고 2, 93, 14-18; Cicero *On Ends*, 3, 17, 20-22; Epictetus, *Discourses* 2, 10, 1-12.

른 삶을 말하며, 이것은 또한 이성에 따라 사는 것, 그리고 자연에 따라 또는 자연에 동의하며 사는 것으로 표현되기도 한다. 크뤼시포스는 행복을 "자연에 발생한 것에 대한 경험에 따라 사는 것"이라고 말했지만, 우리의 자연들이 전체 자연의 부분들이기 때문에 행복이 자기실현으로 보일 수도 있다. 크뤼시포스에게 있어서 우리가 따라야만 하는 본성은 모든 사물들에 공통된 본성과 인간에게 특수한 본성이지만 클레안테스는 본성을 오직 모든 사물들에 공통된 본성으로만 생각했다.[17]

로마의 절충주의적 스토아주의자들은 스토아주의적 삶의 방식이 지닌 기초 원리들을 유지했다. 그들은 자연에 따르는 이성적 삶을 통한 평정을 유지하는 것이 삶의 목적이라고 생각했다.[18]

행복이 삶의 목표라는 것과 행복이 덕으로 구성된다는 것을 인정할 때, 스토아주의자들이 덕을 단순히 목적을 위한 수단으로 만들려는 의도를 가졌던 것은 아니다. 그들은 덕이 칭찬받을만한 것이며, 그 자체를 위해 선택되어야 한다고 생각했다. 그들은 덕들의 통합성(unity)에 대한 강력한 믿음을 갖고 있었다. 하나의 덕에 따라 행동하는 사람은 누구든지 모든 덕들에 따라 행동한다. 덕들은 그것들에 서로 다른 관점들을 제공하는 삶의 서로 다른 상황들에 적용되지만, 그것들은 분리할 수 없다. 디오게네스 라에르티오스는 덕들과 좋음에 대한 스토아주의적 견해들에 대해 자세하게 전한다. 아리스토와 에레트리아 출신의 메네데모스처럼 좀 더 엄격한 스토아주의자들은 덕스러움의 등급이 없고 또한 덕들 사이에도 차이가 없다고 생각했다.[19] 이러한 덕의 단일성에

17 Stobaeus, *Anthologium* 2, 75, 11-76, 8; Diogenes Laertius, *Lives of Eminent Philosophers*, VII, 87-89; Stobaeus, *Anthologium* 2, 77, 16-27.
18 Seneca, *Letters* 76, 9-10, 그리고 92, 3; Epictetus, *Discourses* 1, 6, 12-22; Cicero, *Tusculan Disputations* 5, 81-82; Cicero, *On Ends* 3, 31.

대한 믿음이 전적으로 새로운 생각은 아니었다. 플라톤은 그것을 자신의 도덕적 이론에서 중요한 부분으로 만들었다. 스토아주의자들은 덕스러움의 등급들에 대한 질문으로 인해 나뉘었다.

초기 스토아주의는 스토아주의적 현자가 되는 발전의 단계들이 있을 수 없다고 믿었다. 그것은 "갑자기" 또는 일부 스토아주의자들이 말했듯이 "마침내" 발생한다. 클레안테스는 사람들이 스토아주의자가 되었던 상태를 잃어버릴 수는 없다고 생각했다. 그러나 크뤼시포스는 현자도 "처음 상태로 돌아갈" 수 있다고 생각했다. 중기의 스토아주의자들은 도덕적 성취의 단계들에 대해 이전보다 덜 엄격한 경향이 있었다. 그들 모두가 덕이 갑자기 완전한 지혜로 변환된다고 주장했던 것은 아니다. 현자도 사랑에 빠질 수 있느냐는 질문을 했던 청년에게, 파나이티오스는 우리가 현자들로부터 너무 멀리 떨어져 있기 때문에, 현자가 무엇을 할 것인지는 기다려봐야 할 것이라고 답변했다고 전한다. 그는 우리가 우리에게 무가치한 혼돈된 사태에 빠지지 않도록 해야 한다고 그 청년에게 말했다. 키케로는 완전히 현명하지는 못하지만 어느 정도 덕과 유사한 것을 보여주는 사람들과 만나면서 삶이 지나가므로 우리는 덕의 특징이 발견되는 사람을 경시하면 안 된다고 한 스토아주의자(아마도 파나이티오스)가 말했다고 전한다.[20]

로마의 스토아주의자 에픽테토스는 아무런 잘못 없이 지낸다는 것은 가능하지 않다고 말했다. 그는 우리가 "잘못을 저지르지 않겠다는 의

19 Diogenes Laertius, *Lives of Eminent Philosophers*, VII. 89–103; Plutarch, *On Moral Virtues* 440e–441d; Stobaeus, *Anthologium* 2, 63, 6–24, 그리고 2, 66, 14–67, 4; Seneca, *Letters* 113, 24; Plutarch, *On Stoic Self-contradictions* 1046e–f.
20 Diogenes Laertius, *Lives of Eminent Philosophers*, VII. 127; Plutarch, *On Moral Progress* 75c; Cicero, *On Duties* 1, 46; Seneca, *Letters* 116, 5.

도를 계속 가질 수 있다. 이러한 주의를 전혀 느슨하게 하지 않음으로 써 최소한 두어 가지 잘못이라도 피할 수 있다면, 우리는 만족해야 한 다."고 말했다.[21]

감정

스토아주의자가 감정이 없는 사람을 말한다는 일반적인 생각은 대체로 오해이다. 사실상 스토아주의자들은 많은 감정들이 아파테이아에 해롭 지만, 어떤 감정들은 이성적이고 적절하다고 생각했다. 격정들은 자연 (본성)과 반대되는 충동들이다. 비이성적인 제일격정들은 욕망, 두려 움, 괴로움, 그리고 쾌락이고 욕망은 분노, 강렬한 성적욕구, 갈망, 그 리고 부와 명예에 대한 사랑을 포함한다. 쾌락은 다른 사람의 불행과 권모술수에 기뻐하는 것을 포함하며 두려움은 부끄러움, 미신, 그리고 무서움을 포함한다. 그리고 고통스러움은 적대감, 부러움, 시기심, 동 정심, 비통함, 슬픔, 그리고 불안감을 포함한다. 스토아주의의 현자가 지니는 격정 없는 상태란 해롭고 무용한 감정들에서 벗어난 신과 같은 자유로움이다.[22]

그러나 즐거움, 조심스러움, 그리고 바람과 같은 좋은 감정들도 있 다. 즐거움은 쾌락과 반대되며, 조심스러움은 두려움과 반대되며, 그리 고 바람은 욕구와 반대된다. 좋은 감정들은 친절함, 관대함, 따뜻함, 호 감, 청결함, 기쁨, 사회성, 그리고 쾌활함을 포함한다.[23] 이것은 스토아

21   Epictetus, *Discourses* 4, 12, 15–19.
22   Stobaeus, *Anthologium* 2, 88, 9–90, 6; 2, 90, 19–91, 9; Diogenes Laertius, *Lives of Eminent Philosophers*, VII, 110–115, 118–119.

주의자를 늘 침울하고 못마땅해 하는 염세주의자로 그리는 일반적인
개념을 뒷받침하지 않는다.

질병, 성마름, 악의, 그리고 조급증과 같은 인격의 문제들은 중요한
것, 추구할 것과 추구해서는 안 될 것에 관한 잘못된 믿음들의 결과들
이다. 그것들은 잘못된 판단과 관련된다. 에픽테토스는 사람들을 방해
하는 것은 사물들 자체가 아니라 사물들에 관한 그들의 판단들이라고
말했다.[24]

질병, 성마름, 악의, 그리고 조급증과 같은 인격의 문제들은 중요한
것, 추구할 것과 추구해서는 안 될 것에 관한 잘못된 믿음들의 결과들
이다. 그것들은 잘못된 판단과 관련된다. 에픽테토스는 사람들을 방해
하는 것은 사물들 자체가 아니라 사물들에 관한 그들의 판단들이라고
말했다.[25]

세네카는 "우발적으로 정신을 자극하는" 사물들과 같은 어떤 신체적
결과들이 격정들로 간주되어서는 안 된다고 생각했다. 성적 흥분, 창백
함, 또는 눈물을 흘리는 것과 같은 신체적 작용은 격정이 아니다. 격정
은 스쳐 지나는 인상 속에서 일어나는 것이 아니라 그것에 스스로 굴복
하는 데서 일어난다. 정신이 분노에 동의하게 되면 그 분노는 행동의
자극이 된다. 겔리우스는 스토아주의의 현자라 할지라도 무서운 소리
에 반응하고 두려워하는 급격하고도 비자발적인 운동을 한다고 말했
다. 하지만 현자는 곧 그런 인상들에 대한 정신적 동의를 철회하고 그

23 Diogenes Laertius, *Lives of Eminent Philosophers*, VII. 115.

24 Stobaeus, *Anthologium* 2, 93, 1-13; Galen, *On Hippocrates' and Plato's Doctrines* 4, 6, 2-3; Epictetus, *Manual* 5.

25 Stobaeus, *Anthologium* 2, 93, 1-13; Galen, *On Hippocrates' and Plato's Doctrines* 4, 6, 2-3; Epictetus, *Manual* 5.

인상들 속에 아무것도 두려워할 것이 없음을 발견한다.[26]

스토아주의의 자살관

자살에 대한 스토아주의의 태도는 "덕스러운 삶"과 "도덕적으로 중립적이지만 선호되는 좋은 것들이라고 생각되었던 것들"의 상호관계에 대한 스토아주의의 신념들과 의견 차이들을 다소나마 설명해준다. 선호되는 좋은 것들의 상실이 자살을 정당화할 만큼 중요한가? 어떤 스토아주의자들은 자살이 때로는 현명한 사람의 올바른 행동이라고 생각했고, 다른 스토아주의자들은 개인의 상황이 대부분 자연스럽지 않은 환경에서 그렇듯이, 덕스러운 삶을 살아가는 것을 방해하는 상황에서는 자살이 의무라고 생각했다. 자신의 국가나 친구들을 위한 경우, 또는 아주 심각한 고통이나 신체 손상, 또는 불치병의 희생자가 되는 경우에는 자살이 어느 정도 허용되었다. 세네카는 자살이 노인의 질환, 불치병, 또는 정신력의 상실에 의해 정당화된다고 생각했던 반면에, 에픽테토스는 그러한 이유들이 자연적인 것이 아니므로 사람의 생명을 해칠 근거들이 되지 않는다고 주장했다. 스토아주의자들이 자살을 전면적으로 승인했다고 생각하는 것은 잘못일 것이다. 힉스는 스토아주의자들이 일반적으로 자살을 지지한다는 인상을 주게 되었던 이유는 제논, 클레안테스, 그리고 크뤼시포스가 자살했기 때문이라고 생각한다.[27]

---

26   Seneca, *On Anger* 2, 3, 1-2, 그리고 4 ; Gellius, *Attic Nights* 19, 1, 17-18.

27   Cicero, *On Ends* 3, 60-61 ; Diogenes Laertius, *Lives of Eminent Philosophers*, VII, 130 ; Seneca, *Letters* 12.10, 65.22, 117.21, 120.14 ; Epictetus, *Discourses* I, 24,

스토아주의의 형이상학

스토아주의자는 그 강건한 영혼을 방해할 아무것도 없을 정도로 무척이나 용맹하고 자기 결정적인 사람을 말한다는 일반적인 생각은 하나의 풍자이다. 스토아주의자들은 신과 같은 평온을 획득하지도 못했고, 또한 완강한 결심에 따라 이성적이고도 본성적으로 산다고 주장하지도 않았다. 그들의 사고는 그들의 삶의 방식을 이성적이고, 심지어는 본성적으로 만들었던 철학에 얽매여있었다. 디오게네스 라에르티우스는 제논과 크뤼시포스가 철학을 윤리학, 자연학, 그리고 논리학이라는 세 가지 영역으로 나누었다고 말한다. 즉, 그들이 우리가 스토아주의적 삶의 방식으로 검토했던 윤리학, 스토아주의적 삶의 방식에 대한 형이상학적 토대로서 연구할 자연학, 그리고 뒤에서 검토할 논리학으로 철학을 나누었다는 것이다.[28]

스토아주의 형이상학은 헤라클레이토스의 철학에 기초하고 있다. 디오게네스 라에르티우스는 스토아주의자들이 자연을 "스스로 움직이는 힘이고, 또한 종자적 원리들에 따라 그것의 자손을 산출하고 보존하는 것"으로 규정했다고 말한다.[29] 이 정의는 신플라톤주의와 중세 형이상학에서 중요한 역할을 했던 종자적 이성들을 언급하고 있다. 이 종자적 원리들은 세계의 사물들과 우주의 이성적 질서를 유발하는 생각의 씨앗들이다. 그것들은 세계를 유발하는 이성적 정신, 즉 세계의 실체인 이성적 정신(logos)에서 유래한다. 이것이 우리가 헤라클레이토스의 철

20, 그리고 III. 24, 95. R.D. Hicks, *Stoic and Epicurean*, 98–101. 그리고 Eduard Zeller, *Stoics, Epicureans, and Sceptics*, 335–340 참조.

28   Diogenes Laertius, *Lives of Eminent Philosophers*, VII. 39–41.

29   Ibid. VII. 148.

학에서 처음 보았던 신성한 불이다. 신은 모든 사물들을 좋은 것이 되게 만드는 신의 섭리일 뿐만 아니라 세계의 실체이기도 하다. 스토아주의자들은 우리에게 친숙한 존재론적, 우주론적, 그리고 목적론적 논증들을 이용하여 영속적이고 스스로 운동하는 힘의 필연성을 주장한다.[30]

이 철학은 종교적이지만, 그것은 신이라는 초월적 개념을 갖지 않는다는 점에서 자연주의적이다. 신은 하나의 물체로 간주된다. 왜냐하면 오직 물체들만이 작용하거나 작용될 수 있기 때문이다.[31] 그러나 이것은 아주 세련된 형태의 범신론이다. 기초적인 이성인 로고스(logos)는 생성되지도 않고 소멸되지도 않는다. 모든 물체들의 제일질료인 기체는 지속적으로 변화하지만 결코 소멸되지 않는다. 그러나 흙, 공기, 불, 물 등의 원소들은 최초의 불로 돌아온다. 즉, 그것들은 주기적인 대화재를 통해 세계를 설계하고 창조하는 신적인 불로 돌아온다. 연료를 사용함으로써 존재하는 지상의 불은 우주의 이성인 창조하는 불과 동일한 불이 아니다.[32]

모든 사물들의 종자적 이성들을 포함하는 최초의 불이 모두 불로 돌아오고 그런 뒤에 세계를 재구성하는 운명적인 순간들에 발생한다고 말해지는 세계의 대화재라는 원리는 헤라클레이토스에게서 빌려온 것

---

30 Ibid. VII. 134–135과 148–149; Sextus Empiricus, *Adversus mathematicos* IX. 75–76; Eusebius, *Praeparatio* 15, 14, 1; Aetius, *Opinions* 1, 7, 33; Cicero, *On the Nature of the Gods* 1, 39, 그리고 2, 37–39와 75–76; Cleanthes, *Hymn to Zeus*; Cicero, *On the Nature of the Gods* 2, 16, 88, 93, 그리고 Sextus Empiricus, *Adversus mathematicos* IX. 133–136.

31 Sextus Empiricus, *Adversus mathematicos* VIII. 263; Cicero, *Academica* 1, 39.

32 Diogenes Laertius, *Lives of Eminent Philosophers*, VII. 134; Calcidius 292–293 (A.A. Long and D.N. Sedley, *The Hellenistic Philosophers*의 번역 참조); Stobaeus, *Anthologium* 1, 213, 15–21.

이다. 초기 스토아주의의 구성원들은 세계가 대화재를 따라 무한히 반복된다고 생각했다. 그것은 매 순간 과거의 모습을 복구하거나 또는 약간 달라진 형태를 복구할 것이다. 중기와 로마시기의 스토아주의자들은 대체로 주기적 대화재에 대한 믿음을 포기했다.[33]

만약 자연이 세계를 창조하고 유지하는 신적 이성이며, 따라서 모든 사건들이 신의 섭리와 함께 작용함으로서 좋은 결과를 낳는다는 믿음이 유지된다면, 발생하는 모든 것을 수용하지 못한다는 것은 자연에 항거하는 것이다. 이것은 불합리하다. 왜냐하면 모든 일들은 신적 이성에 따라 발생하며 또한 좋은 것들이기 때문이다.

영혼과 육체에 대해, 일부 스토아주의자들은 영혼이 살아있는 존재를 존속시킨다는 점과 명령하는 능력이나 이성이라는 점을 언급했다. 영혼은 육체에 의해 생성된다고 생각되었다. 영혼의 활동은 호흡에서, 지각에서, 그리고 활동하려는 충동에서 보인다. 그것은 심장에 위치하지만 온몸에서 작용한다. 이러한 영혼은 세계 이성의 파생물로 생각되었다. 스토아주의자들은 영혼의 불사성에 동의하지 않았다. 영혼은 생성하고 소멸한다. 하지만 일부 스토아주의자들은 덕스러운 사람들의 영혼들은 주기적인 대화재가 발생할 때까지 생존한다고 생각했다.[34]

---

33 Diogenes Laertius, *Lives of Eminent Philosophers*, VII. 141; Eusebius, *Praeparatio* 15, 14, 2와 15, 19, 1-2; Alexander, *On Aristotle's Prior Analytics* 180, 25-31, 그리고 33-36; Lactantius, *Divine Institutes* 7, 23; Numesius, *De natura hominis* 3098, 5-311, 2; Philo, *On the Indestructibility of the World* 52, 54, 76-77, 그리고 90; Marcus Aurelius, *Meditations* 2, 14; Origen, *Against Celsus* 4, 68, 그리고 5, 20.

34 Sextus Empiricus, *Adversus mathematicos* VII. 234; Hierocles, *Elements of Ethics* 1, 5-33, 그리고 4, 38-53; Plutarch, *On Stoic Self-contradictions* 1037f와 1053d; Galen, *On the Formation of the Foetus* 4, 698, 2-9; Aetius, *Opinions* 4, 21, 1-4; Stobaeus 2, 86, 17-87; Diogenes Laertius, *Lives of Eminent Philosophers*, VII.

스토아주의의 자연학

스토아주의자들이 자신들의 윤리적 이론을 뒷받침하기 위해 헤라클레이토스의 형이상학을 이용했다는 것은 사실이지만, 그들이 철학적 종교의 추종자들에 불과하다고 생각하는 것은 정확하지 않을 것이다. 자연학에 관한 그들의 관심은 스토아주의적 삶의 방식을 뒷받침하는 견해들에 국한되어 있지 않았다. 그들은 물체와 공간의 본성이나 시간의 본성 같은 자연학적 문제들을 진지하게 다루었으며 공간, 또는 물체에 의해 점유되지 않은 진공은 무한하다고 생각했다. 그들은 물체에 의해 점유된 "장소(place)"와 큰 물체에 의해 점유된 "자리(room)"를 구분했다. 그들은 하나의 전체인 세계는 유한하지만, 주변의 '진공'을 포함하는 "모든 것"은 무한하다고 생각했다.[35]

제논은 시간이 모든 운동의 크기(dimension)라고 생각했지만, 크뤼시포스는 그것이 세계 운동의 크기라고 말했다. 스토아주의자들은 시간이 무한히 나뉠 수 있다고 생각했다. 과거와 미래는 유지되며, 현재 시간만이 "속한다." 그러나 어떤 시간도 전적으로 현재가 아니며, 오직 "대체로" 존재한다고 말해질 뿐이다. 이런 시간관은 아리스토텔레스의 견해에 가깝지만, 모든 스토아주의자들이 아주 똑같은 견해를 갖고 있지는 않았을 것이며, 또한 스토아주의적 표현에는 아리스토텔레스의 정의에 포함된 측량에 대한 언급이 없는 것으로 보인다. 그들은 현재의 시간이 부분적으로는 과거이고 또한 부분적으로는 미래로서 연속체의

143; Eusebius, *Praeparatio* 15, 20, 6.

35   Stobaeus, *Anthologium* 1, 161, 8–26; Sextus Empiricus, *Adversus mathematicos* IX, 332와 X, 3–4; Cleomedes, *De motu circulari corporum caelestrium* 8, 10–14; Simplicius, *On Aristotle's On the Heavens* 284, 28–285, 2.

일부이지만, 과거와 미래 사이에서 지각할 수 있는 최소한의 시간이라고 생각했던 것으로 보인다.[36]

과학이 발생하기 이전 시대의 다른 이론들과 마찬가지로, 세계의 기원에 대한 스토아주의적 가르침도 형이상학적 사색의 결과이다. 다른 한편으로, 스토아주의 천문학은 초기 견해들을 넘어선 흥미로운 발전들을 가져왔다. 스토아주의자들은 지구가 구체이며, 태양은 불이고 지구보다 크다고 생각했다. 또한 그들은 일식이나 월식의 원인을 이해했다.[37]

운명과 자유

이미 보았듯이, 스토아주의자들은 오직 물체만이 작용하거나 작용될 수 있다고 생각했다. 모든 사건들의 원인들은 물질적이며, 원인의 존재와 사건의 발생 사이에는 필연성이 있다. 그들은 모든 사물들이 운명적이라고 생각했다.[38] 운명은 원인들의 연쇄작용, 즉 "벗어날 수 없는 배열과 상호관련성"이다.[39] 크뤼시포스는 운명에 대한 다양한 표현들을 사용했다. 그는 운명을 "세계의 근거," "세계 내 정부의 섭리 작용," "진리," "본성," "필연성," 그리고 다른 유사한 용어들로 불렀다. 크뤼

---

36 Simplicius, *On Aristotle's Categoires* 350, 15-16; Stobaeus, *Anthologium* 1, 105, 17-106, 4, 그리고 1, 106, 5-23; Diogenes Laertius, *Lives of Eminent Philosophers*, VII. 144.

37 Diogenes Laertius, *Lives of Eminent Philosophers*, VII. 142, 144-146, 그리고 155.

38 Stobaeus, *Anthologium* 1, 138, 14-1, 139, 4; Sextus Empiricus, *Adversus mathematicos* IX, 211; Aetius, *Opinions* 1, 11, 5.

39 Aetius, *Opinions* 1, 28; Gellius, *Attic Nights* 7, 2, 3도 참조; Cicero, *On Divination* 1, 125-126.

시포스가 말했던 두 가지 점에 주목하자. 그 두 가지 사항은 결정적인 질서 체계를 긍정했다는 점과 이 질서가 세계를 지배하는 이성에 의해 신의 섭리로 이끌어진다는 믿음을 가졌다는 점이다.[40]

결정론과 운명에 대한 그들의 믿음, 원인과 결과의 균일성과 불가피성에 대한 믿음은 일부 스토아주의자들에게 예지를 정당화해줬지만, 파나이티오스는 예지의 진리성을 부정했다.[41]

운명에 대한 강력한 믿음을 가졌는데도 스토아주의자들은 자유와 도덕적 책임도 믿었다. 크뤼시포스는 일부 원인들이 완전하고 근본적이라고 생각했다. 사람들이 동의하든 말든, 이 원인들은 사건들을 산출한다. 그러나 다른 원인들은 보조적이고 근접해있다. 운명은 보조 원인이다. 사람의 본성과 행동은 외적 인과관계의 결과에 영향을 준다. 운명에 따라 발생하는 것은 공동 운명적이다. 운명적인 사건이라고 해서 사람이 하는 일과 무관하게 발생하는 것은 아니다. 마르쿠스 아우렐리우스는 사람들이 어쩔 수 없이 자신들이 하는 일을 하는 것처럼 보이지만, 그들 자신의 믿음들이 인과관계의 일부라고 믿었다.[42]

언어와 논리

스토아주의자들은 변증술이 철학의 필수 부분이라고 생각했다. 현명한

---

40   Stobaeus, *Anthologium* 1, 79, 1–12.

41   Diogenes Laertius, *Lives of Eminent Philosophers* VII, 149.

42   Cicero, *On fate* 28–30, 그리고 39–43; Gellius, *Attic Nights* 7, 2, 6–13; Eusebius, *Praeparatio* 6, 8, 25–29; Alexander, *On Fate* 181, 13–182, 20; Marcus Aurelius, *Meditations* 8, 14.

사람은 항상 변증술가일 것이다. 변증술은 감각 인상에 대한 정신의 동의를 촉발하는데 참여하지 않을 자유를 현명한 사람에게 부여한다. 변증술은 현재 무엇이 그럴 듯해 보이는가를 질문할 수 있는 신중함을 스토아주의자에게 부여한다. 그것은 올바른 이성의 현명한 사용을 부여하고, 강력한 논증을 발전시키게 해준다.[43]

변증술은 언어와 담론이라는 두 가지 제목에 속한다. 스토아주의자들은 진술의 유형, 연설의 부분, 구문의 오류, 언어적 애매성, 그리고 어법의 측면 등과 같은 언어의 요소들을 연구했다. 변증술의 다른 측면은 인상들에 대한 연구를 포함했다. 즉, 변증술은 주어와 술어, 종과 유의 본성, 그리고 논증들로 구성된 명제들과 함께, 의식과 경험에 즉각적으로 주어진 자료들에 대한 연구를 포함했다.[44]

스토아주의자들은 언어의 고유한 구성요소들을 "말할 수 있는 것들," 즉 렉타(lekta)라고 불렀다. 힉스는 단수 형태인 렉톤(lekton)을 "개념, 판단, 그리고 삼단논법의 내용"으로 규정했다. 말할 수 있는 것은 완전할 수도 있고 불완전할 수도 있다. 명사는 그 자체로서 의미를 갖지만, 그것은 사실상 중요한 어떤 것을 말하지 않는다. 불완전한 렉톤인 "프린스"는 어떤 주장도 하지 않는 반면에, "프린스는 내가 키웠던 가장 훌륭한 개였다." 또는 "프린스는 우리가 캠핑을 갈 때 항상 우리 아이들을 보살폈다."와 같은 렉타는 "말할 수 있는 완전한 것들"이다. 스토아주의자들은 말할 수 있는 것들이 명제들일 수도 있다고 보았지만, 그것들은 또한 질문들, 명령들, 맹세들, 또는 다른 발언의 형태들이다. 어떤 말할 수 있는 것들은 참일 수도 있고 또한 거짓일 수도 있

---

43   Diogenes Laertius, *Lives of Eminent Philosophers* VII. 46–48과 83.

44   Ibid. VII. 43–45와 57–58.

다. 그것들은 20세기 일상 언어분석에서 말하는 "언어행위"의 의미와
상당히 유사해 보인다.[45]

크뤼시포스는 단순명제를 "참이거나 거짓인 것, 또는 (그 자체에 관
한 한) 주장될 수 있는 사태의 완전한 상태"로 규정했다.[46] 명제가 참이
거나 거짓이기 위해서는 말할 수 있는 완전한 것이어야 한다. 스토아주
의자들은 모순이라는 개념을 사용했고, 명제에 대한 모든 부정이 모순
은 아니라는 사실을 깨달았다. 모순은 명제의 반대이다. "낮이다"와
"낮이 아니다" 또는 "P이다"와 "P가 아니다"는 모순이다. 참인 명제의
반대는 거짓이다. "낮이다"와 "밝지 않다"는 모순이 아니다.[47] 스토아
주의자들은 참인 명제가 실재에 상응하는 것이라고 생각했다. 디오게
네스 라에르티우스는 그들의 견해를 다음과 같이 설명한다. "만약 정
말로 낮이라면," "낮이다"는 참이며, 그렇지 않다면 그 명제는 거짓이
다. 또한 스토아주의자들은 참이나 거짓이라는 개념을 감각지각들과
논증들에 적용했는데 참인 논증은 타당하며, 참인 전제들을 갖는다.[48]

스토아주의자들은 명제들에 대해 일련의 구분들을 제시했다. 그것들
은 참이거나 거짓일 수 있으며, 그것들은 확정적("이 사람이 앉아있
다.")이거나 불확정적("어떤 사람이 앉아있다.")이거나 또는 중간적
("한 사람이 앉아있다.")이다. 만약 확정적 명제가 참이라면, 불확정적
명제도 참일 것이며, 만약 확정적 명제가 거짓이라면, 불확정적 명제도

---

45   Ibid. VII. 48, 55–57, 그리고 63–68. 또한 Sextus Empiricus, *Adversus mathe-
maticos* VII. 11–12와 70.

46   Diogenes Laertius, *Lives of Eminent Philosophers* VII. 65. 또한 Cicero, *On
fate* 38.

47   Sextus Empiricus, *Adversus mathematicos* VIII. 74와 88–89.

48   Diogenes Laertius, *Lives of Eminent Philosophers*, VII. 65; Sextus Empiricus,
Outlines of Pyrrhonism II. 138–140.

거짓일 것이다.⁴⁹ 논리학에 대한 스토아주의자들의 중요한 공헌은 아리스토텔레스의 삼단논법에서 다루어지지 않았던 명제들의 유형을 다루었다는 것이다. 그들은 몇 가지 비단순(non-simple) 명제들에 대해서도 설명했다. "만약 낮이라면, 밝다."와 같은 조건문들은 전건 명제들과 후건 명제들로 분석된다. 하위 조건문들도 비슷하지만, 전건과 후건들이 "그러므로(since)"로 연결된다. 연언문들은 단순 명제들이 "~와 ~ (both ~ and ~)"라는 연결사로 결합되며, 선언문들은 단순 명제들이 "~ 또는 ~ (either ~ or ~)"이라는 연결사로 연결된다. 건전한 조건문은 참인 전건과 거짓인 결론을 갖지 않는다. 연언문들 가운데 하나가 거짓이면, 그 연언문들은 거짓이다. 단순 명제들 가운데 하나가 거짓이고 다른 하나가 참이 아니라면, 선언 명제들은 거짓이다.⁵⁰

아리스토텔레스의 논리학과 달리, 스토아주의 논리학은 정언적 진술들에 기초하지 않으며, 또한 보편긍정들을 지식의 가장 중요한 측면으로 간주하지 않았다. 스토아주의자들은 우리가 오늘날 전건 긍정법과 후건 부정법으로 알고 있는 논리적 형식들의 가언적 진술 또는 조건문에 대한 논리, 즉 함축을 다루었다. 또한 그들은 선언문과 연언문에 기초한 타당한 논증들을 인식하고 있었을 뿐만 아니라 "필연적으로 참인," "가능한," 그리고 "불가능한"과 같은 논리적 양상들을 인식하고 있었다.⁵¹

섹스투스 엠피리쿠스는 스토아주의자들이 알고 있었던 네 가지 유형

49   Ibid. VII. 69-70; Sextus Empiricus, *Adversus mathematicos* VIII. 93-98.

50   Diogenes Laertius, *Lives of Eminent Philosophers*, VII. 71-74; Sextus Empiricus, *Outlines of Pyrrhonism* II. 104-106과 110-113; Gellius, *Attic Nights* 16, 10-14.

51   Diogenes Laertius, *Lives of Eminent Philosophers*, VII. 75-81; Benson Mates, *Stoic Logic* 32, 44.

의 부당한 논증을 열거했다. "단절"은 전제들과 결론 사이에 연결이 없는 경우에 발생한다. "중복"은 여분의 어떤 것이 전제에 더해지는 경우를 말한다. 부착물이 제거될 때, 그 형식은 타당한 형식이 된다. 하나의 논증이 예를 들어 우리가 오늘날 전건부정으로 알고 있는 "부당한 형식"을 취할 수도 있다. "결핍"은 필요한 어떤 것이 전제에 없는 경우를 말한다. 이에 대한 예는 선언의 두 진술들을 모순들로 다루는 경우와 부정되지 않은 부분이 증명되었다는 결론에 도달하기 위해 그것들 가운데 하나를 부정하는 경우이다. "부유함은 좋거나 또는 부유함은 나쁘다."는 부유함이 중립적일 가능성을 배제한다.[52] 스토아주의자들은 당시에는 상식적으로 보였던 많은 궤변과 논리적 문제들을 다루었으며, 애매성의 문제들과 다른 논리적 난제들에 주목했다. 애매성과 문제의 소지가 있는 논증들을 다루는 많은 저술들이 크뤼시포스의 것이라고 전해진다.[53]

스토아주의자들의 논리이론은 일부 철학사가들에 의해 불충분하게 다루어졌다. 에두아르트 첼러는 스토아주의자들이 사소한 문제들을 자세히 다루느라 논리학의 중요한 측면들을 망각했다고 생각했다. 그는 의미론에 대한 그들의 이론은 소요학파 철학자들의 논리학을 새로운 용어로 치장한 것에 불과하다고 주장한다. 그는 "그러므로 스토아주의자들의 형식 논리는 그다지 높게 평가할 수 없다."[54]고 말한다. 그러나 에두아르트 첼러가 정언적 진술들에 기초하지 않은 모든 논리학의 중요성을 거부하지 않는다면, 그가 어떻게 스토아주의의 논리학을 일축

52 Sextus Empiricus, *Adversus mathematicos* VIII. 429-434.

53 Sextus Empiricus, *Outlines of Pyrrhonism* II. 229-235; Diogenes Laertius, *Lives of Eminent Philosophers*, VII. 82와 189-198.

54 Eduard Zeller, *The Stoics, Epicureans, and Sceptics*, 123-124.

할 수 있었는지 알기 어렵다. 에두아르트 첼러와 달리, 벤슨 메이츠는 스토아주의 논리학을 옹호한다. 그는 에두아르트 첼러의 반론들이 증거에 의해 뒷받침되지 않는다고 생각하며, 따라서 에두아르트 첼러가 스토아주의의 논리학에 대한 이해가 부족할 뿐만 아니라 스토아주의자들에 의해 사용된 몇 가지 전문 용어들을 제대로 이해하지 못했다고 말한다.[55]

스토아주의의 인식론

스토아주의 논리학과 아리스토텔레스 논리학의 차이점은 그들의 인식론적 차이점을 반영하고 있다. 그들의 중요한 차이점은 스토아주의자들이 본질주의자들이 아니었다는 것이다. 그들은 보편자들을 세계 내 사물들의 본질들로 생각하지 않았다. 그들은 일반 용어(일반 명사)들을 정신에 의해 산출된 개념들로 다루었다. 개념은 하나의 어떤 것이 아니다. 오직 개별적인 사물들만이 존재한다.[56] 사실상 아리스토텔레스는 개별적인 사물들이 존재하지만, 스토아주의 인식론에서 그랬던 것과는 달리, 개별자들에 대한 감각지각이 지식을 설명하지 못한다는 점을 인정했다.

---

55   Benson Mates, *Stoic Logic*, 89–90.

56   Stobaeus, *Anthologium* 1, 136, 21–137, 6; Aetius, *Opinions* I, 10, 5; Simplicius, *On Aristotle's Categoires* 105, 8–16; Syrianus, *On Aristotle's Metaphysics* 104, 17–21.

감각 인상

스토아주의자들은 자신들이 '표상들'이라고 불렀던 감각 인상들이 우선적인 중요성을 갖는다고 보았다. 그들은 태어날 때 정신은 텅 빈 백지와 비슷하며, 이 텅 빈 바탕에 우리가 개념들을 쓴다고 생각했다. 이 과정은 감각경험과 더불어 시작하며, 비슷한 인상들에 대한 기억력의 증진과 함께 우리는 경험을 갖고 개념들을 형성한다. 그 개념들은 자연스럽게 형성되며, 그것들에 주목하면서 우리는 선입견 또는 일반관념을 형성한다.[57] 실제 대상으로부터 유래하는 인식적 인상과 꿈속에서 발생하는 유사함 사이에는 차이점들이 있다. 인상(impression)은 밀랍에 찍힌 인장의 자국(impress)과 비슷하게 문자 그대로의 의미로 이해되었다. 인상은 실재하는 대상으로부터 유래하며, 또한 그 대상과 일치한다. 어떤 인상들은 감각기관에 의해 전달된 감각자료들이 아니다. 그것들은 정신에 의해 받아들여진 현상들이다. 즉, 그것들은 실재 대상들로부터 유래한다고 주장된다. 그러나 스토아주의자들은 우리가 그 차이점을 알 수 있다고 생각했다. 왜냐하면 그것들은 실재 대상들로부터 유래하는 인식적 인상들만큼 명석하고 판명하지 않으며, 또한 우리가 이 현상들에 대한 정신적 동의를 부여할 필요가 없기 때문이다.[58]

우리는 감각 인상들을 통해 사물들의 성질들에 대해 알게 되며, 지식은 그것이 정신적 지각들을 만들어내듯이 정신에 의해 발전된다. 우리는 감각 인상들로부터 유비를 통해 개념들을 발전시킨다.[59]

---

57 Diogenes Laertius, *Lives of Eminent Philosophers*, VII. 46과 49-51; Aetius, *Opinions* 4, 11, 1-4.

58 Sextus Empiricus, *Adversus mathematicos* VII. 247-252.

59 Ibid. VII. 53; Cicero, *Academica* 2, 21.

지식

실제 대상들로부터 유래하는 인상들을 우리가 파악하는 데 사용하는 진리의 기준은 다양한 방식으로 기술되었다. 크뤼시포스는 그 기준이 감각과 선입견, 또는 일반관념이라고 말했다. 이 일반관념들은 보편자들에 대한 개념들과 일반개념들을 가리키는데, 크뤼시포스는 그것들을 자발적으로 받아들이는 정신을 설득하는 독특한 능력을 가진 지각들을 강조하는 것으로 보인다. 일반관념들은 지식과 올바른 결정을 하는 데 필수적이다.[60]

후기 스토아주의자들은 인식적 인상들의 기준에 대해 초기 스토아주의가 그랬던 것보다 약한 주장을 했다. 그들은 장애가 없을 때에만 그 기준이 적용된다고 생각했다. 강한 인식적 인상은 그것이 거짓임을 보여주는 상황에서는 믿어지지 않을 것이다. 인식적 인상이 무조건 진리의 기준으로 받아들여졌던 것은 아니다.[61]

스토아주의자들이 인식 그 자체를 지식이라고 주장했던 것은 아니다. 키케로는 제논이 과학적 지식을 설명하는데 손동작을 사용했다고 전했다. 한 손의 손가락들을 펼치는 것은 하나의 인상을 의미했고 손가락들을 약간 굽히는 것은 인상에 대한 동의를 의미했다. 또, 그 손으로 주먹을 쥐는 것은 인식을 의미했다. 그는 다른 손으로 그 주먹을 감싸 쥐는 것은 현명한 사람의 과학적 지식이라고 말했다.[62]

섹스투스 엠피리쿠스에 따르면, 스토아주의자들은 인식이 지식과 의

60 Cicero, *Academica* 1, 40–41; Epictetus, *Discourses* 1, 22, 1–3과 9–10; Sextus Empiricus, *Adversus mathematicos* VIII. 331a–332b.

61 Sextus Empiricus, *Adversus mathematicos* VII. 253–260과 424.

62 Cicero, *Academica* 2, 145.

견 사이에 놓여 있다고 생각했다. 인식적 인상은 거짓일 수 없다. 과학
적 지식은 확고한 인식이며, 이성에 의해 바뀔 수 없다. 의견은 비인식
적 인상에 대한 거짓된 동의이다. 오직 현명한 사람만이 지식을 갖는
반면에, 오직 열등한 사람만이 의견을 갖는다. 그러나 현명한 사람과
열등한 사람이 모두 인식을 하는데, 인식이란 지식과 의견을 분리하는
기준을 말한다. 만약 현명한 사람과 열등한 사람이 모두 인식을 한다고
스토아주의자들이 생각했다는 섹스투스 엠피리쿠스의 보고가 옳다 할
지라도, 회의주의자들의 지적처럼 어떻게 인식이 지식의 기준으로 쓰
일 수 있는지 알기는 어렵다.[63]

진리의 기준은 인식적 인상들의 주변에 세워지지만, 그것은 의견을
갖는데 의존하기보다는 오히려 인상들에 대한 비판적 태도와 어떤 경
우에는 판단을 중지하려는 의지와 관련된 것으로 보인다. 비인식적 인
상들을 받아들이지 않으려고 급히 동의해서는 안 된다. 의견은 인상에
대한 약하고도 가변적인 동의지만, 현명한 사람은 그런 동의를 하지 않
는다. 열등한 사람은 급하지만, 덕을 지닌 현명한 사람은 서두르지 않
는다. 스토아주의자들은 조심성 없이 동의하는 것을 도덕적 오류로 간
주했다.[64]

아마도 우리는 스토아주의의 기준이 개별적이고 분리된 인식들에 초
점을 맞춘 것이라고 보지 않는 경우에 그것을 더 잘 이해할 수 있을 것
이다. 스토바이오스는 스토아주의자들이 지식에 대해 체계적으로 생각
했다고 말한다. 지식은 오직 인식적 인상들만을 수용하는 성향을 가진
사람에 의해 발전된 체계이다.[65] 흔히 그렇듯이, 이것은 진리의 기준에

---

63   Sextus Empiricus, *Adversus mathematicos* VII. 151-155.

64   Stobaeus, *Anthologium* 2, 111, 18-112, 8; 저자가 알려지지 않은 스토아주의
저술인 *Herculaneum papyrus* 1020; Plutarch, *On Stoic Self-contradictions* 1056e-f.

대한 손쉬운 대부분의 비판이 적용되지 않는 기준을 말하는데, 이것은
불완전하고 지나치게 단순한 기준일 수도 있다.

---

65   Stobaeus, *Anthologium* 2, 73, 16–74, 3.

17

회의주의

전쟁 포로로 사로잡혀 노예로 팔린 사람에게 회의주의에 의해 제시된 구원은 거의 아무런 호소력이 없을 것이다. 그것은 마을이 파괴되어 이제 절박한 도시 빈민의 일부가 된 사람에게는 아무런 가능성도 제시해 주지 못할 것이다. 그러나 그것을 통해 세계의 의미를 찾으려는 일부 지성인들에게 그것은 일종의 구원이었다. 회의주의자가 됨으로써 얻는 혜택은 동요되지 않는 것이라 기술되는데, 이것은 에피쿠로스주의자들의 아타락시아나 스토아주의자들의 아파테이아와 상당히 비슷해 보인다. 엘리스 출신의 퓌론은 아무런 관심을 갖지 않는다는 점에서, 그리고 의견들을 채택하고 옹호한다거나 해결되지 않은 문제들에 대한 이론을 형성하려 하지 않는다는 점에서 찬사를 받았다. 그의 제자인 플리아시오스 출신의 티몬은 퓌론이 신과 유사하다고 말했으며, 그를 지구 둘레를 여행하는 태양에 비유했다.[1]

---

1 Cicero, *Academica* 2, 130; Diogenes Laertius, *Lives of Eminent Philosophers* IX. 64–65. Diogenes Laertius, Sextus Empiricus, 그리고 키케로가 회의주의자들에 대한 우리의 정보 대부분을 제공한다.

회의주의는 기원전 360년에서 270년까지 생존했던 퓌론에 의해 하나의 철학적 조류로 시작되었는데, 아직도 회의주의는 그의 이름을 따라 간혹 퓌론주의라고 불린다. 퓌론은 꼼꼼하게 탐구하고 질문하는 능력을 가졌다. 그는 아테네는 물론이고 그의 출생지인 엘리스에서도 존경을 받았으며, 에피쿠로스에 의해 칭송되기도 했다. 퓌론은 존재하는 사물들에 대한 경험을 광인들과 몽상가들에 비유했던 회의주의 철학자인 아낙사르코스 밑에서 공부했다. 퓌론은 무신론을 지지했고, 세계의 본성에 관한 판단중지도 지지했다. 그의 회의주의는 윤리학적 문제들에도 적용되었다. 그는 본성적으로 정의롭거나 명예로운 것은 아무것도 없다고 생각했다. 그는 인간의 행동들은 관습과 인습에 의해 통제된다고 생각했다.[2]

퓌론은 인간의 활동을 헛되고 어리석은 행위로 간주하면서, 고통과 난관을 해결하려는 불굴의 용기를 지지했다. 그는 시인으로도 유명했고 제자인 티몬에 의해 신과 유사하다고 묘사되기도 했지만, 자신의 인간적인 위약함을 알고 있었고 또한 자신이 두려워하거나 분노할 수 있다는 사실을 인정했다.[3]

기원전 325년에서 235년까지 생존했던 퓌론의 대표적인 제자인 티몬은 풍자적인 논쟁자로 알려져 있었다. 그는 파르메니데스와 엘레아의 제논, 크세노파네스, 몇몇 소피스트들, 에피쿠로스, 키티움의 제논, 그리고 아리스토텔레스와 같은 많은 초기 철학자들을 풍자하는 글을 썼다. 그의 풍자하는 글들이 아주 유익하다거나 아마도 공평하지는 않았지만, 그는 훌륭한 저술가이자 운문작가로 알려져 있었다. 그는 회의

2 Diogenes Laertius, *Lives of Eminent Philosophers* IX. 61과 64-66; Sextus Empiricus, *Adversus mathematicos* VI. 87-88과 XI. 140.
3 Diogenes Laertius, *Lives of Eminent Philosophers* IX. 68-71.

주의가 혼란을 벗어나게 해준다고 생각했다.[4]

기원전 약 273년에 피타네(아이올리아) 출신의 아르케실라오스가 스승이었던 크라테스를 계승하여 아테네에 있던 아카데메이아의 대표자가 되었을 때, 새로운 시대의 회의주의, 즉 일부 저술가들이 중기 아카데메이아로 불렀던 "새로운 아카데메이아"가 시작되었다. 아르케실라오스는 논증 능력으로 유명했다. 그는 용어들의 의미 구분을 좋아했고, 또한 거침없이 말했을 뿐만 아니라 풍자적이기도 했다. 디오게네스 라에르티우스는 그의 날카로운 몇 가지 재담들을 전해준다. 그러나 그와 동시에 아르케실라오스는 관대하고 자비로운 인물이었다.[5]

아르케실라오스는 판단중지(epochê 에포케)와 이성적이고 신중하게 사는 삶을 지지했다. 그는 그렇게 사는 사람이 도덕적으로도 올바르게 행동할 것이라 믿었다. 클레안테스는 아르케실라오스가 윤리학을 뒷받침하는 지식을 부정하면서도 어쨌든 윤리적으로 행동했다고 비난하면서, 그의 말과 행동이 달랐다고 지적한다.[6]

아르케실라오스의 논증들은 주로 그의 주된 지적 경쟁자였던 스토아주의자 제논을 겨냥한 것들이었다. 그는 인식이 지식과 의견을 구분하는 기준일 수 있다는 점을 부정하는 스토아의 진리 기준을 반대했다.[7]

아르케실라오스의 뒤를 이어, 퀴레네의 카르네아데스가 아카데메이아의 대표자가 되었다. 카르네아데스는 기원전 약 213년 경에 태어나

---

4   Diogenes Laertius, *Lives of Eminent Philosophers* IX. 109–116; Eusebius, *Praeparatio* 14. 18, 1–5.

5   Diogenes Laertius, *Lives of Eminent Philosophers* IV. 28, 32–38, 그리고 43.

6   Sextus Empiricus, *Adversus mathematicos* VII. 158; Diogenes Laertius, *Lives of Eminent Philosophers* VII. 171.

7   Cicero, *Academica* 1, 43과 2. 16; Eusebius, *Praeparatio* 14. 6, 12–13; Sextus Empiricus, *Adversus mathematicos* VII. 151–157.

서 기원전 129년에 사망했으며, 처음에는 스토아주의자들 밑에서 공부했으나 나중에는 스토아주의의 학설에 등을 돌렸고 스토아주의의 몇 가지 관점들을 반대했다. 그는 인상들과 이성이 모두 오류일 수 있다는 이유로, 스토아의 진리 기준뿐만 아니라 다른 모든 기준들도 거부했다. 거짓된 인상은 참된 인상과 구별될 수 없으며, 이성은 인상에 의존한다는 것이다. 카르네아데스는 세계를 통제하는 신적 정신에 대한 스토아주의의 믿음을 비판했고, 예지와 운명에 대한 믿음도 거부했다.[8]

카르네아데스는 확률(개연성)에 따른 행동을 지지했고, 서로 다른 인상들은 참이 될 수 있는 서로 다른 확률들을 갖는다고 생각했다. 그는 여전히 회의주의적이었지만, 일부 인상들은 판단과 행동의 근거로 사용될 정도로 믿을만하다는 점을 인정했다. 최하 단계의 확률은 최소한의 관찰에 기초한 인상들의 단계로서, 참일 가능성이 절반에 불과하다. 상위 단계는 분산되지 않은 인상을 통해, 즉 모순된 인상들을 갖지 않는 좀 더 빈번한 관찰들에 기초한 인상을 통해 얻는다. 가능성이 있는 가장 높은 단계의 확률은 철저한 관찰에 기초한 인상들의 단계이다. 섹스투스 엠피리쿠스는 확률에 대한 카르네아데스의 생각에 동의했던 것으로 보인다. 카르네아데스는 "강력한 논쟁자"로 알려져 있었지만, 그는 글을 거의 쓰지 않았고, 그의 견해들은 제자들 가운데 특히 클레이토마코스를 통해 전해졌다.[9]

카르테아데스의 뒤를 이은 클레이토마코스가 기원전 약 128년에서

---

8 Sextus Empiricus, *Adversus mathematicos* VII. 159–165, 402–410, 그리고 IX. 139–141; Cicero, *On the Nature of the Gods* III. 44; Cicero, *On Divination* II. 9–10; Cicero, *On Fate* 26–33.

9 Sextus Empiricus, *Adversus mathematicos* VII. 166–184; Diogenes Laertius, *Lives of Eminent Philosophers* IV. 65.

110년까지 새로운 아카데메이아의 대표자였다. 디오게네스 라에르티우스는 클레이토마코스가 400편의 논문을 집필했을 정도로 부지런한 학자였다고 전한다. 클레이토마코스는 감각 인상들이 설득력을 갖는다고 해서 반드시 인식이라고 할 수는 없으며, 현명한 사람은 그런 인상들에 동의하지 않을 것이라고 생각했다. 그러나 현자는 감각경험을 무시하지 않으며, 또한 어떤 경험들은 우리를 행동하게 만든다.[10] 라리사 출신의 필론이 클레이토마코스를 계승했으며, 기원전 약 110년에서 79년까지 새로운 아카데메이아의 대표자였다. 수정주의자로 간주되는 필론은 지식이 아니라 의견으로 알려졌던 의견들에 대한 제한적인 동의를 허용했다. 필론의 재임기간 동안 이어졌던 불화와 탈퇴로 인해 아카데메이아가 곤경에 빠지기도 했다. 필론의 제자였던 아스칼론 출신의 안티오코스는 회의주의를 거부했으며, 아카데미아를 설립하고 그것을 "초기 아카데메이아"라고 불렀다. 그는 스스로를 플라톤의 제자로 간주했고, 플라톤을 스토아주의적 용어들로 해석했다. 그는 아카데메이아에서 스토아주의를 가르쳤다는 이유로 비난을 받기도 했다.[11]

지나치게 관대하다고 간주되던 의견들에 대한 필론의 접근방법과 안티오코스에 대한 스토아주의적 영향에 대한 반발로 알렉산드리아의 회의주의시기가 시작되었다. 크레테 섬 출신의 아이네시데모스는 자신을 아카데메이아와 분리시켰으며, 자신이 본래적인 퓌론주의라고 간주했던 것들을 옹호했다. 그는 알렉산드리아에서 가르쳤는데, 생존연대는

[10] Diogenes Laertius, *Lives of Eminent Philosophers* IV. 67; Cicero, *Academica* 2, 103–104.

[11] Cicero, *Academica* 2, 59와 148; A.A. Long and D.N. Sedley, *The Hellenistic Philosophers*, 447–449, 470, 501, 그리고 506; Sextus Empiricus, *Outlines of Pyrrhonism* I. 235.

불확실하지만 대략 서기 1세기에 생존했던 것으로 보인다. 그는 스토
아주의를 비판하는 『퓌론의 담론』이라는 책을 썼다. 그는 판단중지를
지지했고, 우리는 나타나는 것, 즉 현상만을 알 수 있다고 생각했다. 서
로 충돌하는 지각들과 개념들을 구분하는 기준은 없다. 기호들과 도덕
적 신념들은 인습의 문제들이란 것이다. 아이네시데모스는 열 가지 양
상들 또는 비유들을 설명했는데, 그것들은 회의주의의 채택을 정당화
하는 지각과 관념에 대한 일치와 불일치의 종류들이다. 그의 후계자였
던 아그리파스에 대해서는 알려진 것이 거의 없다. 디오게네스 라에르
티우스는 그가 회의주의의 토대를 구축했다고 말했다. 섹스투스 엠피
리쿠스는 아그리파스가 열 가지 비유들을 다섯 가지로 축소했다고 전
한다.[12]

  알렉산드리아의 회의주의자들 가운데 가장 잘 알려진 인물은 서기
200년경에 가르쳤던 그리스의 섹스투스 엠피리쿠스이다. 그는 회의주
의의 역사와 이론에 대한 최고의 고대 권위자이며, 다른 헬레니즘 철학
들에 대한 우리의 지식에 많이 기여했다. 섹스투스 엠피리쿠스는 "동
요되지 않음"을 획득하는 방법으로 판단중지를 주장했다.[13] "동요되지
않음"은 헬레니즘시기와 로마시기의 일부 학자들로 하여금 삶의 역경
들을 극복하게 해줬다. 감각지각에 대해 모든 가치를 부정함이 없이 판
단이 중지된다. 현상들은 판단과 분리된다. 회의주의자는 사물들이 그
러그러하다는 것이 사실이라고 주장하지 않으면서도 사물들이 특정한

---

12   Diogenes Laertius, *Lives of Eminent Philosophers* IX. 78-88, 106-107; Pho-
tius, *Library* 169b 18과 170b 3; Sextus Empiricus, *Outlines of Pyrrhonism* I.
36-166. Copleston, *A History of Philosophy*, vol. I, 442-443은 아이네시데모스의 열
가지 양상들과 아그리파스의 다섯 가지 양상들을 설명한다.
13   Sextus Empiricus, *Outlines of Pyrrhonism* I. 8-10과 25-29. 번역문은 R.G.
Bury가 편집한 Loeb Classical Library 판본의 *Sextus Empiricus*를 사용했다.

순간에 어떻게 나타나 보이는가에 대해 보고하며, 대상들이 나타나 보였던 것과 정말로 동일한가를 질문할 것이다.[14]

섹스투스 엠피리쿠스는 자신이 "비독단적"이라고 묘사했던 회의주의자의 입장이 "새로운 아카데메이아"의 입장과는 다르다고 생각했다. 그는 모든 판단들이 가능하다고 말하는 새로운 아카데메이아의 관행에 반대했다. 예를 들어, 선과 악에 대한 판단과 관련하여, 그는 "우리가 사물을 선이나 악이라고 말할 때, 우리는 그것을 우리가 주장한 것이 가능하다는 의견으로 제시하는 것이 아니라, 단지 우리의 활동이 방해받지 않게끔 비독단적으로 삶에 일치시키는 것이다."라고 말했다.[15] 이러한 비독단적인 접근방법은 결코 그 어떤 것도 알려질 수 없다고 주장하는 그런 종류의 회의주의로 이어지지 않는다. 섹스투스 엠피리쿠스는 회의주의자가 "계속 탐색할" 것이라고 말했다.[16] 이런 종류의 회의주의는 나타나 보이는 사건들에 현명하게 행동하거나 대처하지 못하는 방향으로 이어지지는 않는다. 그것은 원리적인 접근방법이라기보다는 실용적인 접근방법이다.

그러나 섹스투스 엠피리쿠스는 회의주의를 포기하지 않았다. 그는 진리의 기준을 확립하려는 스토아주의의 시도에 대해 비판적이었는데, 그는 진리의 기준이 무한역행으로 이끌어질 것이라 생각했다. 그는 독단적인 철학들을 거부하는 근거들로 비유들 또는 양상들을 설명했다.[17] 섹스투스 엠피리쿠스가 현상들에 대한 모든 가치를 부정하길 거부하는 이유는 감각지각의 문제들에 관한 그의 진술들과 관련하여 고찰되어야

---

14   Ibid. I. 4와 19-20.
15   Ibid. I. 226.
16   Ibid. I. 3.
17   Ibid. I. 35-37과 176-179; II. 18-20.

한다. 그는 감각경험이 지각하는 사람에 따라, 그리고 경험에 따라 상당히 다르다고 생각했다. 관점의 차이들, 지각 기관들, 건강 상태들, 햇빛에 노출되는 것과 같은 이전 지각의 결과, 그리고 다른 조건들은 지각을 의존할만한 것이 되지 못하게 만든다는 것이다.[18]

섹스투스 엠피리쿠스는 삼단논법적 추론의 신뢰성을 부정했고, 또한 논리적 입증이라는 개념도 거부했다. 그는 삼단논증이 불필요하고, 비결정적이며, 또한 순환적이라고 말했다. 그는 논증에서 다루어지지 않는 개별자들이 귀납법에 의해 도달된 일반화에 모순될 수 있기 때문에, 귀납추론이 "불안정"하다고 생각했다.[19]

섹스투스 엠피리쿠스의 회의주의적 접근방법이 그가 어떤 철학적 결론들에 도달하는 것을 방해했던 것은 아니다. 그는 신이 존재한다는 주장에 문제가 있다고 생각했다. 그는 그 주장을 뒷받침하는 증거가 부족하다고 지적했다. 그는 신의 예지라는 개념의 난점들, 즉 부정하는 경우에는 불경함으로 이어지지만 승인하는 경우에는 논리적 문제들로 이어지는 그 개념의 난점들에 주목했다. 그는 선하고 전능한 신에 의해 창조된 세계의 악의 문제에 대해 글을 썼다. 그는 신의 섭리라는 개념이 "좋은 음식은 건강에 나쁘고, 나쁜 음식은 건강에 좋다."는 관찰을 통해 거부된다고 생각했다.[20]

---

18 Ibid. I. 44-47과 59.
19 Ibid. II. 159-166과 193-204.
20 Ibid. I. 32 ; III. 9-11.

18

신플라톤주의

에피쿠로스주의, 스토아주의, 그리고 회의주의는 헬레니즘시대와 로마
시대에 지성인들로 하여금 삶에 대처하도록 도왔다는 의미에서 구원
철학이었다. 그것들은 그것들의 철학적 진실성을 심각하게 위협하지
않는 의미와 내적 평화의 필요성을 인정했다. 헬레니즘시대와 로마시
대의 다른 철학들을 종교적 철학 또는 철학적 종교로 이해하는 것이 더
나을 것이다. 그것들은 매우 절충주의적인 성향이 있으며, 그것들의 종
교적 목표에 지성적 토대를 제공하기 위해 사용될 수 있는 철학적 전통
들을 채택한다. 그것들의 주된 목적은 종교적 욕구를 충족시키는 것이
다. 이것이 길버트 머레이가 "신념의 상실"이라고 표현했던 현상이다.[1]

로마시대에 이교도적인 철학적 종교의 궁극적인 발전은 신플라톤주
의였으나, 중기 플라톤주의와 신피타고라스주의가 그보다 시기적으로
앞섰고, 또한 중기 플라톤주의와 신피타고라스주의에서 만들어냈던 일
부 개념들이 신플라톤주의에 의해 사용되었다.

---

1   G. Murray, *Five Stages of Greek Religion*, 155.

중기 플라톤주의

중기 플라톤주의 사상은 다른 신비주의적 요소들과 더불어, 신적 초월성과 (신과 인간 사이의) 매개적 존재자들을 강조했다. 최상위 신의 초월성과 매개자들이라는 두 개념들은 모두 다른 시대에 보였던 종교적 욕구들에 대한 응답처럼 보인다. 삶이 아주 힘겹고 악이 흔히 나타나는 시기에, 종교적인 정신은 세계의 잘못된 모든 것들 위에 신을 위치시키길 원하는 것처럼 보인다. 그와 동시에, 완전히 초월적인 신은 너무 멀리 떨어져 있어서 구원자가 접근하거나 이용할 수도 없고, 그의 추종자들을 돕지도 못한다. 로마시대에 발생했던 일은 비잔틴 기독교에서 발생했던 (당시의 교회 미술에서 볼 수 있는) 일과 정서적으로 동일해 보인다. 예수 그리스도는 대체로 마지막 심판의 엄격한 재판관으로 그려지는 근엄한 권위자가 되었고, 마리아는 쉽게 접근할 수 있는 천국의 대리인이 되었다. 중기 플라톤주의자들에게 신이라는 개념은 (유일신을 의미하는-옮긴이) 대문자 "지(G)"의 사용을 정당화하는 발전 단계에 도달했다.

중기 플라톤주의의 대표자들로 잘 알려져 있던 인물들은 플루타르크와 알렉산드리아 출신의 필론이었다. 플루타르크는 많은 글을 썼던 저술가였으며, 철학적이고 종교적인 주제들에 관한 저서들은 물론이고 유명한 그리스인들과 로마인들에 대한 『삶들』과 도덕적 주제들에 관한 논문집인 『도덕들』이 가장 잘 알려져 있다. 기원전 1세기 중엽에 태어난 플루타르크는 아테네에서 공부했고, 로마를 방문했으며, 라틴 문학을 배웠다.

플루타르크는 특히 플라톤주의와 아리스토텔레스주의에 영향을 받은 절충주의적 사상가였지만, 그는 (아마도 배로우가 지적했던 것처럼

당시 유행했던 스토아주의를 이해하지 못했기 때문에) "새로운 아카데
메이아"의 회의주의에 반대하고 또한 대체로 스토아주의를 거부했다.
스토아주의의 가르침에는 플루타르크에게 매력적으로 보였을만한 많
은 것들이 있었다. 그는 비판적이고 창조적인 사상가라기보다는 도덕
교사였으며, 따라서 그가 스토아주의자들의 도덕적 성실성을 이해하지
못했다고 해도 놀랄 일은 아니다. 배로우는 플루타르크가 초기 스토아
주의의 몇 가지 사상을 혐오했으며, 한편 그의 논문 『스토아주의자들
의 자기모순에 관하여』에 드러나듯이 그가 로마 스토아주의의 실천적
이고 도덕적인 접근방법을 알지 못했다고 생각한다.[2]

플루타르크는 일반 상식과 훌륭한 풍속과 함께, 종교에 대한 합리적
이고도 보편적인 접근방법을 추구했다.[3] 그는 현세의 삶에서 본성이 알
려질 수 없는 신의 초월성을 강조했는데, 이것은 중기 플라톤주의와 신
피타고라스주의에도 공통된 견해였다. 플루타르크는 무신론을 반대했
고, 종교적 미신에 대해서는 더욱 강하게 반대했다. 그는 미신이 신들
에 대한 믿음이 아니라 고통과 부상의 원인만큼이나 두려운 것이라고
보았는데, 이것은 "사람을 완전히 꺾어 짓밟는" 접근방법이었다.[4] 플루
타르크는 고전적인 신들과 여신들을 언급하면서, 그들을 보편적인 유
일신의 다양한 측면들로 간주했다. 그는 이집트인들이 동물들을 신의
상징으로 사용하는 것을 완전히 거부하지는 않았다. 그는 대부분의 종
교적 축제들과 제물들을 비판했고, 또한 우상들을 유일신의 다양한 상
징들이 아니라 다수의 신들로 숭배하는 것을 비판했다. 그는 기적과 꿈

---

2 R.H. Barrow, *Plutarch and His Times*, 77–78, 82, 103–105; F. Copleston, *A History of Philosophy*, Vol. I, 452–453.

3 R.H. Barrow, *Plutarch and His Times*, 75–77, 83–83.

4 Plutarch, *Superstition* II. 165B–C; *Isis and Osiris* 78.

속의 계시를 받아들였지만, 그것들에 대한 미신적 태도를 갖는 것은 위험하다고 보았다.[5]

플루타르크의 신학은 악마들에 대한 믿음, 그리고 신과 인간의 중재자 역할을 하는 하위의 신들과 여신들에 대한 믿음을 포함한다. 그는 악과 세계의 불완전성이 사악한 원리와 악마들의 탓이라고 보았다. 이러한 이원론적 접근에서, 신은 어떤 잘못이나 불완전성에 대해서도 책임이 없다. 플루타르크의 논문인 『이시스와 오시리스』에서는 악이 이시스의 적인 튀폰으로 의인화된다. 프레드릭 코플스톤은 플루타르크에게 있어서 사악한 원리는 지구를 창조했지만 신적인 선성과 대립하는 세계영혼이 된 것처럼 보였다고 말한다.[6] 인간의 영혼은 세계의 선한 측면과 악한 측면을 공유하는데, 선한 부분은 이성과 연결되는 한편, 악한 부분은 육체적 욕구들과 연결될 뿐만 아니라 "감수성이 예민하고, 충동적이고, 비이성적이고, 또한 반항적인" 튀폰으로 의인화된다.[7]

플루타르크의 구원 개념은 부활로부터 영혼의 궁극적인 해방이라는 플라톤적 개념이지만 그는 사후세계에 대한 명확한 모습은 제시하지 않는다. 그는 좋은 영혼들은 인간의 형태로 환생하지만, 나쁜 영혼들은 식물들이나 인간 이외의 동물들이 된다고 생각했던 것으로 보인다. 플루타르크의 『로물루스의 삶』에서는 덕을 지닌 영혼들이 영웅들이 되고, 그런 뒤에 반신반인들이 되며, 그리고 마침내 신들이 된다고 전해진다.[8]

---

5   Plutarch, *Isis and Osiris* V. 376F-382D; *De E apud delphos* (*The E at Delphi*) V. 384D-394C; *The Oracles at Delphi* V. 394D-409D; *The Obsolescence of Oracles* 409E-438E.

6   Plutarch, *Isis and Osiris* V. 361A-E와 369 A-F; F. Copleston, *A History of Philosophy*, Vol. I, 453-454.

7   Plutarch, *Isis and Osiris* V. 371A-B.

기원전 25년에 알렉산드리아에서 태어나 서기 40년경에 사망한 필론 유다에우스는 "디아스포라 유대교(diaspora Judaism)," 즉 예루살렘에서 멀리 떨어진 로마 도시들에 성행했던 유대교의 산물이었다. 그의 시대에는 고대 유대 구역보다는 유대 구역 외부에 사는 유대인들이 더 많았으며, 그 가운데 많은 사람들이 그리스어를 사용했고 히브리어에 대한 지식은 거의 없거나 또는 전혀 없었다. 그들의 성경은 70인역 성서(70인이 70일간에 걸쳐 번역했다는 그리스어로 번역된 구약성서-옮긴이)로서 히브리어로 된 성서의 그리스어 번역이었고, 또한 그들은 그리스의 사상도 접했다. 필론이 자신들의 신학과 종교적 삶에 그리스의 사상을 반영했던 유대교 종파들인 에세네(Essene) 종파와 테라퓨테(Therapeutae) 종파에 대해 글을 썼다는 점은 흥미롭다.[9] 사해문서를 산출했던 종교 공동체들은 필론이 묘사했던 종교 공동체들과 비슷해 보인다.

필론은 로마 지역 전체에서 사용되었던 단순 형태의 그리스어인 코이네 그리스어를 사용했다. 그는 히브리어 성서의 그리스어 번역문에서 글을 인용했으며 또한 그리스 문헌 전반에 대한 친밀감을 보이기도 했다.

필론은 유대교 성서와 그리스 철학(특히, 중기 플라톤주의에 의해 해석된 플라톤의 철학과 일부 스토아주의 사상)의 화해를 시도했다. 새뮤엘 샌드멜에 따르면, 필론의 기본적인 종교 사상들은 유대교적이었으나, 그는 그 사상들을 대체로 그리스철학 가운데서 플라톤의 철학

8   Plutarch, *On the Delays of the Divine Vengeance* VII. 18.259, 25.279-285, 그리고 32.297-299; *Life of Romulus* I. 28, 181-183.
9   Philo, *Every Good Man Is Free*와 *On the Contemplative Life*. S. Sandmel, *Philo of Alexandria: An Introduction* 32-39.

과 스토아주의 철학을 통해 설명했다.[10]

히브리어 성서와 그리스 철학의 화해는 풍자 속에서 이루어졌는데, 이를 통해 성서들은 하위의 문자적 단계와 상위의 비문자적 단계로 해석되었다. 필론은 성서가 그 두 단계에서 모두 옳다고 믿었던 것으로 보이지만, 분명히 그의 관심은 철학적인 비문자적 단계에 있었다. 상위 단계에서 히브리 역사의 등장인물들은 장점이나 특징을 나타내는 사람들로 해석된다. 필론의 풍자 가운데 일부는 사람들의 이름들에 대한 히브리어 어근들에 기초하는데, 이런 것이 적절하지 않을 때는 의미를 만들어내기도 했다. 풍자들은 종종 억지로 성경내용을 사용한 것처럼 보이는데, 그 중 일부는 상당히 어색하다.[11]

필론의 풍자적 해석의 예는 아브라함의 여행을 영적 발전의 풍자로 사용했던 것이다. (소돔의 왕은 물론이고 동방국가들로부터 온 네 명의 왕과도 연합했던) 네 명의 왕과 아브라함의 전쟁에 대한 창세기 14장의 이야기는 필론에게 있어서 '정신'과 '다섯 가지 감각들과 네 가지 격정들' 간의 전쟁, 즉 플라톤주의자라면 누구든 연결시킬 수 있는 갈등을 상징했다.

필론은 매우 많은 글을 쓴 저술가였다. 그의 글들은 많고도 다양하다. 샌드멜은 필론이 썼던 저서들의 목록을 그의 저서에 대한『로에브 고전 도서(Loeb Classical Library)』판본 X(10)권에서 제시하고 있다.[12]

필론은 감각적인 것과 지성적인 것에 대한 플라톤주의적 구분을 받

---

10   S. Sandmel, *Philo of Alexandria: An Introduction* 14-15, 28.

11   Ibid. Chpater 2.

12   S. Sandmel, *Philo of Alexandria: An Introduction* Chapter 3; Philo, *Works* in Loeb Classical Library, Vol. X, 269-433.

아들이고, 그것을 영적 발전과 연결시켰다. 그는 "수(number)"에 관한 피타고라스주의자들의 공헌을 인정했는데, 그는 플라톤처럼 그것을 지성적으로 사용하는 방법에 관심을 가졌던 것이 아니라 수비학 자체에 관심을 가졌다.[13]

필론은 신을 "토 온(to ón)"이라고 부르는데, "토"는 정관사이며 "온"은 "존재한다(to be)"는 의미를 가진 동사의 분사 형태이다. 이것은 문자 그대로 "존재하는 것"을 의미한다. 나중에 플로티노스는 신이 너무도 초월적이어서 존재한다고 기술되기조차 어렵다고 생각했지만, 필론은 그것을 기술하는데 아무런 어려움을 느끼지 않았다. 그러나 다른 관점에서 필론은 신플라톤주의자들에 의해 기술된 신만큼이나 초월적이고 알 수 없는 신에 대해 기술했다.

또한 필론은 신의 초월성에 매개적 존재자들이라는 개념을 결합시켰다. 이것은 신플라톤주의에서 언급되는 그런 존재자들의 역할을 부분적으로 예견한 것이다. 필론은 로고스에 대해 글을 썼는데, 이것은 지적 영역의 관념들을 소유한 신적 이성이다. 그는 로고스를 신의 장남이라고 기술했는데, 이것은 필론의 저술들을 보존했던 기독교도들에게 호소했던 필론의 작품이 지닌 특징들 가운데 하나였다. 원형적인 관념들의 소유자로서, 로고스는 세계의 창조에서 중요한 역할을 담당했을 것이다. 로고스는 지성 세계를 떠나지 않는다.[14]

필론은 로고스에 대한 글 외에, 세계의 창조와 통제에서 신의 활동들로 묘사되는 힘들에 대해서도 글을 썼다. 그 힘들은 로고스에 종속적이며, 로고스와 달리 그것들은 감각세계에서 활동한다. 로고스와 그것들

---

13   S. Sandmel, *Philo of Alexandria: An Introduction* 22–25.

14   Philo, *De agricultura* 31; *De confusione linguaram* 146–147; S. Sandmel, *Philo of Alexandria: An Introduction* 14, 36, 54, 59, 60, 91–92, 95.

의 관계는 플로티노스의 신적지성과 세계영혼의 관계와 비슷하다(아래 참조).[15]

　조금 덜 알려진 중기 플라톤주의자들은 신의 초월성과 매개적 존재자들을 삼위일체로 다루기도 했다. 기원전 1세기에 알렉산드리아의 에우도로스는 "일자(the One)"가 흘러나오는 최고신과 불확정적인 이원성으로 구성되는 삼위일체에 대해 기술했다. 피타고라스주의적 사고에서 일자는 질서를 나타내며 이원성은 무질서를 나타낸다. 서기 2세기의 알비노스는 제일신(the first God), 정신, 그리고 영혼(프쉬케)의 삼위일체를 만들기 위해 플라톤주의적 요소와 아리스토텔레스주의적 요소를 융합했다. 플라톤이 『티마이오스』에서 그랬듯이, 알비노스는 제일신이 부동의 원동자이고, 정신은 플라톤주의적 관념들을 소유하며, 프쉬케는 세계영혼이라고 생각했다. 서기 2세기의 막시모스 튀리오스는 하위 신들과 악마들이 있다고 생각했는데, 이것은 우리가 플루타르크에서 보았던 견해이다. 그리고 서기 2세기의 아풀레이우스는 올림포스의 신들과 플라톤주의적 형상들을 하위 신들의 위계에 포함시켰다.[16]

신피타고라스주의

오랜 세월동안 잊혔던 피타고라스주의가 영향력 있는 종교집단으로 등장했으며, 서기 2세기에는 게라사의 니코마코스나 아파메이아의 누메니오스처럼 상당히 절충주의적인 사상가들이 플라톤, 아리스토텔레스,

---

15　S. Sandmel, *Philo of Alexandria: An Introduction* 59, 60-61, 92.
16　F. Copleston, *A History of Philosophy*, Vol. I, 452, 455; Plutarch, *Isis and Osiris* V. 361A-E와 364E-367E.

그리고 스토아주의의 요소들을 피타고라스적인 수학적 개념들, 영혼과 육체의 관계에 대한 강력한 이원론, 그리고 신의 계시와 직접적 직관과 같은 신비주의적 요소들과 결합시켰다. 그들은 또한 플라톤주의적 개념과 아리스토텔레스주의적 개념을 신적 원리들로 사용했던 삼위일체를 발전시켰다.[17]

신플라톤주의

신플라톤주의의 창시자인 암모니오스 삭카스는 서기 3세기 전반에 알렉산드리아에서 많은 존경을 받던 교사였다. 그의 삶에 대해서는 거의 알려져 있지 않다. 그는 아무런 글도 남기지 않았지만, 그의 강의들은 탁월했다고 알려져 있다. 많은 탁월한 제자들이 그의 위대함을 증언했다. 가장 잘 알려진 제자들 가운데 한 사람이 플로티노스로서, 그의 책 『엔네아데스』는 신플라톤주의 사상을 알려주는 근본 자료이다.

플로티노스의 부모들은 이집트에 거주하는 로마 시민들이었다. 플로티노스는 서기 204년경에 태어났다. 그는 자신의 어린 시절에 대한 이야기에 별다른 관심이 없었고, 육체를 지닌 삶에 거의 아무런 가치도 부여하지 않았다. 우리가 그의 삶에 대해 그 정도라도 아는 것은 그의 제자 포르퓌리오스가 쓴 전기 덕분이다. 플로티노스는 28세에 알렉산드리아 출신인 암모니오스 삭카스의 제자가 되어 그와 더불어 11년간 공부했다. 암모니오스의 사후에 그는 동방의 지혜를 공부하기 위해 고르디오스 황제와 함께 군대의 원정길에 올랐다. 고르디오스가 암살당

---

17   F. Copleston, *A History of Philosophy*, Vol. I, 446–449.

하자, 플로티노스는 자신이 좋은 평판과 명성을 얻었던 로마로 갔다. 그는 은퇴 후 겪던 오랜 질환으로 인해 서기 270년에 사망했다.[18]

철학적 종교

플로티노스는 자신의 종교적 견해들을 설명하고 뒷받침하기 위해 철학, 특히 플라톤의 철학을 사용한 종교적 사상가였다. 그는 자신의 글에서 신비주의적 경험에 대해서 말했으며, 포르퓌리오스는 플로티노스가 신과 하나가 되었다는 (일부 유대교와 기독교 신비주의자들이 믿었던 부정적 방식의 신비주의처럼 들리는) 이야기를 네 번이나 언급했다.[19]

　플로티노스는 오십 세 때까지 글을 쓰지 않는데, 그즈음 그는 시력을 잃어가고 있었다. 그 뒤에 그는 형식이나 서법에 거의 신경 쓰지 않고 글을 썼다. 포르퓌리오스는 이 글들을 약간 편집했고, 그것들을 아홉 장으로 이루어진 여섯 개의 묶음으로 출간했다. 그 책은 『엔네아데스』, 즉 "아홉들(Nines)"로 알려져 있다.[20] 플로티노스의 저술들은 종종 반복적이고 모호하지만, 주요 논점들에서 그것들은 로마시대에 있었던 이교도 종교 가운데 가장 심오하고도 가장 철학적인 발전을 보여 준다.

　플로티노스가 자신의 원리들을 주로 플라톤의 철학에 기초했지만,

18　Porphyry, *Life of Plotinus* 1, 3, 8.

19　Ibid. 23.

20　옮긴이주: "엔네아데스"는 숫자 9를 의미하는 그리스어 "엔네아스"의 복수 형태로서 "9들" 또는 "아홉들"로 번역될 수 있다.

그것들을 플라톤 사상에 대한 설명으로 다루어서는 안 된다. 플로티노스는 플라톤과 달리 정치적 문제들에 관심이 없었고, 또한 철학적 탐구와 논의는 그에게 중요한 관심사가 아니었다. 그는 이교도의 신앙을 뒷받침하기 위해 플라톤 사상의 요소들을 독단적으로 사용했다. 그는 플라톤의 이론을 선별적으로 사용했으나, 플라톤주의의 몇 가지 기초 이론들은 그대로 받아들였다. 플로티노스의 사상은 물질적인 인간의 삶에 들어갈 때 영혼이 떨어지며, 영혼이 육체로부터 벗어날 때 환생하여 마침내 구원된다는 신비주의적 이론들에 기초했다. 오르페우스주의에서 유래했고 피타고라스주의자들에 의해 채택되었던 이런 이론들을 플라톤이 문자 그대로 믿었는지 알 수 없지만, 플로티노스는 플라톤이 그랬던 것보다 더 진지하게 그것들을 다루었다. 더구나 그는 감각적인 사물들과 불변하는 지성적 실재자의 차이라는 플라톤주의적 개념을 받아들였다. 플라톤이 감각적 세계의 유혹을 극복하고 지성적 진리를 추구하기 위한 철학적 필요성으로 보았던 것을 플로티노스는 종교적 구원의 방법으로 보았다. 올바른 사고가 그의 종교적 내용의 핵심적인 측면이었다. 변증술을 통해 우리는 감각을 넘어서서 지성적인 것들을 파악할 수 있다. 플로티노스는 변증술이 철학의 한 부분일 뿐만 아니라 사실상 가장 중요한 부분이라고 생각했다.[21]

신

플로티노스는 신을 일자와 신적 지성과 세계영혼의 삼위일체로 기술했

21　Plotinus, *Enneads* I. iii.1과 6.

다. 신의 최고 본성인 일자는 너무도 초월적이어서 영혼, 정신, 능동 이
성, 또는 감각적 영역이나 지성적 영역의 어떤 것으로도 기술될 수 없
거나, 또는 심지어 존재한다고도 말해질 수 없다. 이런 핵심적인 측면
에서, 신은 전적으로 불가사의할 뿐만 아니라 관념들의 영역마저 초월
한다. 일자의 정확한 이름은 있을 수 없다. 플로티노스는 신이 절대적
단일성이라고 생각했지만, 신이 단일성을 속성으로 갖는 실체는 아니
라는 입장을 취했다. 신의 단일성은 수적 단위나 기하학적 점의 단일성
이 아니다. 일자는 공간을 점유하지 않으므로 일자는 크기와 관련해서
는 비분할적이라고도 말할 수 없지만, 능력이나 자족성과 관련해서는
비분할적이라고 말할 수 있다. 신에 대한 다른 용어들은 더 문제가 된
다. 일자는 선하다고 말해질 수 있지만 사실상 그것은 선보다 더 우월
하며, 그것은 신에 참여하는 사물들에게 선하므로 유비를 통해서만 선
하다고 말해질 수 있다. 일자가 존재, 아름다움, 지성 등의 근원이라 할
지라도, 일자는 그것들 가운데 그 어떤 것으로도 기술될 수 없다.[22]

　일자는 신비주의적 황홀경에서만, 즉 주체와 객체, 사고와 사고대상
의 구분들과 같은 모든 구분들이 초월되는 상태에서만 알려질 수 있다.
확정적인 형태를 갖지 않는 일자에 대해 기술하는 것은 불가능하다.[23]
우리가 지상의 사물을 기술하는 방식으로 일자와의 결합을 기술할 수
는 없다. 이 결합의 몇 가지 특징들이 아래에서 논의될 것이다.

22　Ibid. V. i.7.; VI. ix.3과 5-6.

23　Ibid. V. i.7.; VI. ix.3.

유출

모든 단계의 실재성이 실현될 때까지 유출 과정을 통해 신적 실재성을 소모하는 것이 일자의 본성이다. 유출은 신적 실재성의 방출 또는 배출 의 일종이다. 일자는 이러한 유출 과정을 통해 신적 지성을 산출하고, 지성을 통해 세계영혼을 산출한다. 세계영혼은 세계를 산출한다. 플로 티노스는 유출을 태양의 열기와 빛의 방사에 비유했다. 플로티노스가 태양이 감소되지 않는다고 생각했듯이, 일자는 그러한 유출에 의해 감 소되지 않는다. 플로티노스는 삼위일체의 두 하위 부분들과 궁극적으 로 세계의 유출이 필수적이라고 생각했다. 일자는 모든 사물들의 근원 이다. 만약 일자만이 있다면, 존재하는 것은 아무것도 없을 것이다. 일 자는 모든 사물들을 낳지만 그것들 가운데 하나가 아니며, 존재나 지성 도 아니다. 일자는 생각하지 않는다.[24]

첫 번째 유출은 실재자 전체를 한 번에 지각하는 신적 지성으로서, 이것은 순수한 관조이다. 이것은 하나의 주제에서 다른 주제로 움직이 면서 논증적으로 생각하지 않는다. 신적 지성에는 보편자들에 대한 관 념들뿐만 아니라 개별자들에 대한 관념들도 있다. 이 관념들은 세계영 혼에 반영되어 있고, 또한 중세사상에서 종자적 이성들이라고 알려진 스토아 사상의 "프로토이 로고이(protoi lógoi)," 즉 "로고이 스페르마 티코이(lógoi spermatikoi)" 또는 "생각의 씨앗들"이다. 신적 지성은 실 재하는 모든 것에 대한 관념들을 소유하지만, 지성의 모든 사물들은 선 하다. 즉, 악도 없고 소멸하는 것도 없다. 플로티노스는 지성의 이런 관 념들을 존재하는 것이라고 말했고, 지성과 존재자를 하나의 본성이라

---

24 Ibid. IV. viii.1과 6; V. i.6과 7; VI. ix.2-3, 6, 그리고 9.

고 말했다. 신적 지성은 일자에 대해 관조하며, 그것이 일자로부터 분리되었음을 안다.[25]

두 번째 유출은 세계영혼으로서, 이것은 신적 지성의 관념들을 소유하지만 논증적인 추론과 종합적인 추론에 관여한다. 시간은 세계영혼과 함께 나타나며, 이 세계영혼은 시간 속에서 하나하나를 차례로 생각하고, 변화하는 세계 속에서 사물들에 대해 고심한다. 세계영혼은 신적 지성을 관조하며, 그것이 지성에서 분리되었음을 안다. 신적 삼위일체의 세 부분들의 분리를 공간적인 개념들로 생각하지 않는 것이 중요하다. 삼위일체의 원소들은 물질적인 존재자들이 아니라 모든 실재자 속에 퍼져 있다.[26]

플로티노스는 존재의 단계들이 있다는 견해가 플라톤의 것이었다고 보았으며, 자신의 세계영혼을 플라톤의 세계영혼과 동일시했다.[27]

인간의 영혼

개별적인 영혼들은 세계영혼의 부분들이지만 독자적인 정체성을 갖는다. 그것들의 존재는 세계영혼으로 감소되지 않는다. 영혼은 연장성을 갖지 않는다. 즉, 그것은 육체도 아니고, 육체의 부분들의 조화도 아니다. 그것은 지성적인 존재이며, 신의 부분이다. 영혼들은 이성, 욕구, 그리고 기개의 삼위일체이다. 그것들은 육체를 향하는 하위의 부분과 정신을 향하는 상위의 부분을 갖는다고 기술되기도 한다. 플로티노스

25   Ibid. V. i.6과 7; V. vii.1; V. ix.5-10, 12, 그리고 14.
26   Ibid. III. vii.11-12; V. i.2와 7; V. ix.7.
27   Ibid. V. i.8.

는 육체가 부분들이 아니라 능력들을 갖는다는 말로 그것을 규정했으며, 바로 이성, 욕구, 그리고 지각이 영혼의 능력들이다.[28]

플로티노스는 영혼이 육체에 들어가는 것을 우주를 완전하게 만들기 위해 필연적이었던 "하강"이라고 말했으며, 또한 영혼이 육체에 감금되었다고 표현했다. 그러나 영혼은 육체에 완전하게 들어가지 못하고 지성의 방향으로 선회할 수도 있다. 그러나 영혼들은 자신들이 신에서 유래했음을 잊어버리고 지상의 것들을 사랑하고 추구한다. 영혼의 구원은 육체적 문제들과 감각들을 넘어선 "상승"에 있다. 이 상승은 세계 영혼과 신적 지성을 관조하며, 또한 감각적인 사물들에 대한 사랑을 멈추고 지성적인 것을 사랑하는 데 있다.[29]

관조에 있어서 영혼의 상승은 설명하기 어려운 신비주의적 경험이다. 왜냐하면 그것은 일상적인 경험의 특수성들, 차이들, 그리고 분리들을 초월하기 때문이다. 그러한 신비주의적 경험들 이후에도, 경험의 본성과 일자의 본성 때문에 신 또는 일자는 여전히 기술될 수 없다.[30]

신에 대한 관조는 지성을 통해 획득되지만, 일자와의 결합과 일자에 대한 지식이 우리가 다른 사물들을 아는 것처럼 학문이나 순수한 사고를 통해 얻어지지 않는다. 학문은 논증적 추론과 다수성을 필요로 하는데, 그렇게 참여할 때 영혼은 단일하게 작용하지 못한다. 그러나 관조에서 영혼은 지성을 통해 단일하게 작용한다. 관조로 들어가기 위해 영혼은 정화된 상태에 있어야 한다. 그것은 감각적인 것들, 즉 외적인 것들을 거부해야 한다. 또한 그것은 모든 사물들을 잊어야만 한다. 그것은 그것의 인격적인 정체성을 상실해야 한다.[31]

---

28 Ibid. I. i.5; III. v.4; IV. ii.1, iii.5, 그리고 viii.8; VI. ix.1.

29 Ibid. II. ix.10–11; IV. viii.1–5; V. i.1과 3; V. ix.2.

30 Ibid. V. i.7; VI. ix.3과 9.

플로티노스는 신과 결합하는 신비주의적 경험을 신성한 춤, 즉 영혼이 삶, 지성, 그리고 존재의 근원을 보는 신성한 춤이라고 표현했다. 그것은 선의 원인과 영혼의 근원을 본다. 플로티노스는 그것이 행복이자 지복(완전한 행복), 즉 성적 결합의 지복에 비교할 수 있으나 소멸하지 않는 실재자를 향하는 행복이자 지복이라고 말했다. 영혼은 일자와 하나를 이루는 영원한 신의 일부이다.[32]

신비주의적 경험들은 영속적이지 않다. 영혼은 위에 있는 세상에 머물 수 없다. 왜냐하면 그것은 아직 지상의 것들로부터 완전히 분리되지 않았기 때문이다. 영혼의 궁극적인 구원은 일자와의 궁극적인 재결합 속에서 이루어지는데, 그곳에서 영혼은 육체 안에서 있었던 일을 더 이상 기억하지 못한다. 학자들은 플로티노스가 영혼의 미래에 부활이 어떤 역할을 한다고 생각했는가에 대해 의견을 달리 한다. 그는 영혼들이 육체들 속에서 부활하며, 그것들의 본성은 과거의 삶에서 지배적이었던 영혼의 부분에 의해 결정된다고 말했다. 욕구적 부분에 의해 지배된 것들은 식물이 되며, 지나치게 격정적인 것들은 야생동물들이 된다는 것이다. 하지만 그가 말 그대로 식물이나 동물로 다시 태어난다고 믿었는가에 대해서는 의문의 여지가 있다.[33]

감각세계

감각세계의 유출은 신적 삼위일체나 인간 영혼들의 유출과 동일하지

---

31   Ibid. VI. ix.3-5와 7.
32   Ibid. III. viii.6; VI. ix.9와 11.
33   Ibid. III. iv.2; VI. ix.10; G. Turnbull, *The Essence of Plotinus*, 89n.

않다. 신적 지성, 세계영혼, 그리고 인간영혼의 유출에는 존재의 감소가 없는 반면에, 세계의 유출에는 존재와 물질의 혼합이 있다. 영혼을 넘어선 유출에는 존재의 감소, 즉 형상의 해체가 있다. 이러한 형이상학적 원리에서 물질은 아무것도 아니다. 그것은 존재의 부재이다. 그 자체로서 아무것도 아닌 물질은 부정이나 결핍으로서 악의 원리가 된다. 플로티노스는 물질에 대한 설명에서 플라톤의 개념과 아리스토텔레스의 개념을 혼합했다. 물질은 형상을 구체화하는 잠재태를 가진 기체(substratum)로 설명되고 또한 무(nothingness)로 설명되며, 이것은 그림자나 환영과 비교될 수 있다.[34] 그러나 플로티노스는 세계가 악이라는 그노시스주의자의 주장을 비판했다. 그것은 그것의 실재가 유래하는 지성적 세계의 충실한 복제품이다. 실재자의 모든 단계를 실현하기 위한 신의 유출은 세계의 존재를 필연적인 것으로 만든다. 세계는 그것의 원형들만큼 완전할 수는 없지만, 어떤 세계도 그보다 더 나을 수 없다. 플로티노스는 사악한 행위에 대해 개별적인 영혼들을 비난했지만, 우주를 완전하게 만들기 위해서는 그 영혼들이 필요했다. 영혼들은 자기 결정적이라는 의미에서 자유롭다. 그것들은 감각적인 것에서 지성적인 것으로 돌아설 수 있기 때문이다. 개별적인 영혼은 이성적으로 행동할 때 자유롭다.[35]

예술과 실재자

플로티노스의 미학 이론은 플라톤보다 아리스토텔레스에 가깝다. 그는

34 Plotinus, *Enneads* II. iv.3; II. v.2–5; IV. iii.7.

예술이 대상이나 사건의 형상을 드러내는 것, 즉 실재자가 대상 자체에
서 보이는 것보다 더 명료하게 관찰되도록 해주는 것이라고 보았다.[36]
르네상스시기에 플로렌스에 있었던 영향력 있는 플라톤적 아카데메이
아를 비롯한 후기 플라톤주의자들이 바로 이러한 미학적 접근방법을
따랐다.

플로티노스의 후계자들과 영향

서기 3세기의 포르퓌리오스는 플로티노스의 제자였고 전기 작가였고
편집자였다. 『엔네아데스』의 편집 외에 가장 중요한 그의 작품은 아리
스토텔레스의 『범주론』에 대한 주석서이며, 이것은 중세철학자들에게
중요한 책이었다. 포르퓌리오스는 신플라톤주의의 종교적 측면을 강조
하고 기독교를 반대했던 중요한 인물이었다.

   포르퓌리오스의 제자이자 4세기에 생존했던 시리아 출신의 이암블
리코스는 철학적인 성향이 그의 스승보다 약했다. 그는 신적 위계에 있
는 요소들의 수를 늘리는 한편, 기적, 예지, 천사, 그리고 악마와 같은
주술적인 요소들을 첨가했다.

   5세기의 아테네 출신인 프로클로스는 플라톤의 다양한 작품들에 대
한 주석서를 썼다. 그는 플라톤과 아리스토텔레스는 물론이고 신플라
톤주의적 철학자들도 잘 알고 있었지만, 아주 체계적인 사상가는 아니
었다. 그리고 그는 기초적인 신플라톤주의의 유출 이론에 많은 것들을

---

35   Ibid. II. ix.8-11；III. 1.1-4와 8-10；IV. viii.1과 5.

36   Ibid. V. ix.11.

첨가하고 세분화했다.

알렉산드리아의 신플라톤주의자들은 과학과 논리학에 더욱 관심을 가졌다. 그들은 더욱 철학적이었으며, 종교에는 많은 관심을 두지 않았다. 그들은 일반적으로 미신적인 요소와 복잡한 사고를 피하는 성향이 있었다.

신플라톤주의가 많은 영향을 미쳤다는 점을 부정하기는 어려울 것이다. 르네상스시기에 마르실리오 피치노에 의해 플라톤의 작품들이 서구 학자들에게 알려지기 전까지는 오직 『티마이오스』만이 알려져 있었다. 플라톤은 신플라톤주의자들의 글들을 통해 알려졌다. 따라서 이처럼 오랜 기간 동안 철학에 대한 플라톤의 영향은 사실상 신플라톤주의의 영향이었다.

19

아우구스티누스

아우구스티누스는 서기 354년 북아프리카에서 태어났으며, 모친은 기독교도였고 부친은 나중에 기독교로 개종한 이교도였다. 그는 처음에는 카르타고에서, 나중에는 로마와 밀라노에서 배우고 가르쳤으며, 밀라노의 대주교였던 암브로시우스에게서 많은 영향을 받았다. 그는 9년 동안이나 이원론적인 종교 운동이었던 마니교 연구에 매진했으나, 결국 이 종교가 자신의 의문에 답변할 수 없다고 판단했다. 그 후 그는 플로티노스의 저술들을 연구했으며, 기독교에도 많은 관심을 갖게 되었다. 여러 가지 종교적 경험을 거친 뒤에 그는 기독교로 개종하여 열정적인 교회 지도자가 되었고, 마침내 히포(또는 히포포타모스)의 대주교가 되었다.

아우구스티누스의 저술들 가운데 가장 많이 알려져 있는 것은 『고백록』과 『신의 도시』지만, 그는 『삼위일체에 관하여』, 『기독교 교리에 관하여』, 『자유선택의 문제』, 그리고 수많은 다른 신학적 저술들도 집필했으며, 또한 이교도 집단들을 비판했다. 그의 많은 글 가운데 대부분이 철학적으로는 그리 중요하지 않다. 그것은 종교 문헌이며, 예배와 다른 교회 문제들에 관한 작품들이다. 그의 신학적 논문들은 대부분 전통과 권위에 기초하여 기독교 신앙을 상세히 설명했지만, 그의 작품들에는 철학적 신학이라고 불리는 논증된 입장들이 들어있으며, 이런 글들이 철학적으로 흥미롭다.

　　아우구스티누스는 당시의 일부 이교도들에 대항하는 교회의 핵심적인 변론자였다. 그가 이런 역할을 수행하기에 아주 적절했던 이유는 이교도들이 문제를 제기했던 원죄와 같은 교리들에 대한 확고한 신앙을 그 자신이 갖고 있었기 때문이다. 이교도의 반대자라는 그의 역할이 그런 교리들에 대한 그의 입장을 더 확고하게 만들었을 수도 있다. 자신의 삶을 회고하면서, 아우구스티누스는 자신이 순종적인 아이였고, 훌륭한 학생이었으며, 분명히 거칠거나 방탕하지도 않았지만, 그럼에도 그는 자신이 상당히 사악하다고 보았다. 그에게는 자신의 아이를 낳아준 여성이 있었지만, 그의 모친은 그로 하여금 그 여자를 북아프리카로 돌려보내게 만들었다. 그는 이것을 자신의 삶에서 가장 잘못했던 일로 여겼던 것 같다.[1]

철학에 대한 태도

아우구스티누스는 무엇보다도 신학자였으나, 철학 가운데 특히 플라톤의 사상에 대해 남다른 감각을 가졌다. 테르툴리아누스와 일부의 다른 기독교 지도자들과 달리, 그는 이교도에서 비롯된 모든 것을 멸시하지는 않았다. 그는 음악이나 이교도의 고전들을 이용하는 것에 반대하지

1　Augustine, *The Confessions* I. 7–19, II. 4–7, 그리고 VI. 15.

않았다. 그는 진리가 어디에서 발견되든 그것은 신에 속한다고 생각했다.[2] 그러나 그는 철학을 선별적으로 이용했다. 즉, 그는 플라톤주의적 사상에 대해서는 호의적이었지만 아리스토텔레스와 스토아주의자들에 대해서는 상당히 부정적이었다. 그는 종교적 신앙을 우선적으로 고려했다. 그는 철학적 문제들에 관한 호기심을 보였지만, 지식보다는 신앙에 우선성을 부여했다. 쉽게 예상할 수 있듯이, 아우구스티누스의 사상이 지닌 다양한 측면들은 그의 신학적인 맥락에서 나타난다.

신학

아우구스티누스의 신 개념은 정통 유신론의 개념이다. 『고백록』에서 그는 신이 하나이고 영원하고 불변하고 고통을 겪지 않고 전능하고 전지하고 모든 곳에 존재한다고 이해하게 되면서, 신에 관한 자신의 사고가 어떻게 발달했는가를 돌이켜본다. 신플라톤주의자들은 신의 이런 성질들을 대체로 받아들이지만, 아우구스티누스의 신학은 신의 선성과 개별적인 사람들에 대한 신의 관심에 대한 강조 등을 비롯한 히브리 문화의 신념들 위에 세워지기도 했다. 그는 신이 세계의 창조자이자 유지자이며, 플라톤주의자들이 생각했던 것처럼 필연성에서 나오는 것이 아니라 신적 사랑에서 나온다고 생각했다. 그는 신이 너무도 초월적이어서 이성에 의해 완전히 이해되지는 않지만, "좋은," "현명한," 그리고 "전능한" 등의 개념들이 그의 본성과 비슷하다고 생각했다.[3]

---

2   Augustine, *De doctrina christiana* (On Christian Doctrine) II. 18.28.

3   Augustine, *The Confessions* VII. 1.3–21.

아우구스티누스는 신적 지성과 세계영혼에 관한 신플라톤주의적 견해들과 양립하는 용어들, 즉 플라톤주의적 형상들의 소유와 같은 용어들을 통해 삼위일체의 두 번째 인격인 성자(the Son)에 대해 기술했다. 그는 모든 것들이 성자 안에 들어있다고 말했다.[4]

프레드릭 코플스톤은 아우구스티누스가 신의 존재를 증명하기 위해 제일원인의 필요성, 우주의 이성적 본성, 그리고 신의 존재에 대한 보편적 믿음과 같은 몇 가지 논증들을 이용했지만, 가장 중요한 논증은 신이 영원하고 필연적인 진리들의 근거라는 이해 위에 세워졌다.[5]

아우구스티누스의 저술들 가운데 일부는 진리에 대한 지식이 신의 존재를 함축한다는 그의 신념을 보여준다. 예를 들어, 『자유선택의 문제』라는 책에서, 그는 불변하는 진리에 대해 글을 썼고 그것을 신 자신의 곁에 있는 최고선이라고 불렀다. 그는 "만약 (진리보다) 더 탁월한 어떤 것이 있다면, 그것은 바로 신이지만, 만약 더 탁월한 어떤 것이 없다면, 진리 그 자체가 신이다. 어떤 것이 사실이든, 우리는 신이 존재한다는 것은 부정할 수 없다. ..."[6]고 썼다.

폴 틸리히는 아우구스티누스가 신의 존재에 접근함에 있어서 좀 더 신비주의적이고, 좀 더 합리주의적이라고 해석했다. 그는 아우구스티누스가 신에 대한 관계를 이방인과 만나는 것이 아니라 어떤 사람이 소원해졌던 친구와 화해하는 것으로 이해한다고 말했다. 틸리히에 따르면, **"신은 신에 대한 질문의 전제이다.** 이것은 종교철학의 문제에 대한 존재론적 해결책이다. 만약 신이 질문의 **대상**이고 그것의 **토대**가 아니

4　Augustine, *De trinitate* (On the Trinity) IV. 1.3.

5　F. Copleston, *A History of Philosophy*, Vol. II, Chapter V.

6　Augustine, *De libero arbitrio* II. 12.33, 13.36, 그리고 15.39 (Dom Mark Pontifex의 번역).

라면, 그는 결코 도달될 수 없다." 틸리히는 중세 프란체스코회 수도사들이 취했던 접근방법이 바로 아우구스티누스의 견해였다고 생각한다. 그는 그것을 토마스 아퀴나스와 베네딕트회 수도사들의 접근방법과 비교한다.[7]

틸리히가 아우구스티누스를 해석하는 증거는 아우구스티누스의 저술들 속에서 발견할 수 있다. 아우구스티누스는 『고백록』에서 신은 신자신을 위해 우리를 창조했고, 우리의 심장들은 그의 안에서 휴식을 발견할 때까지 쉬지 않는다고 적고 있다. 영혼과 신의 관계를 화해로 볼 수 있는 강력한 증거는 특히 『시편 32장에 대한 세 번째 담론』에서 발견되는데, 이 안에서 그는 "그대의 영혼 안에 신의 이미지가 있고, 인간의 정신은 그 이미지를 포함한다. 그것(인간의 정신)은 그것(신의 이미지)을 받아들였고, 또한 죄에 굴복함으로써 그것(신의 이미지)을 모독했다. 가장 먼저 그것을 빚었던 그가 다시 그것을 빚는다."라고 썼다.[8]

세계의 창조

세계의 창조에 대한 아우구스티누스의 견해이자 유대교와 기독교의 정통적인 견해는 신에 의해 세계가 무로부터(ex nihilo) 창조되었다는 것이다. 창조에 대한 이 견해는 기독교의 입장과 반대된다고 아우구스티누스가 보았던 세계의 기원에 대한 해석들, 즉 세계가 영원하다는 아리스토텔레스의 견해, 형상들에 의해 정돈되어 있는 (이전에 존재했던)

---

7 P. Tillich, "Two Types of Philosophy of Religion," 3–13.
8 Augustine, *The Confessions* I. 1; *Third Discourse on Psalm* 32, Section 16.

질료에 의한 창조라는 플라톤의 견해, 그리고 신적 실재자로부터의 유출에 의한 창조라는 플로티노스의 개념과 모두 반대된다.[9]

세계가 영원하거나 또는 이미 존재하는 질료로 만들어졌다면, 세계 또는 그것의 어떤 측면이 신과 더불어 영원히 공존할 텐데, 이것은 기독교 신앙과 반대된다. 유출에 의한 세계의 창조에 대한 신념은 범신론으로 이어지거나 또는 물질세계와 신의 동일시로 이어진다. 이런 성향은 수 세기동안 신학자들에게 문제로 남아있었다. 16세기의 조르다노 브루노는 그런 믿음들을 가졌다고 의심되어 화형을 당했다.

창조에 대한 아우구스티누스의 이론은 단순하지 않았다. 그는 시간이 존재하기 전에 질료는 무로부터 형상 없는 어떤 것(제일질료)으로 창조되었다고 생각했다. 질료가 그 자체로서는 "아무것도 아니지만," 그것은 형상을 받아들일 수 있다. 질료에는 신에 의해 창조된 (처음에 우리가 스토아주의의 로고이 스페르마티코이로 보았던) 종자적 이성들이 스며들었다. 물질세계에서 존재자들의 출현은 질료 속에서 이미 종자적 이성들로 존재해있던 형상들이 실현되는 것이다. 이것은 시간이 존재하기 전에 모든 창조가 즉각적으로 발생하게 만들며, 그럼으로써 시간 속에서 활동하는 불변하는 신이란 신학적 문제를 해결한다.[10]

악의 문제

아우구스티누스는 세계 내의 악을 그 창조자의 선성, 능력, 그리고 지

---

9   Augustine, *The Confessions* XI. 3-9, XII. 7.
10   Ibid. XII. 3-6, 9, 11-15, 19-25; *De civitate dei* (City of God) XI. 21.

식과 화해시켜야 하는 신학적 문제에 직면했다. 그는 악을 설명하기 위해 다수의 논증들을 이용했다. 그 가운데 한 가지 논증은 악이 피할 수 없는 물질세계의 측면이라는 신플라톤주의적 개념 위에 세워진다. 그 노시스주의자들과는 반대로, 아우구스티누스는 세계가 선하고 아름답다고 주장했다. 질료 그 자체가 악은 아니지만, 그것은 존재의 부재로 인해 고통을 겪는다. 그것이 형상을 갖는다는 점에서 그것은 선하지만, 그것 자체는 결함을 갖고 있다. 세계의 제한적인 선성은 필연적이지 신의 잘못이 아니다.[11]

악에 대한 위의 설명은 창조를 사랑하는 의지 작용으로 보는 신학적 개념보다는 세계의 형성이 신적 실재자의 필연적이고도 의도하지 않은 결과였다고 보는 신플라톤주의에서 더 잘 작용했다. 의지에 의한 창조와 악이란 개념들을 존재의 필연적인 부재로 결합시키려는 시도는 상당히 탁월한 것이다.

아우구스티누스는 명백한 악들이 전체적인 신의 섭리에 좋다고도 주장했다. 이러한 미학적 논증에서는 사악해 보이는 것이 사물들의 전체 질서에서는 선이라고 주장한다. 아우구스티누스는 그 자체로서는 불쾌하지만 전체 작품의 아름다움에 기여하는 음악 소리의 예를 이용했다.[12] 이것은 모든 것이 좋은 것을 위해 작용한다는 스토아주의적 주장과 비슷하며, 또한 그와 마찬가지로 실재자 전체는 우리가 경험하는 그것의 부분들보다 더 좋다는 신념에 호소해야 한다.

도덕적 악에 대한 설명에서, 아우구스티누스는 그것을 개별적인 사람의 탓으로 돌린다. 그는 사악한 의지, 즉 왜곡된 의지라는 개념을 이

---

11   Augustine, *The Confessions* III. 7, 1-15; VII. 12.
12   Ibid. VII. 13.

용했다. 사악한 의지는 하위의 것들을 욕구함으로써 스스로를 사악하
게 만든다. 사악한 의지가 전적으로 왜곡된 것은 아니지만, 선성을 결
여한다.[13] 펠라기우스주의 이교도들은 원죄를 부정했다. 그들은 새로운
영혼들에게는 죄가 없으며, 그 영혼들은 영혼들이 죄를 지을 것인가를
선택하게 해주는 자유의지를 갖는다고 생각했다. 아우구스티누스는 펠
라기우스주의 이교도에 반대하는 교회의 싸움을 이끌었다. 펠라기우스
주의에 반대하는 아우구스티누스는 원죄의 중요성을 강조했다. 원죄에
대한 교리는 인간들이 최초의 남자와 여자의 불복종에 의해 왜곡되었
다고 주장했다. 그들은 신의 특별한 도움이 없이는 자신들의 모든 힘을
사용해서 도덕적으로 선해질 수 없다.[14]

인간의 영혼

아우구스티누스는 영혼이 물질적이 아니라 영적 존재자 또는 실체라고
생각했다. 각각의 영혼은 신에 의해 창조된다. 아우구스티누스는 영혼
이 미리 존재한다거나 또는 신에서 유출된다고 믿지 않았다. 아우구스
티누스는 원죄의 전이를 설명하기 위해 영혼 출생설, 즉 영혼이 부모들
로부터 원죄를 물려받는다는 믿음에 의존하고 있다. 그러나 이것은 영
혼에 관한 그의 다른 믿음들과 정합되지 않는다. 영혼과 육체의 관계에
대한 아우구스티누스의 접근방법은 이원론적이다. 그는 사람이 영혼과
육체의 결합이라고 생각했으며, 또한 그는 육체를 이용하는 영혼에 대

---

13 Ibid. II. 4-8; VII. 16; *De civitate dei* (City of God) XI. 17; *De libero arbitrio* I. 15.31-35, II. 20.54, 그리고 III. 1.2와 17.47-49.

14 Augustine, *De civitate dei* (City of God) XIV. 12-15.

해 이야기했다.[15]

영혼의 존재는 의심되지 않는다. 영혼은 그것이 존재하고, 그것이 살아있으며, 또한 그것이 이해력을 갖는다는 것을 알고 있다고 아우구스티누스는 생각했다. 그가 제시했던 영혼의 존재에 대한 증명은 "나는 생각한다. 그러므로 나는 존재한다."라는 데카르트의 유명한 증명을 예견했다. 아우구스티누스는 어떤 사람이 자신의 존재를 의심한다 할지라도 그는 존재하는 것이며(dubito ergo sum), 또한 그가 존재했다거나 또는 그가 자신의 생각들이 오류였다(si fallor, sum)는 것을 오직 꿈만 꾼다 할지라도, 그의 존재는 여전히 증명된 것이라고 말했다.[16]

아우구스티누스는 영혼이 생명의 원리이며 죽음은 그 반대라는 플라톤주의적 논증은 물론이고 영혼의 불사성에 대한 다수의 논증들을 이용했다. 또한 그는 영혼이 영원한 진리들을 파악하며, 영혼이 팔복(성서에 언급되는 여덟 가지 복-옮긴이)을 욕구한다고 주장했다. 후반부의 논증에서는 불사성에 대한 믿음을 영혼과 신의 관계에 대한 답변으로 간주한다. 영원한 진리를 파악하지 못하고 팔복에 대한 욕구를 결여하는 비인간적인 동물의 영혼들은 불사하지 않는다는 결론이 나온다.[17]

---

15   Augustine, *De quantitate animae* (Of the Greatness of the Soul) 1.2와 13, 22; F. Copleston, *A History of Philosophy*, Vol. II, 78-80.

16   Augustine, *De trinitate* (On the Trinity) XV. 12; *De civitate dei* (City of God) II. 26; *De libero arbitrio* II. 3.7.

17   Augustine, *De immortalitate animae* (On the Immortality of the Soul) I-IV, IX, 그리고 XIII; *The Confessions* XX-XXIV.

자유의지와 신의 예지

아우구스티누스는 당시 이교도와의 싸움에서 신의 예지를 강조했지만, 그는 이 이론과 자유의지 사이에 모순이 없음을 보이길 원했다. 신은 사건들이 발생하기 "전에는" 그것들을 알지 못한다고 주장함에 있어서, 아우구스티누스는 신이 완전히 시간을 벗어나 있다는 신의 영원성에 호소하는 한편, 플로티노스의 신적 지성이라는 개념과 비슷한 신적 지성의 개념을 제시했다. 신적 지성은 논증적 사고를 하지 않고 모든 것들을 동시에 안다. 아우구스티누스는 신에게는 모든 시간이 현재이며, 사건들은 오직 인간의 의식에서만 "이전"과 "이후"로 나타난다고 생각했다. 이런 선상의 사고는 인상적인 역사를 갖고 있지만, 그것 자체가 인간 의지의 자유로움을 보여주지는 못한다. 아우구스티누스는 이 견해를 신이 인간의 의지를 통해 작용한다는 주장과 연결시킨다. 인간의 의지는 신의 정돈된 섭리의 일부이다. 아우구스티누스가 신플라톤주의적 개념과 스토아주의적 개념을 결합하고 있는 것으로 볼 수도 있다. 그는 우리가 예지라 해석하는 어떤 것을 신이 갖고 있을지라도, 선택하는 것은 인간임을 보여주려 했다.[18]

시간

아우구스티누스가 신학적 관심 때문에 흥미를 가졌던 철학적 문제들 가운데 한 가지는 시간문제에 대한 그의 접근방법이다. 아우구스티누

---

18   Augustine, *De civitate dei* (City of God) XI. 21 ; *De libero arbitrio* III. 1–4.

스는 신이 영원하다고 생각했는데, 이것은 신이 시간 속에 있지도 않고 시간에 의한 영향을 받지도 않는다는 것을 의미한다. 아우구스티누스에 따르면, 신이 시간을 창조했다. 또한 그는 시간을 운동과 관련하여 이해했다. 시간은 물체의 운동 속에서 스쳐 지나며 존재하지만, 그것이 운동 자체는 아니다. 신에 의해 창조된 최초의 운동하는 물체들은 천사들이었으며, 그것들의 운동은 시간의 최초 순간을 나타낸다.[19]

　이러한 시간과 운동의 관계는 아리스토텔레스에 의해 비슷하게 설명되었지만, 아우구스티누스는 그런 설명에 만족하지 않았다. 그는 시간에 대한 경험을 조사했는데, 모든 시간은 과거 사물들의 현재이거나, 현재 사물들의 현재이거나, 또는 미래 사물들의 현재로서 존재한다고 생각한다. 그는 시간을 경험된 연속체로 설명하고 있다.[20]

　그러나 시간에 대한 아우구스티누스의 관심은 근본적으로 현상론적 호기심의 문제가 아니었다. 그에게 있어서, 시간은 신학과 역사철학에 관련된 문제였다. 유신론의 핵심 전제는 시간이 이교도들의 믿음처럼 순환적인 것이 아니라 직선적인 것이라는 점이다. 즉, 그것은 창조에서 시작되어 최후의 순간에 신이 악을 이기는 방향으로 움직여간다는 것이다. 시간이 역사와 함께 순환된다는 해석, 즉 이전에 발생했던 계절이나 시대의 반복을 의미하는 해석은 우리가 공부했던 철학들 속에 종종 명시적으로 진술되어 있는 그런 견해들이며, 이 해석은 유대교, 기독교, 그리고 이슬람교가 기초하는 신의 계시와 대립된다. 유신론적 종교들과 이교도의 특징적인 차이점은 그것들의 역사 개념에서 찾아볼 수 있다. 유신론적 종교들은 역사학적 종교들이라고도 불리는데, 이것

19　Augustine, *The Confessions* XI. 10-28.
20　Ibid. 20과 28.

은 그것들이 오래 되었다는 것이 아니라 그것들이 구원에 대한 이야기
처럼 역사에 많은 중요성을 부여한다는 의미이다. 구원에 대한 이야기
는 창조와 더불어 시작해서 신의 승리로 종결되는데, 이것은 그 세 가
지 유신론적 종교들에 의해 다소 다른 방식으로 기술되어 있다.[21]

　아우구스티누스는 역사의 전개를 신에 대한 독실한 신앙심을 가진
모든 연령의 사람들로 구성된 신의 도시와 신에 헌신하지 않는 사람들
로 구성된 지상 도시의 전쟁으로 설명한다. 그는 카인(Cain)을 지상 도
시의 최초 구성원으로 보고, 아벨을 신의 도시의 최초 구성원으로 본
다. 사라(Sarah)는 신의 도시의 최초 구성원이며, 하갈(Hagar)은 지상
도시의 최초 구성원이다.[22] 그는 『신의 도시』의 여러 장에서 성서시대
와 그 이후의 시기에 악에 반대하는 선의 전쟁에 대한 이야기를 계속한
다. 마침내 신의 도시가 승리하고, 그 구성원들은 천국의 보상을 즐긴
다. 사악한 자들은 아우구스티누스가 물질적인 불 속에서 육체적인 형
벌을 받는 실제 장소라고 생각했던 지옥에서 영원히 고통을 당할 것이
다. 아우구스티누스는 교회를 신의 도시로 간주하지 않았다. 그는 그
둘이 밀접하게 연결되어 있지만, 그 둘의 구성원들이 동일하지는 않다
고 보았다.[23]

지식

인식론적 문제들에 대한 아우구스티누스의 논의도 신에 대한 앎과 사

21　Augustine, *De civitate dei* (City of God) XII. 13-14.
22　Ibid. XI and XV. 1-2.
23　Ibid. I. 35, XIX. 28, 그리고 XXI. 9-10.

랑이라는 그의 신학적 관심사의 일부였다. 신은 지나치게 초월적이므로 그의 본성을 이성으로 완전하게 파악할 수 없을지라도, 아우구스티누스는 신앙심이 깊은 사람이 신에 대해 알 수 있다는 점을 의심하지 않았다. 그는 회의주의를 거부했으며, 새로운 아카데메이아의 회의주의자들을 반박하는 글을 썼다. 그는 지식이 가능한가를 논증하는 데는 관심이 없었다. 그의 질문은 지식이 어떻게 가능한가에 대한 것이었다. 지식에 관한 그의 글은 다양한 작품들 속에 흩어져 있다.[24]

아우구스티누스는 감각경험의 유용성 또는 신뢰성을 부정하지 않았다. 그는 그것이 신의 선물이라고 생각했다. 이른바 감각경험의 오류에 기초하는 회의주의의 피상적인 성격을 깨닫고 있었다. 감각들은 거짓말을 하지 않는다. 그것들은 모든 상황에서 그것들이 부여해야 하는 인상들을 부여한다. 예를 들어, 물속에서는 노가 구부러져 보여야 한다. 감각 인상들은 감각하는 사람의 육체적 조건에 관하여 상대적이다.

그러나 아우구스티누스는 감각경험을 지성의 상위 측면들보다 더 중요한 것으로 간주하길 원하지는 않았다. 그는 감각경험에서는 육체가 영혼에게 작용하지 않는다는 것이 이해되길 원했다. 외부의 자극에 의해 육체 안에 만들어진 변화들을 지각하는 것처럼, 영혼은 지각할 때 육체를 이용한다. 비록 감각경험이 믿을만하더라도, 그것은 영원한 진리들에 대한 지식을 부여할 수 없다. 세계의 사물들은 지성의 가장 소중한 대상들이 아니다. 그것들은 변덕스럽고 결함이 있기 때문에 그런 것들에 대한 진정한 지식은 있을 수 없다. 그러나 감각지식이 우리의 지식에서 가장 저급하고 가장 불확실한 부분일지라도, 우리는 실제로 우리의 감각경험과 다른 사람들의 경험에서 무언가를 배운다. 이런 종

---

24   Ibid. XIX. 18; *The Confessions* XIII. 9; *De trinitate* (On the Trinity) XV. 12.

류의 지식은 실용적이며, 생활필수품들을 추구하는 행동으로 이어진다. 그것은 관조에서 실행되는 지혜보다 저급한 방식으로 지성을 이용하는 것이다.[25]

기억은 지식에서 중요한 역할을 수행한다. 아우구스티누스는 "기억 자체가 정신이다."라고 말함으로써 기억과 정신을 동일시한다.[26] 그는 기억의 내용을 폭넓게 규정한다. 그것은 과거 경험들에 대한 이미지들은 물론이고, (정신적 이미지들의 도움으로 어떤 것이 기억된다는 의미에서) 감각경험으로부터 직접 나오지 않은 지식을 포함하는 감정과 배움도 포함한다. 이 지식은 흩어진 경험 조각들을 정돈하는 정신에 의해 산출된다. 분석적 진리들을 포함하는 더욱 추상적인 유형들의 지식도 기억에 의한 것으로 설명된다.[27]

아우구스티누스는 어떤 것들이 확실하게 알려질 수 있다고 생각했다. 이것들 가운데 일부는 분석적 진리들, 즉 논리적이고 수학적인 진리들이다. 다른 것들은 아우구스티누스가 지식으로 취급하는 자기인식에 의존한다. 의심한다는 사실, 우리가 감각 인상들을 받아들인다는 사실, 그리고 자기 자신의 존재가 살아있고 이해하고 의지하는 존재라는 사실은 확실한 것으로 알려진다.[28]

아우구스티누스는 오직 소수의 사람들만이 영원한 진리들에 대한 지식을 획득할 수 있다고 생각했다. 감각경험만으로는 신적 조명으로 획득될 수 있는 이런 단계의 지식을 부여할 수 없을 것이다. 신적 조명이

25   Augustine, *De trinitate* (On the Trinity) XII. 13, XIV. 22, 그리고 XV. 12: *Contra academicos* III. 11, 26.
26   Augustine, *The Confessions* X. 14 (R. Warner의 번역서).
27   Ibid. X. 8-19.
28   Augustine, *De libero arbitrio* 2, 3, 7: *De civitate dei* (City of God) II. 26: *Contra academicos* III. 10, 23과 11, 26: *Soliloques* I. 1, 8-10, 12, 그리고 15.

라는 개념에 대한 철학적 영감은 사물들을 볼 수 있거나 알 수 있는 것
으로 만드는 플라톤의 '태양의 우화'와 '선의 형상'에서 비롯되었던
것으로 보인다. 프레드릭 코플스톤이 아우구스티누스를 해석하듯이,
신적 조명이 영원한 관념들을 정신에 전해주지는 않지만, 정신은 그것
의 조명을 통해 그것들이 영원한 진리들이라는 것을 깨닫는다. 정신이
어떻게 이런 관념들을 형성하는가에 대한 아우구스티누스의 견해는 분
명하지 않으며, 그는 오직 소수의 정신들만이 그것들을 형성한다고 주
장한다. 아마도 그 관념들은 감각경험에 대한 추상화 과정을 통해 형성
될 것이다.[29]

윤리학과 사회이론

아우구스티누스가 덕을 지혜와 연결시킨 것은 플라톤을 따른 것이다.
그는 도덕적 선성을 목적 그 자체인 동시에 그가 팔복을 의미했던 행복
을 획득하는 수단으로 간주했다. 즉, 그는 도덕적 선성을 신에 대한 지
식으로 계몽된 삶인 동시에 신과 더불어 평화로운 상태로 간주했다. 행
복은 신과 분리되어 발견되지 않는다. 왜냐하면 인간은 변덕스러운 존
재자이며 자족적이지 않기 때문이다. 이성적인 존재자인 인간은 신을
추구한다.[30]

아우구스티누스의 도덕적 접근방법은 사랑의 윤리학이다. 그는 모든
사랑이 성욕적이라는 플라톤의 견해를 받아들였다('플라토닉 러브'에

---

29   F. Copleston, *A History of Philosophy*, Vol. II, 60–67; *Solioques* I. 3과 8; *De trinitate* (On the Trinity) XII. 14–15.

30   Augustine, *The Confessions* XXII; *De libero arbitrio* II. 9–10, 13, 16–17, 19.

대한 장 참조). 그는 모든 사랑이 에로스(*eros*)에 대한 라틴어 동의어인 아모르(*amor*)라고 생각했다.[31] 그러나 도덕은 모든 사랑과 욕망을 참된 선인 신에 대한 갈망으로 만들려고 한다. 덕은 사랑을 올바르게 정돈하는 것이며, 유일하게 올바른 사랑의 대상인 신을 향하도록 한다. 이것이 배우자나 자식에 대한 사랑 또는 이웃에 대한 사랑을 금하지 않지만, 사람들은 이런 사랑들을 통해 신을 사랑해야 한다.

우리의 훌륭한 행동이 신에 대한 사랑 속에서 행해진다는 것은 아우구스티누스에게 상당히 중요하다. 신과 무관하게 행해지거나 또는 자부심으로 부풀려진 덕스러운 행동들은 사실상 악덕이다. 사랑의 윤리학은 쉬운 문제도 아니고 감정적인 문제도 아니다. 아우구스티누스는 사람들이 도덕적으로 살기 위해서는 신의 도움을 필요로 한다고 생각했다. 사람들은 도덕적 진리를 보여주는 신적 조명뿐만 아니라 기독교를 통해 얻는 도움도 필요로 한다. 아우구스티누스는 도덕법칙의 요구조건들이 사람들로 하여금 그리스도의 도움을 추구하게 만든다고 생각했다.[32]

다른 교회 지도자들과 비교할 때, 아우구스티누스가 급진적인 금욕주의자는 아니었다. 하지만 그의 윤리학이 상당히 많은 것을 요구하는 것처럼 보일 수도 있다. 그는 음식을 즐기는 것과 같은 그런 일들에서 감각들을 만족시키려 하는 것은 죄악이라고 보았다. 그는 우리가 약을 먹듯이 필요하기 때문에 음식을 먹는 것은 옹호했지만, 그것을 즐기는 것은 옹호하지 않았다. 그는 자식을 낳기 위한 성관계가 도덕적으로 그릇되지는 않는다고 믿었지만, 성행위의 쾌락이 없이도 임신이 가능하

---

31   Augustine, *De civitate dei* (City of God) XIV. 7.
32   Augustine, *The Confessions* IX, XI–XII.

길 바란다는 소망을 표현하기도 했다.[33]

아우구스티누스의 정치이론은 교회의 사회적 역할에 관한 것이었다. 위에서 보았듯이, 그는 교회가 신의 도시와 동일하다고 생각하지는 않았지만, 세속적인 국가보다 우월할 뿐만 아니라 세속적인 국가에 영향을 미쳐야 한다고 생각했다. 그는 국가에 대한 교회의 통제를 지지하지는 않았지만, 오직 기독교 국가만이 진정으로 정의롭고 도덕적일 수 있다고 믿었다. 그는 국가가 사악한 자들을 처벌하려는 목적으로 신에 의해 세워졌다고 주장했다. 신의 도시의 구성원들은 신의 도구인 국가에 복종해야 한다. 심지어 나쁜 통치자들도 처벌받도록 신에 의해 보내졌으며, 또한 그들의 권력도 신에 의해 부여되었다. 아우구스티누스의 사회적 이념들과 정치적 이념들은 두 도시, 즉 신의 도시와 지상의 도시라는 개념에 가장 분명히 표현되어 있다. 그러나 그의 관심은 근본적으로 신학적이었으며, 국가에 대한 그의 견해는 모든 악에 대한 신의 궁극적인 승리라는 그의 신념에 비하면 이차적인 것이었다.

아우구스티누스는 이방인 침략자들이 히포의 성벽을 깨뜨리고 있던 서기 430년에 사망했다. 그의 죽음은 한 시대의 마지막을 상징하는 것으로 볼 수 있을 것이다. 또한 그를 중세철학의 건축가들 가운데 한 사람으로 볼 수도 있을 것이다. 서구의 문화적이고 지성적인 삶을 변화시켰던 시대, 즉 이른바 암흑시대가 시작되면서 그의 삶은 끝이 났지만, 그의 저술들은 중세시대의 지성적인 삶이 세워졌던 주요 토대들 가운데 하나였다. 그는 당대 최고의 기독교 신학자였으며, 토마스 아퀴나스가 중요한 경쟁자로 부상했을 때에도, 그는 여전히 그렇게 남아있었다. 아우구스티누스는 로마시대와 중세시대 사이의 다리 역할을 했다.

---

33   Ibid. X. 30-34; *De civitate dei* (City of God) XIV. 16과 26.

| 참고문헌 |

Allen, R.E. (ed.) (1991) *Greek Philosophy: Thales to Aristotle*. New York: The Free Press.

Aristotle. (1952) *The Works of Aristotle*, edited and translated by D. Ross. Twelve Volumes. Oxford: The Clarendon Press.

_____. (1947) *Introduction to Aristotle*. edited by R. McKeon. New York: The Modern Library.

_____. (1968) *Metaphysics*. translated by R. Hope. Ann Arbor: The University of Michigan Press.

_____. (1980) *Nicomachean Ethics*, translated by D. Ross. Oxford and New York: Oxford University Press.

_____. (1995) *Politics*. translated by E. Barker. Oxford and New York: Oxford University Press.

_____. (1961) *Physics*. translated by R. Hope. Lincoln: University of Nebraska Press.

Augustine. (1955) *Arbitrario Libero*. translated by Dom Mark Pontifex. Westminster, MD: Newman Press.

_____. (1950) *The City of God*. translated by Marcus Dods. New York:

The Modern Library.

Augustine. (1963) *Confessions of Saint Augustine*. translated by Rex War-
ner. New York: The New American Library.

_____. (1961) *St. Augustine on the Psalms*, vol. 2, 211, translated by Dame
Scholastica Hegbin and Dame Felicitas Corrigan. Westminster, MD:
Newman Press.

Barrow, R.H. (1969) *Plutarch and His Times*. Boloomington: Indiana Uni-
versity Press.

Benson, H.H. (1992) *Essays on the Philosophy of Socrates*. New York and
Oxford: Oxford University Press.

Burnet, J. (1957) *Early Greek Philosophy*. Cleveland and New York: Merid-
ian Books.

Copleston, F. (1985) *A History of Philosophy*. Garden City: Doubleday.

Conford, F.M. (1960) "Mystery Religions and Presocratic Philosophy." *In
The Cambridge Ancient History*. Cambridge: The University Press.

Diels, Hermann (1934-1954) *Die Framenter der Vorsokratiker*, 5th, 6th,
7th editions, edited by W. Kranz. Berlin.

Diogenes Laertius (1958) *Lives of Eminent Philosophers*. translated by R.D.
Hicks. *Two volumes*. Cambridge: Harvard University Press.

Freeman, K. (1962) *Ancilla to the Pre-Socratic Philosophers*. Cambridge:
Harvard University Press.

Fuller, B.A.G. (1945) *A History of Philosophy*. revised edition. New York:
Henry Holt.

Golden, L. and Hardison O.B. Jr. (1981) *Aristotle's Poetics: A Translation
and Commentary*. Tallahassee: University Presses of Florida.

Grote, G. (1899) *A History of Greece from the Earliest Period to the Close of the Generation Contemporary with Alexander the Great.* 6th edition, volume 7. New York: Harper.

Guthrie, W.K.C. (1955) *The Greeks and Their Gods.* Boston: Beacon Press.

_____. W.K.C. (1971) *The Sophists.* Cambridge: Cambridge University Press.

Hicks, R.D. (1962) *Stoic and Epicurean.* New York: Russell and Russell.

Jaeger, Werner. (1934) *Aristotle.* New York, London, Oxford: Oxford University Press.

Kirk, G.S. and Raven, J.E. (1969) *The PreSocratic Philosophers.* Cambridge: Cambridge University Press.

Kristeller, P.O. (1951–1952) "the Modern System of the Arts." *Journal of the History of Ideas* 12, no.4 (1951): 496–527 and 13, no.1(1952): 17–46.

Lacy, A.R. (1971) "Our Knowledge of Socrates." In *The Philosophy of Socrates,* edited by G. Vlastos. Garden City, NY: Doubleday, 22–49.

Long, A.A. (1974) *Hellenistic Philosophy.* New York: Charles Scribner's Sons.

Long, A.A. and Sedley, D.N. (1987) *The Hellenistic Philosophers.* Volume I, *Translations.* New York: Cambridge University Press.

Lloyd, G.E.R. (1968) *Aristotle: The Growth and Structure of His Thought.* Cambridge: Cambridge University Press.

Mates, B. (1961) *Stoic Logic.* Berkeley: University of California Press.

McLean, G.F. and Aspell, P.J. (eds.) (1970) *Readings in Ancient Western*

Philosophy. New York: Appleton–Century–Crofs.

Murray, G. (1925) *Five Stages of Greek Religion.* New York: Colombia University Press.

Oates, W.J. (ed.) (1940) *The Stoic and Epicurean Philosophers.* New York: The Modern Library.

Philo. (1958–1962) *Works,* translated by F.H. Colson and G.H. Whitaker. Ten volumes. Cambridge: Harvard University Press.

Philostratus. (1961) *Lives of the Sophists.* translated by W.C. Wright. Cambridge: Harvard University Press.

Plato. (1961) *The Collected Dialogs of Plato.* edited by E. Hamilton and H. Cairns. New York: The Bollingen Foundation.

Plutarch. *Lives.* translated by Bernadotte Perrin. Ten volumes. Cambridge: Harvard University Press.

_____. (1960) *Moralia.* translated by F.C. Babbit. Cambridge: Harvard University Press.

Rohde, E. (1925) *Psyche: The Cult of Souls and Belief in Immortality Among the Greeks.* London: Routeldge.

Ross, D. (1964) *Aristotle.* London: Methuen, New York: Barnes and Noble.

Sandmel, S. (1979) *Philo of Alexandria: An Introduction.* New York: Oxford University Press.

Saunders, J.L. (ed.) (1966) *Greek and Roman Philosophy After Aristotle.* New York: The Free Press.

Sextus Empiricus. (1959) *Against the Professors* (Adversus mathematicos), translated by R.G. Bury. Cambridge: Harvard University Press.

Sextus Empiricus. (1960) *Outlines of Pyrrhonism*. translated by R.G. Bury. Cambridge: Harvard University Press.

Sprague, R.K. (1972) *The Older Sophists*. Colombia: University of South California Press.

Taylor, A.E. (1956) *Plato: The Man and His Work*. Cleveland and New York: World Publishing.

Tillich, P. (1946) "Two Types of Philosophy of Religion." *Union Seminary Quartely Review* (May 1946): 3–13.

Turnbull, G.H. (1934) *The Essence of Plotinus*. Westport, CT: Greenwood Press.

Untersteiner, Mario. (1954) *The Sophists*, translated by K. Freeman. Oxford: Basil Blackwell.

Vlastos, G. (ed.) (1971) *Plato: A Collection of Critical Essays*. Ten volumes. Garden City, NY: Doubleday.

_____. G. (ed.) (1971) *The Philosophy of Socrates*. Garden City, NY: Doubleday.

Willoughby, H. (1960) *Pagan Regeneration*. Chicago: University of Chicago Press.

Xenophon. (1954) *Memorabilia and oeconomicus*. translated by E.C. Merchant (The Loeb Classical Library). Cambridge: Harvard University Press.

Zeller, E. (1955) *Outlines of the History of Greek Philosophy*. Cleveland and New York: Meridian Books.

Zeller, E. (1962) *Stoics, Epicureans, and Sceptics*. New York: Russell and Russell.

| 찾아보기 |

|ㅇ